PRAXIS DER SOZIALPSYCHOLOGIE

D1670824

PRAXIS DER SOZIALPSYCHOLOGIE

Herausgegeben von Prof. Dr. Georg Rudinger, Bonn

BAND 9

SENIORINNEN

DR. DIETRICH STEINKOPFF VERLAG
DARMSTADT 1978

SENIORINNEN
ZUR SITUATION DER ÄLTEREN FRAU

Herausgegeben von

Prof. Dr. Ursula Lehr

Ordinaria für Psychologie der Universität Bonn

Mit 6 Abbildungen und 26 Tabellen

DR. DIETRICH STEINKOPFF VERLAG
DARMSTADT 1978

Prof. Dr. phil. *Ursula M. Lehr*, Dipl.-Psych., geb. am 5. 6. 1930 in Frankfurt/. verh., (2 Kinder, geb. 1951 und 1957); studierte 1949/50 an der Wolfgang Goethe Universität Frankfurt/M. und von 1950—1954 an der Rheinischen Friedrich-Wilhelms-Universität Bonn Psychologie, Philosophie, Germanistik. Bis 1961 Forschungsassistentin (auf dem Gebiet der Lebenslaufforschung); 1961—1968 Wissenschaftliche Assistentin am Psychologischen Institut der Universität Bonn. 1968 Habilitation an der Philosophischen Fakultät der Universität Bonn (Habilitationsschrift: Die Frau im Beruf). Wissenschaftlicher Rat und Professor, Abteilungsleiter der Abteilung Entwicklungspsychologie am Psychologischen Institut der Universität Bonn bis 1972. Von April 1972 bis Oktober 1975 Ordinaria für Pädagogik und Pädagogische Psychologie an der Universität Köln. Seit 1975 Ordinaria für Psychologie und Direktor des Psychologischen Instituts der Universität Bonn. Forschungsschwerpunkt: Entwicklungspsychologie in Kindheit, Jugend, Erwachsenenalter und Alter.

Erweiterte Sonderausgabe aus Zeitschrift für Gerontologie, Band 11 (1978)

CIP — Kurztitelaufnahme der Deutschen Bibliothek

Seniorinnen: zur Situation d. älteren Frau
von Ursula Lehr (Hrsg.). — Darmstadt: Steinkopff, 1978.
(Praxis der Sozialpsychologie; Bd. 9)
ISBN 3-7985-0519-5

NE: Lehr, Ursula (Hrsg.)
ISSN 0340-2150 (9)

Printed in Germany
Gesamtherstellung: Carl Winter, 6100 Darmstadt

Zweck und Ziel der Reihe

Praxis der Sozialpsychologie liefert Informationen aus der Praxis sozialpsychologischer Forschungsarbeit, deren Ergebnisse Möglichkeiten zur Lösung gegenwärtiger Sozialer Probleme bieten sollen.
Praxis der Sozialpsychologie trägt zur systematischen Sammlung sozialpsychologischer Kenntnisse und Erkenntnisse bei. Sozialpsychologie wird dabei im weitesten Sinne, z. B. im Sinne der Handbücher von *Graumann* und *Lindzey/Aronson**), verstanden.
Praxis der Sozialpsychologie ist als Forum für soziale Psychologie in seiner Erscheinungsform und -weise nicht fixiert: neben Monographien werden auch Sammelbände mit mehreren Beiträgen verschiedener Autoren zu einem übergeordneten Leitthema, kritische Sammelreferate über sozialpsychologische Neuerscheinungen und Reader zur Veröffentlichung angenommen. Hauptgewicht wird auf empirische Beiträge gelegt, seien es Feldstudien, Feldexperimente oder Laborversuche. Der stets angestrebte Praxis-Bezug muß jedoch in jedem Fall den methodischen Anforderungen genügen, wie sie etwa von *Bredenkamp* und *Feger***) zusammengestellt worden sind. Die Bevorzugung empirischer Arbeiten steht jedoch der Publikation von theoretischen Entwürfen und methodologischen Beiträgen nicht im Wege.
Praxis der Sozialpsychologie wendet sich an Psychologen, Soziologen, Sozialwissenschaftler allgemein und an die Fachleute der Praxis, welche in ihrer Arbeit auf empirisch fundierte Informationen aus der Sozialpsychologie angewiesen sind.
Praxis der Sozialpsychologie soll möglichst in 4 Bänden pro Jahr in etwa vierteljährlichen Abständen erscheinen. Manuskripte sind an den Unterzeichneten einzureichen, der über ihre Aufnahme in die Sammlung entscheidet und den Mitarbeitern die entsprechenden Richtlinien für die Gestaltung der Bände auf Wunsch übermittelt. Herausgeber und Verlag sind für alle Anregungen für die weitere Ausgestaltung der Reihe jederzeit dankbar.

Prof. Dr. *Georg Rudinger*
Psychologisches Institut der Universität Bonn,
An der Schloßkirche, 5300 Bonn 1

---

*) *Lindzey, G. & Aronson, E.*: (Eds.): The Handbook of Social Psychology, 5 Vols., Addison-Wesley, Reading Massachusetts 1968/1969.
Graumann, C. F. (Hrsg.): Handbuch der Psychologie, 7,1: Sozialpsychologie: Theorien und Methoden, Hogrefe Göttingen 1969 und Handbuch der Psychologie, 7,2: Sozialpsychologie: Forschungsbereiche, Hogrefe Göttingen 1972.
) *Bredenkamp, J. & Feger, H.*: Kriterien für die Entscheidung über Aufnahme empirischer Arbeiten in die Zeitschrift für Sozialpsychologie, Zeitschrift für Sozialpsychologie, **1, 1970, 43—47.

Vorwort

Sowohl im Rahmen gerontologischer Publikationen wie auch im Rahmen des in den letzten Jahren sich enorm ausdehnenden Schrifttums, das sich mit der Lebenssituation der Frau in unserer Gesellschaft befaßt, wurde der Thematik der *Seniorinnen* bisher kaum eine besondere Beachtung geschenkt.

Angesichts der Tatsache, daß heutzutage bei der Gesamtbevölkerung in der Bundesrepublik das Verhältnis Männer zu Frauen 100 : 109 beträgt, bei den über 65jährigen jedoch 100 : 166, und daß nach neuesten Trendberechnungen im Jahre 1980 auf nur 100 Männer 180 über 65jährige Frauen kommen werden und 1990 sogar ein Verhältnis 100 : 260 bei den über 65jährigen vorzufinden sein wird, angesichts der Tatsache, daß dann mehr als zwei Drittel der Betagten Frauen sind, *sollte sich die Gerontologie stärker als bisher um den Alternsprozeß der Seniorinnen bemühen.* Mögen die hier vorgelegten Arbeiten den Gerontologen einen Anstoß zum Nachdenken geben!

Aber, so wie einerseits innerhalb der Gerontologie die Frauenfrage bisher weitgehend ausgeklammert blieb, so wurde andererseits innerhalb der Diskussion um Frauenprobleme die Altersfrage bisher sehr stark vernachlässigt. Die zum Teil sehr heftig geführten Streitgespräche um die „eigentliche Rolle der Frau", um ihre Stellung in Familie und Beruf, sind vorwiegend an der Lebenssituation im jüngeren und mittleren Erwachsenenalter orientiert und ignorieren geradezu die Lebenssituation der Frau im höheren Alter. *Mögen die Beiträge dieses Buches auch in dieser Richtung das Blickfeld weiten und bei den Diskussionen um Frauenfragen die Notwendigkeit einer Sicht der ganzen Lebensspanne deutlich werden lassen.*

Untersuchungen zeigen, daß *Frausein und Altsein* in unserer Gesellschaft offenbar eine Kumulation sozialer Benachteiligungen bedeuten; daß *Frausein und Altsein als biologisches, soziales, ökologisches, aber auch als epochales und biographisches Schicksal zu sehen* sind, mit dem es sich auf den verschiedenen Ebenen aktiv auseinanderzusetzen gilt.

Als das Heft 1 der Zeitschrift für Gerontologie (1978) unter dem Generalthema „Die Frau im Alter" erschien, war das Interesse an diesem Themenheft so groß, daß wir uns entschlossen haben, diese Beiträge — ergänzt durch zwei weitere Arbeiten „Zur Situation älterer Witwen" und über „Präventive Intervention bei alleinlebenden Menschen: Bedingungen und Möglichkeiten" — in der hier vorliegenden Form zu publizieren, um sie einem größeren Leserkreis zugänglich zu machen.

Mein Dank gilt allen Mitautoren, dem Verlag, und nicht zuletzt Frau cand. phil. *Katrin Meyer-Krahmer,* die durch die Erstellung des Sachregisters dem Leser die Orientierung erleichtert.

Möge dieses Buch dazu beitragen, die Lebenssituation der Seniorinnen von heute besser zu verstehen und diese wie auch jene der Seniorinnen von morgen und übermorgen durch geeignete Interventionsmaßnahmen zu verbessern helfen.

Bonn, März 1978 *Ursula M. Lehr*

Inhalt

Psychologisches Institut der Universität Bonn

Älterwerden als Frau –
ein Beitrag zur differentiellen Gerontologie

U r s u l a   L e h r

Eine differentielle Gerontologie warnt davor, alle Personen einer bestimmten Altersgruppe als gleich zu betrachten und verallgemeinernde Aussagen über „*den*" 60jährigen oder „*den*" 70jährigen oder „*den*" 80jährigen zu treffen. Älterwerden ist ein individueller Prozeß; Änderungen im Psychophysischen sind weder *generell* – d. h. alle Personen gleicher Altersstufe in gleicher Weise betreffend – noch *universell*, d. h. alle Bereiche in gleicher Weise betreffend.

Die Bedeutung des kalendarischen Alters ist von Gerontologen seit Jahren in Frage gestellt worden; auf die Unterschiede im Ablauf verschiedener Alternsprozesse wurde immer wieder hingewiesen. Die neuere (Längsschnitt-)Forschung belegt zunehmend deutlicher die interindividuellen Unterschiede der intraindividuellen Alternsprozesse.

Der Trend zu differenzierender Betrachtung von Entwicklungsvorgängen im höheren Alter bringt es mit sich, auch nach etwaigen Unterschieden zwischen Männern und Frauen – richtiger: zwischen verschiedenen Gruppen von Männern und verschiedenen Gruppen von Frauen – zu fragen. Eine Zeit lang hatte es den Anschein, als ob Alternsprozesse nur bei Männern (Rekruten, älteren Arbeitnehmern, Pensionären oder den Mitgliedern der Old Veterans-Clubs) untersucht würden und dabei gewonnene Erkenntnisse bestenfalls auf Frauen übertragen wurden. Alternsprobleme bei Frauen negierte man. Für Männer sah man eine Alters*grenze* durch das Ende der Berufstätigkeit gegeben, sah dadurch bedingt das Entstehen von Problemsituationen, die man – wie wir heute wissen – fälschlicherweise den Frauen absprach, da sie ja im allgemeinen nicht berufstätig waren, und wenn, dann aber durch die Pensionierung keinen „Rollenverlust" erleben, sondern in ihre „eigentliche" Rolle als Hausfrau und Mutter zurückkehren konnten. Diese Annahme erwies sich jedoch als falsch. Immerhin ist es aber so zu erklären, daß sich die psychologische und soziologische Alternsforschung erst relativ spät der Situation der älteren Frau zugewandt hat.

So haben *Abrahams* und Mitarbeiter (*Abrahams, J. B.* et al.: Gerontological research in psychology published in the Journal of Gerontology 1963–1974. J. Gerontol., 30, 1975, 668–673) bei einer Analyse aller im Journal of Gerontology seit 1963 veröffentlichten psychogerontologischen Studien nachweisen können, daß der Anteil der Studien, die sowohl eine männliche wie auch eine weibliche Stichprobe erfaßten, von 39% (in den Jahren 1963–1968) auf 64,2% (in den Jahren 1969–1974) gestiegen ist, daß jedoch nach geschlechtsspezifischen Unterschieden nur in 14,3% aller Studien der 60er Jahre und in 43,2% aller Studien der 70er Jahre gefragt wurde.

Heute wissen wir, daß bestimmte Gruppen von Frauen vom Alternsprozeß besonders betroffen sind – in weit stärkerem Maße als bestimmte Gruppen von gleichaltrigen Männern.

Im ersten Beitrag dieses Heftes habe ich versucht, die *Situation der älteren Frau unter sozialen und psychologischen Aspekten* zu analysieren. Dabei mußte wiederholt vor generalisierenden Aussagen über „die ältere Frau von heute" gewarnt werden. Das Altersbild der Frau, wie es uns in der Dichtung, in Märchen, in Schulbüchern, in der Werbung aber auch in Witzen und humoristischen Darstellungen begegnet, ist in stärkerem Maße negativ getönt als das Altersbild des Mannes. Die Situation der älteren Frau im Spiegel der Statistik (Haushaltsstruktur, Wohnsituation, Einkommen, Berufs- und Bildungsstatistik) läßt für bestimmte Gruppen eine kumulative Benachteiligung erkennen – die jedoch von Kindheit an vorprogrammiert ist und weitgehend auf ein einseitiges traditionelles Rollenverständnis zurückzuführen ist. Die Ergebnisse psychologischer Vergleichsuntersuchungen weisen auf eine im Vergleich zum Mann geringere Kompetenz bestimmter Gruppen älterer Frauen hin, auf eine stärkere Beeinträchtigung der Fähigkeiten und Fertigkeiten, der Sozialkontakte und des Interessenradius.

Der Beitrag von *Klaus Hildemann* zeigt sodann – auf demographische Daten gestützt – *die Situation der älteren Frau, inbesondere der alleinstehenden älteren Frauen, in den USA, Frankreich und der Bundesrepublik Deutschland auf.* Vergleiche im Hinblick auf Lebenserwartung, Familienstand, Erwerbstätigkeit und ökonomische Gegebenheiten werden angestellt.

Sehr ausführlich werden im dritten Beitrag die *medizinischen Aspekte der Alterungsvorgänge bei der Frau* von *Hans-Joachim Prill* dargestellt, wobei notwendigerweise auf Veränderungen, die bereits im mittleren Lebensalter, im 4. Lebensjahrzehnt, stattfinden, eingegangen wird. Veränderungen am Ovar, hormonale Veränderungen, das „klimakterische Syndrom" wie auch verschiedene möglicherweise eintretende Erkrankungen im Klimakterium werden besprochen. Ergebnisse eigener Untersuchungen werden auch herangezogen, wenn Klimakteriumsbeschwerden einerseits und erlebte Streß-Situationen wie Rollenunzufriedenheit, Arbeitsüberlastung, partnerschaftliche bzw. familiäre Konflikte andererseits einander gegenübergestellt werden, die *Prill* zu der Feststellung veranlassen, „daß starke klimakterische Symptome eher mit diesen sozialpsychologischen Schwierigkeiten einhergehen, wobei die Kausalität nicht geklärt werden kann". Und wenn es abschließend heißt: „Es gibt keine ‚Torschlußpanik aus heiterem Himmel', wenn man die Biographie dieser Frauen in die ätiologische Betrachtung mit einbezieht. Die klimakterische Frau erlebt die Menopause auf dem Hintergrund ihrer eigenen Lebensgeschichte . . .", dann ist hiermit die Notwendigkeit auch einer differentiellen Alterskunde im medizinischen Bereich deutlich unterstrichen.

„Die Frau im Alter als Problem der Sozialmedizin" ist sodann Gegenstand der Betrachtungen von *Hans Schaefer*. Auch hier wird die Determinierung durch die weibliche Rolle angesprochen und physiologische Unterschiede werden aufgezeigt. Wenngleich die Ergebnisse der neueren Forschung zur Frage des sex-role-typing in manchen Bereichen des Erlebens und Verhaltens auch eine so eindeutige biologische Determinierung in Frage stellen (z. B. im Hinblick auf Begabungsrichtungen, auf aggressives Verhalten, Ehrgeizlosigkeit, Emotionalität) und wirklich z. B. eine „mathematische Minderbegabung" als Sozialisationseffekt deutlich werden lassen, gilt die Feststellung von *Schaefer*: „die alternde Frau muß mit diesem Defizit in dieser Welt leben" zumindest für einen großen Teil der älteren Frauengeneration von heute. Andererseits erwartet der Autor nicht, daß sich die Situation der älteren Frau von morgen — angesichts der zunehmenden Emanzipationsbestrebungen — bessert, eher sogar, daß sie sich verschlechtert. „Was man allerdings ohne Spekulation sagen kann, ist freilich, daß die Frau, die hormonal und genetisch bedingt länger lebt, von diesen selben Hormonen und Genen auch die Mittel erhalten hat, dies Leben, trotz erschwerter Bedingungen subjektiv besser zu ertragen als der Mann" — meint *Hans Schaefer*.

Unter *soziologischen Aspekten* scheint die Situation der Frau in den letzten Jahren und Jahrzehnten allerdings eine weniger negativ akzentuierte Veränderung erfahren zu haben. *Helge Pross* konstatiert in ihrem Beitrag *„Alter und Geschlechtsrolle"* eine Reihe von Verbesserungen in bezug auf die rechtliche Lage, die Bildungssituation, die gesellschaftliche Situation und die Berufssituation, die freilich nicht alle Frauen in gleicher Weise tangieren. „So wenig wie Männer bilden Frauen ein homogenes Kollektiv. Sie differieren nach Persönlichkeitsstrukturen ebenso wie hinsichtlich der handlungslenkenden Sozialmerkmale, etwa Schichtzugehörigkeit, Familienstand, Bildung und Ausbildung, Beruf, Konfession". *Pross* stellt all jene Faktoren zusammen, die mit vorsichtigem Optimismus erwarten lassen, daß ein Älterwerden als Frau in der nächsten und übernächsten Generation nicht mehr so problematisch wie heutzutage sein wird. Verschiedene Neuerungen der vergangenen Jahre scheinen „doch erheblich genug, um auch die Rahmenbedingungen für Altern und Alter zu verändern". Man kann erwarten, „daß die sozialen Unterschiede zwischen weiblicher und männlicher Altersexistenz in Zukunft geringer sein werden als jetzt ... Die Wandlungen in der Situation von Frauen summieren sich zu einer Steigerung ihrer Möglichkeiten, die Probleme des Alterns und Altseins selbständiger zu bewältigen." — Allerdings kann aber die veränderte Stellung der Frau andererseits auch zu neuen Problemen führen, so daß neben optimistischen Erwartungen auch eine gewisse Skepsis geboten erscheint, die sowohl die Alternsforschung wie auch die Altenarbeit erneut herausfordert.

Die heutige Situation der *älteren Frau in der Wirtschaft* behandelt der Beitrag von *Dorothee Müller-Hagen*. Die ältere Frau in der Wirtschaft sieht sich mit einem doppelten Vorurteil konfrontiert; demjenigen, das man älteren Arbeitnehmern gegenüber und jenem, das man Frauen im Arbeitsprozeß gegenüber hegt. Ein Drittel der erwerbstätigen Frauen, nämlich ca. 3,2 Millionen, zählen zur Gruppe der „älteren Arbeitnehmerinnen" (45 Jahre und darüber), wobei mit einem Anwachsen dieser Gruppe in den nächsten Jahren zu rechnen ist. Geringe Schul- und Berufsausbildung, häufige Berufsunterbrechungen und somit schlechtere fachliche Voraussetzungen kennzeichnen die Situation der *heute* älteren Arbeitnehmerin (im Gegensatz zu ihren jüngeren Kolleginnen und ihren männlichen Kollegen), was auch in der Lohn- und Gehaltssituation einen Niederschlag findet. — Es wird u. a. über die Ergebnisse einer Umfrage in 172 Betrieben berichtet, die das „Fähigkeitsbild der älteren Arbeitnehmerin" beurteilt haben. Dabei zeigt sich, daß das Altersproblem nicht generell auftritt, sondern lediglich im Zusammenhang mit bestimmten Arbeitsanforderungen. — Das Thema der „älteren Arbeitnehmerin" gewinnt an besonderer Aktualität angesichts der derzeitigen Situation auf dem Arbeitsmarkt, die bei Frauen eine doppelt so hohe Arbeitslosenquote wie bei Männern signalisiert, wobei allerdings die Gruppe der 45—65jährigen nicht überrepräsentiert ist.

Eine weitere Analyse zum Verständnis der Situation der älteren Frau bringt der Beitrag von *Dorothee Wilms.* Aufgrund der Auswertung von Wahlstatistiken und demoskopischen Umfragen wird hier eine Übersicht gegeben zum Thema *„die ältere Frau in der Politik".* Die Aktivität gerade der über 45jährigen Frauen — und selbst die der über 70jährigen Frauen — (diese Gruppe war auch am stärksten an der Briefwahl interessiert, was auf ein gewisses politisches Engagement schließen läßt) mag manches weitverbreitete Altersstereotyp korrigieren. Die Feststellung, daß in der letzten Zeit gerade die über 60 Jahre alten Frauen ihr Wahlverhalten stark verändert haben, mag zu einer gewissen Korrektur der Vorstellungen von einer altersbedingten Rigidität oder von altersbedingtem Konservatismus oder Traditionsgebundenheit gerade bei Frauen zwingen. — Politische Aktivitäten außerhalb des Wahlverhaltens sind bei Frauen jedoch gering. Nur 7,5 % aller Bundestagsabgeordneten sind Frauen; allerdings sind 69,3 % der weiblichen Bundestagsabgeordneten über 45 Jahre alt (30,8 % befinden sich derzeit im Alter von 50 bis 55 Jahren). Auch die Annahme, derzufolge gerade ältere Frauen mehr personorientiert wählen als sachbezogen (d. h. der Person des Kanzlerkandidaten mehr Bedeutung beimessen als der Partei), ist nach dieser Analyse zurückzuweisen.

In dem vorletzten Beitrag zur Thematik „Älterwerden als Frau" wird von *Edit Schlaffer* und *Cheryl Benard* das *Problem der Verwitwung* angesprochen, bzw. das Problem alleinstehender Frauen, das in den verschiedenen Kulturen und Epochen mit unterschiedlichen Maßnahmen (bis hin zur Witwenverbrennung) zu lösen versucht wurde. Eine Verwitwung bedeutet auch für die ältere Frau von heute zweifellos mehr als Partnerverlust; sie hat neben finanziellen Konsequenzen Verunsicherung, Einschränkung des Aktivitätsbereiches, Störung des Alltagsablaufs, Probleme in der Realitätsbewältigung zur Folge — wenngleich auch hier vor einer Generalisierung gewarnt werden muß und die Autoren mit Recht auf die individuellen Reaktionsformen verwitweter Frauen hinweisen. — Dieser Beitrag läßt jedoch auch deutlich werden, wie notwendig es ist, methodisch abgesicherte empirische Forschung zu dieser Thematik voranzutreiben, da es uns hier an fundierten Kenntnissen über die heutige Situation noch fehlt.

Zum Abschluß dieses Heftes bringen wir einen Bericht über die *„Stellung des alten Menschen bei Zigeunern"* von *Andreas Hundsalz* und *Reinhard Schmitz-Scherzer.* Hier bei den Zigeunern verliert die Frau mit zunehmendem Alter nicht an Ansehen, wie das in den meisten europäischen und westlichen Gesellschaften der Fall ist, sondern gewinnt geradezu an Prestige, Freiheit und Selbständigkeit: „Die Frau gewinnt mit höherem Alter zunehmend Einfluß. Sie darf an den Gesprächsrunden der Männer teilnehmen und dort ihre Meinung äußern — etwas, was der jüngeren Frau im Regelfall strikt verwehrt wird. Die Puri-dai (alte, weise Mutter) hat großen Einfluß und gewinnt oft eine den alten Männern vergleichbare Stellung. Auch bei ihr müssen andere (soziale) Merkmale als nur das Alter zusammenkommen, bis sie diese Stellung erreicht." Selbst hier ist eine differentielle Betrachtung des Alternsprozesses der Frau zu fordern! —

Die Beiträge dieses Heftes beleuchten von unterschiedlichsten Aspekten ausgehend die Situation verschiedener Gruppen älterer Frauen heutzutage, nehmen teilweise Bezug auf die Vergangenheit und zeigen Trends der Veränderung auf und weisen auch teilweise in die Zukunft. Sie lassen aber allesamt deutlich werden, daß der Alternsprozeß bei Frauen aus biologischen, sozialen und psychologischen Gründen in vieler Hinsicht anders verläuft als der Alternsprozeß bei Männern. Bei aller geschlechtsspezifischen Gruppengemeinsamkeit, die man bei einer Gegenüberstellung Männer/Frauen herausarbeitet, sollten jedoch die differentiellen Aspekte nicht vernachlässigt werden. Es gibt genausowenig *die* alte Frau wie es *den* alten Mann gibt!

Anschrift des Verfassers:

Prof. Dr. *U. Lehr*, Direktor des Psychologischen Instituts der Universität Bonn, An der Schloßkirche, 5300 Bonn 1

Psychologisches Institut der Universität Bonn

Die Situation der älteren Frau —
psychologische und soziale Aspekte

Ursula Lehr

Mit 1 Tabelle

1. Der Wandel im Rollenverständnis der Frau

„Die größte Revolution unseres Jahrhunderts ist die veränderte Stellung der Frau!" Unser ehemaliger Bundespräsident *Theodor Heuss* (1884–1963) hat kurz vor seinem Tode mit diesem Ausspruch auf einen Prozeß hingewiesen, der noch heute in vollem Gange ist und keineswegs geradlinige Verlaufsformen erkennen läßt. Das Bild der Frau, das zu Beginn unseres Jahrhunderts vorherrschte, ist im Wandel begriffen. Es erfährt Veränderungen, die man als *zunehmende Verselbständigung* der Frau bezeichnen kann — eine Verselbständigung, die mit der Ausbildung und beruflichen Qualifikation einhergeht. Einerseits ermöglicht diese veränderte Auffassung der weiblichen Rolle vielen Frauen erst den Einstieg in das Berufsleben und das Engagement an die Welt des Berufes. Andererseits ist es aber die Berufstätigkeit selbst, die das Verhalten und Auftreten der Frau bestimmt, die gewissermaßen zur Verselbständigung der Frau beiträgt — und so in einem Wechselwirkungsprozeß oder Rückkoppelungsprozeß den Wandel des Rollenbildes verstärkt.

1.1. Nun ist zumindest für uns in Deutschland festzustellen, daß sich ein solcher Wandel in der Rollenauffassung nur für manche Bevölkerungsgruppen bisher vollzogen hat. Weitere Bevölkerungsschichten befinden sich zur Zeit mitten in einem solchen Prozeß des Wandels — ein oft schmerzlicher Prozeß, der es für viele Frauen zu Rollenkonflikten, zur Rollenunsicherheit und damit zur Verhaltensunsicherheit kommen läßt. Andere Bevölkerungsschichten aber sind bis jetzt noch nicht vom Wandel des Rollenverständnisses der Frau ergriffen worden. Bei ihnen herrscht noch das tradierte Rollenbild vor, das der Frau ihren Platz allein im Binnenraum der Familie zuweist und sie auf „Kinder, Küche, Kirche" konzentriert sehen will.

Diese traditionelle Rollenauffassung — operational erfaßbar durch psychologische Untersuchungen zum Erziehungsverhalten, durch Einstellungsuntersuchungen, Untersuchungen zur Frage der Interessen, zur Schulausbildung und Berufswahl wie auch zur generellen Zukunftsorientierung (vgl. 35, 37) — findet sich bei uns stärker 1. in den niederen sozialen Schichten, 2. bei der Landbevölkerung im Vergleich zur Stadtbevölkerung, 3. bei Mehrkinderfamilien häufiger als bei Ein- oder Zwei-Kinder-Familien, 4. bei älteren Personen stärker als bei jüngeren.

Darüber hinaus ist aber noch die Wirkung epochaler Ereignisse hervorzuheben, die auch in unseren biographischen Analysen von insgesamt 2700 Männern und

Frauen deutlich wird: Einmal wird in *Kriegszeiten* an die Selbständigkeit und Selbstverantwortlichkeit der Frau appelliert; man erwartet von ihr partnerschaftliches Verhalten und möchte ihren Lebenskreis über ihre Küche ausgedehnt sehen, in die man sie in „ruhigeren Zeiten" am liebsten wieder hineinverbannt. Aber auch in *wirtschaftlich sehr guten Zeiten* appeliert man an die Arbeitskraft der Frau und akzeptiert oder fordert sogar ein partnerschaftliches Rollenverständnis — um sie dann in Zeiten wirtschaftlicher Schwierigkeiten (wie in der gegenwärtigen wirtschaftlichen Situation) gewissermaßen auf's Abstellgleis zu schieben, um so die knappen Arbeitsplätze für die Familien*väter* zu sichern. Diesen — vielleicht in gewissen Grenzen noch diskutierbaren — Grund verheimlicht man jedoch und entsinnt sich stattdessen auf die methodisch fragwürdigen Ergebnisse von *Spitz* und *Bowlby*, auf die Forderung nach einer „stetigen Bezugsperson" für das Kind (möglichst bis zur Volljährigkeit) — oder gar auf die körperlich schwächere Konstitution der Frau, die zu einer schnellen Überbelastung durch den Beruf führe. Eine Gruppe von Kinderärzten, mit den Ergebnissen der Sozialisationsforschung (z. B. von *Yarrow, Caseler, O'Connor, Rutter* — vgl. 38) wenig vertraut, macht sich hier zum Anwalt für das angebliche „Wohl des Kindes". Auf diesem Hintergrund sind auch die in Deutschland heftigen Diskussionen um das Tagesmüttermodell wie auch um das Erziehungsgeld und die Partnerrente zu verstehen, deren Einführung eine Rückkehr zum traditionellen patriarchalischen Rollenverständnis bedeuten würde und die Zutreffendheit des eingangs gebrachten Zitats von *Theodor Heuss* — zumindest für bestimmte Geburtsjahrgänge von Frauengruppen — in Frage stellen würde.

1.2. Zunächst einmal gilt es, davor zu warnen, Aussagen über *die* Situation *der* älteren Frau zu generalisieren. Selbst „*die ältere Frau von heute*" gibt es nicht. Eine differentielle Gerontologie (91,36) zwingt zu einer differentiellen Betrachtung. Ansätze auch bei der Analyse der Situation der Frau im Hinblick auf Schulbildung, sozialen Status, Familienstand, Wohnort und Einkommen zu differenzieren, finden sich in der neueren sozialpsychologischen Forschung in zunehmendem Maße (*Neugarten, Munnichs* u. a.). Ansätze auch nach Geburtsjahren zu unterscheiden — wobei es sicher nicht genügt, von den „jungen Alten" und „alten Alten" *(Neugarten)* zu sprechen — sind jedoch selten, aber notwendig (2, 3).

Konkret: Versuchen wir im folgenden die Situation der älteren Frau zu analysieren — und folgen wir dabei der „26. Annual Conference on Aging", die an der Universität von Michigan unter dem Thema „The older woman in America" (1973) abgehalten wurde, indem wir uns wie dort auch an die „Frau von 45 und älter" wenden („the conference addressed itself to women 45 years of age and older"), dann werden wir kaum geradlinige Entwicklungen von den 45- bis 85/90jährigen finden.

Unsere biographischen Studien (35) belegen zum Beispiel, daß die heute 77—82-jährigen (zwischen 1895 und 1900 Geborenen), die den Ausbruch des 1. Weltkriegs als 14—19jährige erlebten, weit stärker als „emanzipiert" zu betrachten sind als beispielsweise die Gruppe der 10 bis 15 Jahre Jüngeren (62 bis 72jährigen). Diese um 1905 bis 1915 geborenen Frauen, die durch die wirtschaftlich schlechte Situation der 20iger Jahre oft gar nicht an eine Berufswahl dachten, sind heute in mancher Hinsicht schlechter dran und gehören eher zur „Problemgruppe der alten Menschen" als die um eine Dekade Älteren. Sofern sie Kriegerwitwen wurden, war die finanzielle Sicherung in den meisten Fällen so ausreichend, daß von ihnen damals im Alter von 30—45 Jahren ein erstmaliger Berufseinstieg gescheut wurde.

Anders wiederum die Geburtsjahrgänge 1923 bis 1925, die den Krieg als 14/16 bis 20/22jährige erlebten und somit zur Durchsetzungsfähigkeit und Selbständigkeit sozialisiert wurden. Das Ergreifen eines Berufes war hier weit selbstverständlicher. — Für die späteren Geburtsjahrgänge wurde dann zwar eine bessere Schulausbildung auch für Mädchen immer üblicher, die jedoch gerade in der Gruppe der heute 45—50-jährigen (Geburtjahrgang 1927—1932) oft dazu führte, nach Schulabschluß (der ebenso zeitbedingt — durch Evakuierung, Schulwechsel wegen Ausbombung, Flücht-lingssituation — verzögert war), manchmal während der Ausbildung, spätestens aber direkt nach der Ausbildung zu heiraten, ohne jede Berufserfahrung zu haben. Noch nicht abgeschlossene Untersuchungen zeigen schon jetzt, daß gerade diese Frauen-gruppe durch den Auszug der inzwischen herangewachsenen Kinder aus dem Eltern-haus sehr stark irritiert ist, in ihrer Zukunftsplanung äußerst unsicher ist und — sofern nicht ein Einstieg in das Berufsleben gelingt bzw. ein solcher durch die Ein-führung der Partnerrente als nicht notwendig erachtet wird, oder sofern nicht anderweitig neue Lebensaufgaben gefunden werden — dem Prozeß des Älter-werdens mit einer starken Belastung entgegengehen. —

1.3. Wir können also nicht uneingeschränkt der Aussage zustimmen „Älter-werden als Frau heutzutage ist zwar schwer — in einem oder zwei Jahrzehnten jedoch viel leichter". Dies hängt neben epochalen, zeitgeschichtlichen Ereignissen noch von einer Reihe weiterer Bedingungen ab.

Der Prozeß des Wandels des Rollenverständnisses zeigt keineswegs einen gerad-linigen Verlauf. Dabei sollte man auch bedenken, daß allzu starke Emanzipations-forderungen das Pendel oft in die Gegenrichtung ausschlagen lassen und somit das Gegenteil von dem erreichen, was beabsichtigt war. Ob unter diesem Aspekt das „Jahr der Frau" Segen oder Fluch bedeutet, bleibt abzuwarten.

Im folgenden sei die Situation der älteren Frau — bzw. die Situation bestimmter Gruppen älterer Frauen — unter einigen Aspekten analysiert, nach den möglichen Ursachen und Bedingungen für diese Situation gefragt und versucht, mögliche Konsequenzen aufzuzeigen.

2. Das Bild der älteren Frau: Ursachen und Folgen

Mit *McTavish* (50) ist ein „generalisiertes" und ein „personalisiertes" Altersbild zu unterscheiden. Während das generalisierte Altersbild, das z. B. in der Dichtung, im Märchen, in der Werbung, in den Massenkommunikationsmitteln erscheint, keine konkrete Aussage über seine Herkunft erlaubt, kann man beim „personali-sierten" Altersbild feststellen ,welche Gruppen von Personen diese oder jene Ein-stellung erkennen lassen.

2.1. Eine Fundgrube für das *generalisierte Altersbild* bietet das Buch von *Simone de Beauvoir* „Das Alter" (1970, dt. Ausgabe 1972). Wir erfahren da z. B. (S. 72), daß in bestimmten Gesellschaften das Alter für die Frau im Gegensatz zum Mann bestimmte Vorteile bringt: nach der Menopause wird die Frau nicht mehr als geschlechtlich angesehen, gewisse Nahrungstabus sind für sie damit aufgehoben und auch andere Verbote fallen weg: „sie kann nun an Tänzen teilnehmen, trinken, rauchen, sich neben die Männer setzen. In matriarchalischen Gesellschaften ist ihre Rolle jetzt sehr bedeutend"; „im allgemeinen aber bleibt ihre Stellung hinter der der Männer zurück. Man vernachlässigt sie stärker. Man setzt sie aus." (S. 72).

2.1.1. *Simone de Beauvoir* zeigt, wie in der *Dichtung das Klischee der abgewerteten alten Frau* vorherrscht. „*Eustache Deschamps* sieht nur Übel und Abstoßendes, Verfall der Seele und des Körpers, Lächerlichkeit, Häßlichkeit im Alter: für die Frau läßt er es mit 30 beginnen, für den Mann mit 50; nach 60 bleibt ihnen nur der Tod" (S. 124). Auch von *Oliver de la Marche* werden Verse zitiert, die die alte Frau als „Gegenstand des Abscheus und der Verspottung" deutlich werden lassen. Je mehr man — wie in der Renaissance — die Schönheit des Leibes preist, um so hassenswerter erscheint die Häßlichkeit des Alters. *Simone de Beauvoir* erwähnt in diesem Zusammenhang *Erasmus*, der schreibt: „Diese verfallenen Frauen, diese wandelnden Leichname, die stinkenden Gerippe, die überall einen Grabesgeruch verbreiten ..." oder — an anderer Stelle (S. 145) *Saint Amant*, der in der älteren Frau ein „lebendes Bild des Todes" sieht: „die riecht aus ihrem alten Maul — so stinkt ein altes Pflaster nicht".

2.1.2. Sicher sind dies extreme Charakteristiken vergangener Zeiten. Dennoch, ein solches generalisiertes negatives Altersbild fand *Peterson* (68) auch bei der Analyse der in den USA von 1922 bis 1975 preisgekrönten *Jugendbücher*. Ältere Personen tauchten hier überhaupt nur als Randgruppen auf und standen nie im Mittelpunkt des Geschehens. Während aber der ältere Mann noch gelegentlich im beruflichen Bereich Achtung erzielen konnte, wurde die ältere Frau nur in die häusliche Sphäre verbannt und als nichtssagend, als „unterentwickelt" geschildert. —

2.1.3. Eine Analyse über das Altersbild im deutschen *Illustriertenroman* (von 1950 bis 1975) zielt in die gleiche Richtung.

2.1.4. Schließlich bieten Märchen (74) ein generalisiertes Altersbild, das besonders die ältere Frau ungünstig darstellt: Als böse Hexe, als Giftmischerin, Unheil zaubernd, Schätze hortend oder als Räuber-Großmutter — oder auch als „Sozial-Leiche", die im Wald in der Abgeschiedenheit vor sich hinfault. Der alte Mann im Märchen erscheint wenigstens gelegentlich als „guter Geist", oder als Rübezahl, der anderen aus der Not hilft.

2.1.5. Auch *Jokes und Witze* spiegeln ein solches generalisiertes negatives Altersbild. Hier erfährt besonders die alleinstehende Frau eine Abwertung, sei es als „häßliche alte Jungfer", als „ausgequetschte saure Zitrone" oder als geiles Wesen, das noch nachholen will, was es ein Leben lang versäumt hat und sich damit lächerlich macht (vgl. auch *Palmore* 1971).

2.1.6. Leider bestätigten Analysen deutscher *Schulbücher*, die in den letzten Jahren vorgenommen wurden, ebenso das einseitig negativ akzentuierte Altersbild. Auch hier sind männliche Personen stärker repräsentiert (96, 31, 21) und gelegentlich auch mit positiven Eigenschaften versehen. Sie werden mit vielfältigen Verhaltensweisen geschildert — während Frauen an Haus und Familie gebunden sind, mit eingeschränktem Interessensradius, alt und hilfsbedürftig und abhängig (*Viebahn, Lehr*) dargestellt werden.

2.1.7. Diesem Bild korrespondiert das der alten Frau in der *Werbung (Karsten; Horn* und *Naegele*): Auf familiäre Rollen beschränkt erscheint sie vertrottelt, hinter dem Mond zuhause, unorientiert und nicht mehr mit den Neuerungen (z. B. jenen der Waschmittelindustrie) mitkommend. Der alte Mann hingegen kann durch Medikamente seine Spannkraft wieder erhalten; er ist zwar auf Vitalisierungspillen angewiesen, kann aber noch bis ins hohe Alter rüstig, voller Spannkraft und sexuell aktiv bleiben — wie es uns die Pharmazie-Werbung lehrt (*Horn* und *Naegele*).

2.1.8. Beobachtet man auch den alten Menschen — besonders die alte Frau — im deutschen *Fernsehprogramm*, dann erfährt man, daß 85 % in Altersheimen wohnen (in Wirklichkeit nur 2,9 % aller über 65jährigen), daß die alte Frau arm und einsam ist, von ihren Kindern verlassen wird und von Abbau und Verlust körperlicher und geistiger Fähigkeiten gekennzeichnet ist (36).

2.1.9. Es ist schwer zu sagen, ob die genannten Quellen Ursachen oder Folgen einer allgemein negativen Einschätzung des *Alters,* ebenso einer allgemein negativen Einschätzung der *Frau,* besonders aber einer Abwertung der *älteren Frau* sind. Fest steht jedenfalls, daß auch in unserer Gesellschaft heutzutage gilt: *Älterwerden ist mit einem Verlust an Ansehen und Prestige verbunden. Als Frau älter zu werden, erscheint jedoch besonders schwierig!*

Attributierungen der „idealen Frau" zentrieren sich nun einmal um die Begriffe hübsch, nett, attraktiv, vielleicht auch jugendlich oder sogar liebevoll-mütterlich (aber bestimmt nicht großmütterlich-betulich!). Attributierungen des idealen Mannes hingegen sind: tüchtig, gescheit, vertrauenserweckend, fleißig und dergleichen. Diese Eigenschaften sind auf jeden Fall weniger altersabhängig. Ähnlich stellt auch *Simone de Beauvoir* (S. 252) fest: Man spricht nie von einer „schönen Greisin"; ein „schöner Greis hingegen wird bewundert. Das Männliche ist nicht eine Beute des Alters; von ihm verlangt man nicht Frische, Sanftheit, Anmut, sondern die Stärke und die Intelligenz des Eroberers; weiße Haare und Falten stehen nicht im Widerspruch zu diesem männlichen Ideal." — Das Image des „vollgültigen Mannes" reicht zumindest bis hoch in die 60iger Jahre hinein. Das Image der „vollgültigen Frau" erfaßt kaum mehr die über 40/45jährige, die aus dem gebär-fähigen Alter hinaus ist und damit eine ihrer wesentlichen Funktionen erfüllt hat — wie man auch heute noch (bzw. heute wieder!) meint.

Die Glorifizierung der weiblichen Rolle einseitig als die der Frau und Mutter trägt sicher mit dazu bei, die Frau nur zwischen 20 und 45 als vollgültigen Menschen anzuerkennen und sie hinterher auf's Abstellgleis zu schieben. Unsere Gesellschaft begegnet der älteren Frau mit mehr Vorbehalten als dem älteren Mann und gruppiert sie 10—15 Jahre früher in die Gruppe der „Alten", „Ausgedienten", die „ihre Pflicht getan haben" ein. — Auch die Abwertung der unverheirateten Frau, die in den Bezeichnungen „Sitzengebliebene", „alte Schachtel", „alte Jungfer" deutlich wird — während der unverheiratete Mann durchaus anerkannt und geachtet wird —, ist ebenso auf dem Hintergrund einer übertriebenen Glorifizierung der Mutter-Rolle zu sehen.

2.2. Nun wird dieses generalisierte Altersbild, das einseitig negativ akzentuiert ist, wenngleich vereinzelt — vor allem beim Mann — positive Züge sichtbar werden, nicht von allen Menschen in gleicher Weise übernommen. Jene Untersuchungen, die nach dem *personalisierten Altersbild* fragen, die zu ergründen versuchen, welche Gruppe von Individuen welche Art von Alterserwartungen und Altersvorstellungen hat (*Tuckman* and *Lorge, McTavish* — vgl. 36), kamen jedoch zu dem Ergebnis, daß weibliche Befragte negativere Erwartungen haben und den Alternsprozeß früher beginnen sehen als männliche Befragte. Allerdings ist auch hier zu differenzieren: Frauen mit besserer Schulbildung sind in dieser Hinsicht weniger pessimistisch als Frauen mit Volksschulbildung. Berufstätige Frauen haben positivere Alterserwartungen als Nichtberufstätige, Verheiratete haben ebenso ein positiveres Altersbild als Alleinlebende.

2.3. Fragen wir nun nach den *Auswirkungen* eines solchen generalisierten und/oder personalisierten negativen Altersbildes, dann sind vier Überlegungen anzustellen:

2.3.1. Ein durch Abbau und Verlust gekennzeichnetes generalisiertes Altersbild bringt den älteren Menschen dazu, seinen eigenen Verhaltensradius einzuschränken. Es werden verschiedene Verhaltensweisen aufgegeben, weil die soziale Umwelt sie eben nicht mehr erwartet (das gilt für eine Reihe von Freizeitbeschäftigungen, wie z. B. auch für das Gebiet der Sexualität). Von der Frau generell, von der älteren Frau aber im besonderen Maße wird noch weniger Aktivität, Unternehmungsgeist, Eigeninitiative, Expansionsstreben erwartet als vom (älteren) Mann. Die Erwartungen der sozialen Umwelt zwingen die Frau in einem noch stärkeren Maße zur Restriktion ihres Lebensradius als der Mann.

2.3.2. Dieses generalisierte Altersbild, dieses „negative Fremdbild", beeinflußt aber auch das Selbstbild bzw. das Selbsterleben (*Newcomb, Thomae, Lehr, Merker*). Jene Personen, die sich von ihrer Umgebung kritisiert, abgelehnt oder nicht beachtet glauben, haben ein negativeres Selbstbild. Und dies trifft nun einmal für Ältere in stärkerem Maße zu als für Jüngere; es trifft für Frauen in stärkerem Maße zu als für Männer. Alt-Sein und zugleich Frau-Sein wird hier zur Doppelbelastung.

Nun wissen wir zudem, daß selbstunsichere Personen eher dazu neigen, andere Menschen ihrer Umgebung abzuwerten, eher intolerant anderen gegenüber sind und deswegen verständlicherweise eine zusätzliche negative Einschätzung und Kritik seitens ihrer Umwelt erfahren. Andererseits sind von der Umwelt geachtete Personen, die eher ein positives Selbstbild entwickeln konnten, nun auch eher toleranter, großzügiger und eher bereit, das Fehlverhalten anderer zu übersehen bzw. es zu akzeptieren. Gerade diese ihre Verhaltensweisen aber sichern ihnen weiterhin eine positive Einschätzung durch die Umwelt und verstärken somit ihr positives Selbstbild.

Wir haben es hier mit einem ständigen Wechselwirkungsprozeß zu tun, der auch im Falle der negativen Selbsteinschätzung genauso wirksam wird und der dann den alten Menschen, besonders aber die alte Frau, erst zu einer „unausstehlichen Alten" werden läßt.

2.3.3. Das generalisierte Altersbild beeinflußt zweifellos auch das personalisierte Altersbild und somit die Erwartungshaltung, die der Älterwerdende hat. Wir wissen aber, daß auf dem Wege der „self-fulfilling prophecy" die Erwartungshaltung das Erleben der Situation und die Anpassung an diese Situation beeinflußt. Auf dem Wege einer Selektion der Wahrnehmung werden nur die erwarteten unangenehmen Dinge konstatiert, die nicht erwarteten positiven Gegebenheiten aber übersehen.

In diesem Zusammenhang ist auch zu verstehen, daß von einer großen Gruppe von Frauen die Situation oft subjektiv negativer erlebt wird als sie objektiv ist — während man bei Männern zuweilen ein subjektiv besseres Erleben auch der objektiv schlechten Situation findet. Belege hierfür bieten u. a. die Studien zur Isolation und Einsamkeit (*Tunstall, Shanas* et al., vgl. 36) wie auch Untersuchungen zum subjektiven Gesundheitszustand (*Lehr* und *Schmitz-Scherzer*).

Da aber der kognitiven Theorie des Alters gemäß (88, 89) nicht die objektive Situation das Verhalten bestimmt, sondern weit mehr die Art und Weise, wie diese objektive Situation kognitiv repräsentiert ist (vgl. auch *Olbrich, Rosenmayr*), wie sie subjektiv wahrgenommen wird, ist die ältere Frau in stärkerem Maße betroffen als der ältere Mann.

2.3.4. Einen vierten Aspekt führten 1976 *Brubaker* und *Powers* in die Diskussion ein. Sie gehen auch davon aus, daß das generalisierte Altersbild zwar negativ akzentuiert ist, aber vereinzelt positive Züge erkennen läßt. Welche Aspekte nun aber das einzelne Individuum auswählt (und so zu seinem personalisierten Altersbild macht) hängt vom Selbstbild bzw. Selbstkonzept des einzelnen ab, das sich ja bereits von früher Jugend an entwickelt und im mittleren Lebensalter eine gewisse Stabilisierung erfährt. Ein älterer Mensch mit positivem Selbstbild nimmt demzufolge nur die positiven Züge des Altersbildes wahr und verstärkt damit sein ohnehin positives Selbstbild noch mehr. Ein Mensch mit negativem Selbstbild hingegen nimmt nur die negativen Elemente wahr und verstärkt damit sein ohnehin negatives Selbstbild in zunehmendem Maße. Zur Erklärung ziehen die Autoren *Festinger's* Dissonanztheorie (15) heran: Ein Akzeptieren des negativen Stereotyps von einem Betagten mit positivem Selbstbild würde eine Dissonanz heraufbeschwören zwischen der privaten Meinung (+) und der öffentlichen Meinung (−). Diese unkongruenten kognitiven Elemente (positives Selbstbild und negatives Alterssstereotyp) produzieren eine Dissonanz und mobilisieren gleichzeitig Kräfte, diese Dissonanz abzubauen.

Bedenken wir nun, daß sich in der Sozialisationsforschung hinreichend Belege finden, die zeigen, daß durch bestimmte Verhaltensweisen der Eltern und auch der sonstigen sozialen Umwelt den Mädchen im allgemeinen ein geringeres Selbstwertgefühl anerzogen wird, sie stärker zur Abhängigkeit, Ängstlichkeit und Unselbständigkeit geprägt werden (vgl. 49 — aber auch *Kagan* und *Moss* [26], 45, 35 u. a), während bei Jungen Unabhängigkeit, Durchsetzungsfähigkeit und eine positive Selbsteinschätzung stärker gefördert werden, dann sieht man, daß die soziale Benachteiligung bestimmter Gruppen älterer Frauen bereits die Folge eines lebenslangen Prozesses ist.

2.3.5. Wenn bisher formuliert wurde „Altern ist heutzutage primär soziales Schicksal und erst sekundär biologisches Schicksal" (86), dann könnte man auch ergänzen: „Frausein ist zwar primär biologisches Schicksal, aber (ebenso) in sehr starkem Maße auch soziales Schicksal". — *Frausein und Altsein bedeutet danach in unserer Gesellschaft eine Kumulation sozialer Benachteiligungen!*

3. Die Situation der älteren Frau im Spiegel der Statistik

Wenn auch die bzw. die Abwertung der älteren Frau durch die soziale Umwelt ein Hauptproblem des Alterns in unserer Gesellschaft ist, so ist es doch nicht das einzige. Soziale Benachteiligungen verschiedener Art sind aufzeigbar, wenngleich viele von ihnen wiederum nur eine ganz spezifische Frauengruppe treffen, die durch bestimmte Merkmale zu charakterisieren ist.

3.1. Bevölkerungsstruktur

Nach der im Februar 1976 veröffentlichten Statistik des Statistischen Bundesamtes sind von den 62,1 Millionen Einwohnern der Bundesrepublik 19,8 % 60 Jahre und älter; 14 % 65 Jahre und älter. Während dabei der Anteil der über 60jährigen Männer nur 16,1 % ausmacht (derjenigen der über 65jährigen nur 11,1 %), sind

23,3 % der gesamten weiblichen Bevölkerung älter als 60 Jahre und 16,7 % älter als 65 Jahre.

Zum Vergleich dazu: 1910 waren 5 % aller Männer und ebenso 5 % aller Frauen 65 Jahre und älter. In den letzten 65 Jahren nahm also der Anteil der älteren Frauen weit mehr zu als jener der älteren Männer. „Vor dem 1. Weltkrieg überstieg die Zahl der über 65jährigen Frauen diejenigen der über 65jährigen Männer nur um etwa 20–25 %. Im Jahre 1972 lebten im Bundesgebiet jedoch 5,1 Millionen über 65jährige Frauen und 3,2 Millionen über 65jährige Männer, d. h., die Zahl der älteren Frauen liegt jetzt über 60 % über derjenigen der älteren Männer. Parallel hierzu vollzog sich eine starke Zunahme des Anteils der Witwen, von den über 65jährigen Frauen, die verheiratet waren, sind fast 60 % verwitwet" (76, S. 17/18).

Für 1980 ist der Höchststand der über 65jährigen zu erwarten: 3,3 Millionen Männer und 5,8 Millionen Frauen. Dann wird 15,1 % der Gesamtbevölkerung 65 Jahre und älter sein – und zwar 11,4 % der männlichen und 18,5 % der weiblichen Bevölkerung. Danach wird die Zahl der über 65jährigen allmählich kleiner werden, aber voraussichtlich immer noch 8,4 Millionen – oder 15 % – betragen (76).

Dabei ist die *Lebenserwartung* der älteren Männer in den vergangenen 20 Jahren nicht größer, sondern eher geringer geworden. 1949/51 betrug sie für den damals 65jährigen noch weitere 12 Jahre und 10 Monate; 1967/69 nur noch knapp 12 Jahre und für den 1974/76 65jährigen Mann sogar nur noch 11 Jahre und 10 Monate. – Die Lebenserwartung der Frau hingegen nahm in dem gleichen Zeitraum zu. 1949/51 hatte die 65jährige noch 13,7 Jahre zu erwarten; 1967/69 noch 14,9 Jahre und die 65jährige des Jahres 1974/76 sogar noch 15,4 Jahre. Anders ausgedrückt: Während die Männer, die heute das 65. Lebensjahr erreichen, im Durchschnitt mit 76,10 Jahren sterben, werden die heute gleichaltrigen Frauen 80,4 Jahre alt (76).

Nach den vorliegenden Statistiken, die die westeuropäischen Länder und die USA mit einbeziehen (1971) hat jedoch die Frau in der Bundesrepublik die geringste Lebenserwartung, gefolgt von Österreich, der Schweiz, DDR und England. Die höchste Lebenserwartung hat danach die 60jährige Frau in den Niederlanden, die zweithöchste die in Frankreich und Schweden und an 3. Stelle folgt die USA. – Im Internationalen Vergleich hat der Mann in Österreich die geringste Lebenserwartung (als 60jähriger durchschnittlich noch 14,8 Jahre), gefolgt von Westdeutschland, England, Frankreich und den USA. Die höchste Lebenserwartung als 60jähriger hat der Schwede (noch 17,4 Jahre), gefolgt von dem Niederländer, dem DDR-Bürger und dem Schweizer.

Die Differenz bezüglich der Lebenserwartung zwischen Mann und Frau beträgt danach in Frankreich 4,8 Jahre. Dort überleben Frauen die Männer am längsten. Es folgen England (4,5 Jahre), USA (4,4 Jahre) und Österreich (4,1 Jahre). Die geringste Überlebensrate haben danach Frauen in Schweden und in der Schweiz (jeweils 2,9 Jahre), gefolgt von der DDR (3,1 Jahre), den Niederlanden (3,5 Jahre) und der Bundesrepublik (3,7 Jahre) (vgl. 76).

Während bei der Gesamtbevölkerung in der Bundesrepublik das Verhältnis Männer/Frauen heute 100/109 beträgt, kommen bei der Gruppe der über 65jährigen auf 100 Männer 160 Frauen – wobei nach Vorausberechnungen (in die Kriegsausfälle und höhere Lebenserwartungen miteinbezogen sind) die Proportionsverschiebungen von 1980 bis 1990/95 noch deutlicher hervortreten sollen.

Während der Anteil der Ledigen in der Männergruppe jenseits der 65 Jahre bei ca. 4 % liegt, findet man ihn bei knapp 11 % der Frauen. Der Anteil der Verwitweten ist bei den 60—65jährigen Frauen 6mal so hoch wie in der entsprechenden Altersgruppe der Männer, bei den 65—70jährigen etwa 5mal so hoch, den 70—75-jährigen 3mal so hoch und auch bei den über 75jährigen immerhin noch doppelt so hoch wie in der entsprechenden Männergruppe.

Tab. 1. Familienstand in den einzelnen Altersgruppen der Männer und Frauen (Quelle: Statistisches Bundesamt 1976, S. 30)

	60—65 J.		65—70 J.		70—75 J.		über 75 J.	
	M %	F %	M %	F %	M %	F %	M %	F %
verheiratet	88,3	54,0	84,4	44,5	78,2	32,8	60,2	16,3
ledig	4,1	8,6	4,4	10,1	4,3	11,5	4,2	12,1
verwitwet	4,9	33,3	8,8	41,9	15,7	52,8	34,5	69,6
geschieden	2,7	4,1	2,4	3,5	1,8	2,9	1,1	2,0
	100	100	100	100	100	100	100	100

3.2. Haushaltsstruktur

Wenn darüber hinaus zur Haushaltsstruktur bzw. Wohnsituation festgestellt wird, daß von allen Ein-Personen-Haushalten in der Bundesrepublik fast die Hälfte aus der Gruppe der über 65jährigen stammen

bis 25 Jahre:	8,6 %	der Einpersonenhaushalte
25—45 Jahre:	17,3 %	der Einpersonenhaushalte
45—65 Jahre:	27,7 %	der Einpersonenhaushalte
über 65 Jahre:	46,4 %	der Einpersonenhaushalte
	100,0 %	

und daß Einpersonenhaushalte häufiger von Frauen (71,2 %) als von Männern (28,8 %) geführt werden, und daß von diesen 71,2 % Frauen mehr als zwei Drittel — nämlich 54,5 % — älter als 65 Jahre sind, dann beleuchten diese Angaben zusätzlich sehr deutlich die Situation der älteren Frau.

Hierbei sollte man nicht übersehen, daß die Anzahl der Einpersonenhaushalte während der letzten 25 Jahre eine deutlich zunehmende Tendenz erkennen läßt (1950: waren 19,4 % aller Haushalte Einpersonenhaushalte, 1964: 23,3 %, 1970: 25,1 % und 1974 bereits 27,2 % — vgl. S. 112, Statistisches Bundesamt 1976). Dabei gilt für Deutschland genau wie für andere Europäische Länder: Einpersonenhaushalte von Betagten findet man in der Stadt häufiger als auf dem Land; Drei- und Mehrgenerationenhaushalte — in der Bundesrepublik 2,7 % (649 000) aller 23,6 Millionen Haushalte — sind häufiger auf dem Land als in städtischen und großstädtischen Gegenden vertreten.

Von der Gesamtbevölkerung in der Bundesrepublik leben von allen über 65-jährigen 2,9 % in Alten- bzw. Pflegeheimen. Von allen diesen Heimbewohnern sind 78 % Frauen.

3.3. Wohnungsausstattung

Doch Einpersonenhaushalte/Dreigenerationenhaushalte sollte nicht der einzige hier relevante Aspekt sein. Fragen wir nach der Ausstattung der Wohnung, so finden sich ebenso Benachteiligungen der älteren Bevölkerung, besonders in den ländlichen Gegenden (z. T. ohne Bad und Toilette innerhalb der Wohnung – vgl. 23).

Auch bestimmte Geräte, die die Haushaltsführung erleichtern, finden sich bei Älteren – und zwar jenen der niederen sozialen Schicht und jenen, die in Einpersonenhaushalten leben, also älteren Frauen – seltener als in Haushalten von Jüngeren (70). Das gleiche trifft zu für die verschiedensten Informationsquellen – von Fernsehapparat über Rundfunkgerät bis zur Tageszeitung und dem Vorhandensein von Büchern.

Alle diese genannten Defizite in der Wohnsituation sind innerhalb der genannten Gruppen bei Frauen häufiger auffindbar als bei Männern; innerhalb der Frauengruppe jedoch am stärksten bei Verwitweten „Nur-Hausfrauen", während sowohl verwitwete ehemalige Berufstätige wie auch Alleinlebende (Ledige) ehemalige Berufstätige unter diesen Defiziten weniger zu leiden haben. Schon hier kristallisiert sich heraus, was *Rosenmayr* 1976 eine „kumulative Benachteiligung" bestimmter Gruppen älterer Menschen (aber keinesfalls *der* älteren Menschen) nennt, wobei auch nach seiner Analyse das „geballte Auftreten von Nachteilen" bei den alleinstehenden und alleinlebenden Frauen besonders niedrigen sozialen Schicht, die nie einen Beruf ausgeübt haben, deutlich wird.

3.4. Einkommen

Auch *Geissler* (18) hat in seinen Abhandlungen zur „Neuen Sozialen Frage" auf die besondere Benachteiligung der Älteren, besonders der alleinstehenden älteren Frauen hingewiesen. Freilich, ein Einkommen von über 800,– DM monatlich wird (laut Statistischem Bundesamt 1972) von 33 % der älteren Männer erreicht, aber nur von 8 % der über 65jährigen Frauen. Unter 300,– DM Monatseinkommen hatten 1971 7,9 % der über 65jährigen Männer, aber 30,9 % der über 65jährigen Frauen. Diese Niedrigsteinkommen sind in ländlichen Gegenden häufiger anzutreffen als in städtischen. Alleinstehende sind generell mehr belastet als Nicht-Alleinstehende; aber innerhalb der Gruppe der Alleinstehenden (Ledige, Geschiedene, Witwer und Witwen) bilden die nie berufstätig gewesen Witwen das Schlußlicht. – Hier wird die Problematik der Witwenrente deutlich: Falls die Frau vor dem Mann stirbt, erhält dieser seine Rente in voller Höhe weiterbezahlt; falls aber der Mann vor seiner Frau stirbt, erhält diese nur ca. 60 % seiner Rente. Von hier aus wird die Diskussion um die Einführung der sog. „Partnerrente" verständlich, wenngleich diese – wie im folgenden zu zeigen sein wird – keinesfalls alle Probleme löst.

Auch bei *Preston* (69) lesen wir: „The poorest people in America today are women over 65, single and widowed. These 7½ million women have an average income of only 1.888 Dollar. One quarter of them have no assets at all."

Aber auch jene älteren Frauen, die einmal berufstätig waren, stehen im allgemeinen finanziell schlechter da als ihre männlichen Kollegen. *Keisau* et al. (29, S. 82 ff.) haben Statistiken der Deutschen Rentenversicherung der Arbeiter und Angestellten analysiert und dabei einmal die bekannte Tatsache bestätigt, daß der durchschnittliche Jahresverdienst der Frau am Ende ihrer Berufstätigkeit weit unter dem des Mannes liegt. 1972 verdienten jene Männer, für die die Arbeiter-Rentenversicherung zuständig war, durchschnittlich 1 149,20 DM im Monat. Die Vergleichsgruppe der Frauen hatte nur 714,60 DM monatlich. Jene Arbeitnehmer, die in der Angestellten-Versicherung waren, hatten als Mann durchschnittlich 1 587,90 DM, als Frau 1 167,30 DM pro Monat vor ihrer Berufsaufgabe.

Für diese Gehaltsunterschiede sind u. a. die schlechtere Schul- und Berufsausbildung der Frauen verantwortlich zu machen, die geringere berufliche Qualifikation, die geringere berufliche Mobilität wie auch die Scheu, Aufstiegschancen wahrzunehmen. Darüber hinaus sind aber auch die im allgemeinen kürzere Betriebszugehörigkeit bzw. die häufigeren Berufsunterbrechungen zu erwähnen, die dann zu einem geringeren Rentenanspruch führen (vgl. 35, 37, 39). — So erhielten 1972 die Männer eine Rente von durchschnittlich 55—60% ihres letzten Brutto-Einkommens (was einer Netto-Einkommensrelation von 75—80% entspricht) — die Frauen hingegen weniger als ein Drittel (29—33%) ihres letzten Brutto-Einkommens (vgl. 29. S. 85).

3.5. Berufsstatistiken

Von der weiblichen Bevölkerung sind in der Bundesrepublik 48% aller Frauen im erwerbsfähigen Alter (d. h. zwischen 15 und 65 Jahren) derzeit erwerbstätig. Trendanalysen über die vergangenen 20 Jahre hinweg zeigen, daß die Frauen der mittleren und älteren Jahrgänge heute zunehmend stärker am Berufsleben beteiligt sind als jüngere, unter 25jährige (37, 54).

Allerdings neigen Frauen dazu, ihre Berufstätigkeit früher aufzugeben als Männer. Während im Alter von 55—60 Jahren in der Bundesrepublik noch 87,4% aller Männer und 38,4% aller Frauen berufstätig sind, stehen von den 60—65-jährigen noch 71,0% der Männer, aber nur 21,2% der Frauen im Berufsleben; in der Gruppe der über 65jährigen sind noch 17,1% der Männer und 6,1% der Frauen erwerbstätig (vgl. „Die Frau in Familie, Beruf und Gesellschaft", 1975, S. 87).

Zu einer früheren Berufsaufgabe wird die Frau einmal durch die Rentengesetzgebung ermuntert, die ihr eine Flexibilität der Altersgrenze bzw. eine Vorverlegung des Rentenalters auf 60 Jahre zugesteht. — Bei der längeren Lebenserwartung der Frau fragt es sich allerdings, ob diese Maßnahme heute noch sinnvoll ist und ihre Berechtigung hat!

Zum anderen spielt hier der bei der älteren Generation noch übliche größere Altersabstand zwischen den Ehepartnern eine Rolle. Wenn der Mann mit 65 Jahren pensioniert wird, gibt die Frau gerne ihre Berufstätigkeit auf, auch wenn sie erst 61/62 Jahre ist.

Darüber hinaus können Arbeitslosen-Statistiken diese Verhaltensweisen zum Teil erklären. Die Amtlichen Nachrichten der Bundesanstalt für Arbeit (25. Jahrg., Jan. 1977, S. 24) berichteten über die für den Monat September 1976 altersspezifische Arbeitslosenquote, die 4,6% aller unter 20jährigen betrifft, 6% der 20—25-jährigen und 5,3% der 25—30jährigen. Dann sinkt sie auf 3,2% der 30—35jährigen und erreicht mit 2,9% bei der Altersgruppe zwischen 35 und 50 Jahren ihren Tiefststand. Für die 50—55jährigen zeigt sich eine Steigerung auf 3,2%, die sich dann rapide bei den 55—65jährigen auf 5,2% erhöht. Gleichzeitig wird mit steigender Altersgruppe eine Zunahme der Arbeitslosigkeit vermerkt. — Weitere Beziehungen ergeben sich zwischen Arbeitslosigkeit und Berufsqualifikation, wovon Ältere und Frauen — insbesondere aber ältere Frauen — am stärksten betroffen sind.

3.6. Bildungsstatistiken

Das Bildungsdefizit der Frau hat sich im Laufe der letzten Jahrzehnte zwar verringert, besteht aber noch heute in erheblichem Ausmaß. In den letzten 20 Jahren ist der Anteil der Volksschulabgänger bei Mädchen von 80,8% auf 64% gesunken (bei Jungen von 77,3% auf 64,6%) und der der Realschüler hat sich von 6,4% auf 12,8% (Jungen: 5,2% auf 10,3%) im gleichen Zeitraum geradezu verdoppelt.

Statt 11,3 % der Mädchen im Jahre 1957, schließen heute 18,4 % ihre Schulbildung mit dem Abitur ab; bei Jungen zeigt sich ein Anstieg von 15,4 % auf 18,9 %.

Von allen Abiturienten des Jahrganges 1957 waren nur 33,9 % Mädchen, des Jahrgangs 1974 jedoch 45 %. — Von allen Studenten an Deutschen Universitäten waren 1957/58 22,7 % weiblich, 1975/76 jedoch 36,2 % (vgl. Zwischenbericht der Enquete — Kommission „Frau und Gesellschaft" vom 11. 11. 76; Bundestags-drucksache 7/5866). Der Anteil der weiblichen Studenten, die das Hochschulstudium erfolgreich abschließen, ist jedoch weit geringer.

Dieser Trend zu einer allmählichen aber sehr langsam sich vollziehenden Verbesserung der Ausbildungssituation der Frauen wird deutlich, wenn man feststellt, daß von den heute über 70jährigen Frauen 89 % Volksschulabschluß haben, aber nur 1,3 % einen Hochschulabschluß. Von den heute 60—70jährigen Frauen haben 83,9 % einen Volksschulabschluß und 1,4 % konnten ihr Studium erfolgreich beenden. Bei den 50—60jährigen Frauen ist das Verhältnis entsprechend 78,8 % (Volksschule) zu 2,2 % (Studium erfolgreich abgeschlossen), bei den 40—50jährigen 79,6 % zu 2,4 %, und von den heute 30—40jährigen Frauen beendeten noch 71,3 % ihre Schulbildung mit Volksschulabschluß und 3,7 % hatten eine abgeschlossene Hochschulausbildung (Statistisches Bundesamt: Die Frau in Familie, Beruf und Gesellschaft, 1975, S. 104).

Hieran zeigt sich deutlich, daß eine Verbesserung der Schulbildung (und damit der Berufsausbildung, der Einkommens- und Wohnsituation) sehr langsam vonstatten geht. Allzu optimistischen Prognosen über „das Altern im Jahre 2000" (59, 67) wäre danach mit Vorsicht zu begegnen. Eine entscheidende Verbesserung in der Ausbildungssituation der Frau wäre erst nach dem Jahre 2000 zu erwarten, wenn die in der 2. Hälfte unseres Jahrhunderts Geborenen zu den „Senioren" zählen. Sehr deutlich hat das *Van der Bom* (8) kürzlich anhand von Statistiken über die Bildungssituation in Holland zum Ausdruck gebracht. Er hat berechnet, daß 1991 noch 50 % aller 65jährigen Männer Volksschulbildung haben werden — was für die entsprechende Frauengruppe auch noch 1997 der Fall sein wird. Nach seiner Hochrechnung wird es bis zum Jahre 2018 dauern, bis 50 % der Männer eine Schulzeit bis zum Alter von 16 Jahren (entsprechend der Realschule) haben werden, bei den Frauen wiederum entsprechend länger. Er schließt seine Ausführungen mit der Feststellung:

> „In speculating on effects of — increased life expectancy, demographic aging, especially in increasing number of very old people, the very slow increase of educational level of the older age group . . . I think we should not be optimistic for the next future decades." (S. 7)

3.7. Zusammenfassung

Diese Übersicht über die Situation der älteren Frau im Spiegel der Statistik — im Hinblick auf die Bevölkerungsstruktur, die Haushaltsstruktur, die Wohnausstattung, die Einkommenssituation und die Berufs- und Bildungsstatistiken — läßt eindeutig eine Benachteiligung bestimmter Gruppen älterer Frauen deutlich werden.

Diese Benachteiligung setzt aber nicht erst mit dem Alter ein, sondern ist von Kindheit an vorprogrammiert und ist weitgehend auf ein traditionelles Rollenverständnis zurückzuführen.

Solange unsere Gesellschaft nicht in der Lage ist, die Frau (und den Mann!) in ihrer Doppelrolle in Familie *und* Beruf zu akzeptieren und beide Lebensbereiche als wesentlich für die Entwicklung des Individuums herauszustellen, wird — trotz oder sogar wegen Partnerrente und Erziehungsgeld — sich die durch Mehrfachbelastung gekennzeichnete Situation der älteren Frau kaum ändern.

4. Die Situation der älteren Frau im Lichte psychologischer Untersuchungen

4.1. Die ältere Frau — ein vernachlässigtes Forschungsobjekt?

Angesichts der hier aufgezeigten Mehrfachbelastung gerade der älteren Frau mag es erstaunen, daß die psychologische und auch soziologische Altersforschung sich erst relativ spät der Situation der älteren Frau zugewandt hat.

So stellt *Simone de Beauvoir* (5, S. 76) in bezug auf das Altern fest: „... Es handelt sich hierbei um ein Männerproblem. Als persönliche Erfahrung betrifft das Altern die Frauen genauso, und sogar noch mehr, da sie länger leben. Betrachtet man das Problem jedoch theoretisch, so beschäftigt man sich vorwiegend mit der Lage der Männer. Einmal, weil sie es sind, die sich in den Kodizes, Legenden und Büchern äußern; hauptsächlich aber, weil der Kampf um die Macht nur das starke Geschlecht interessiert. Bei den Affen entmachten die jungen das alte Männchen gewaltsam; es allein wird getötet, die alten Äffinnen nicht."

Eine andere Deutung der wissenschaftlichen Vernachlässigung, die weniger den Machtaspekt betont, ist wiederum in der traditionellen Rollenauffassung mancher Altersforscher — vor allem der Soziologen — zu sehen. Sie beschäftigen sich zwar zentral mit der Alters*grenze* des Mannes, die durch das Ende der Berufstätigkeit markiert ist und gehen den durch die Pensionierung bzw. den „Rollenwechsel" ausgelöst gesehenen Veränderungen seiner Lebenssituation nach. Sie vernachlässigten aber weitgehend die Problematik der Berufsaufgabe der Frau, noch interessierten sie sich für die sonstigen Veränderungen ihrer Lebenssituation.

Sachliche Gründe für diese Vernachlässigung mögen in der bis zur Mitte unseres Jahrhunderts relativ geringen Zahl älterer weiblicher Beschäftigter gegeben sein. Methodische Gründe im Hinblick auf die Vergleichbarkeit weiblicher Stichproben mögen ebenso eine Rolle gespielt haben. Verhängnisvoll wirkte sich jedoch eine bestimmte Rollentheorie aus, nach deren Auffassung die „eigentliche Rolle der Frau" die der Hausfrau und Mutter ist und die Frau nach Beendigung ihrer Berufstätigkeit glücklich sein müsse, sich dieser ihrer eigentlichen Rolle wieder stärker zuwenden zu können (92, 24, 14, 64).

Erst in den letzten Jahren versucht man wenigstens, diese Annahme durch empirische Untersuchungen zu überprüfen (83, 16, 17, 25, 1) bzw. zu widerlegen.

Aber auch die bekannten amerikanischen Längsschnittstudien, die den gesamten Alternsprozeß zu erfassen trachten und nicht auf die Pensionierungsproblematik zentriert sind, gaben männlichen Stichproben den Vorzug (7, 78, 84, 85), wobei Stichprobengewinnung (leichtere Erreichbarkeit von Rekruten bzw. Veteranen) und Vergleichbarkeit der Stichproben (homogener in bezug auf den Familienstand) ausschlaggebend gewesen sein mögen. — *Kline* (30) führt theoretische Gründe ins Feld und sieht in der von der Frau lebenslang trainierten Rolleninkonstanz (durch ständigen Wechsel in der Familien- und Berufssituation) eine erleichterte Anpassung an das Alter; die Frau werde von Kind an stärker als der Mann auf Rollenwechsel hin sozialisiert und habe somit weniger Altersprobleme.

Daß dies jedoch nicht ganz der Realität entspricht, belehren uns empirische Studien. Die vorliegenden Untersuchungen erlauben es mir, zu folgenden drei Punkten Stellung zu nehmen: 1. die Kompetenz der älteren Frau: Fähigkeiten und Fertigkeiten, 2. Sozialkontakte: Isolation und Einsamkeit und 3. Interessenstruktur.

4.2. Die Kompetenz der älteren Frau: Fähigkeiten und Fertigkeiten

Zunächst ist einmal festzustellen, daß Vergleichsuntersuchungen zur Frage männlicher und weiblicher Fähigkeiten im höheren Erwachsenenalter äußerst selten sind. 1974 hat *Eleanor Maccoby* zusammen mit *Jacklin* das Buch „The psychology of sex-differences" herausgebracht, eine Ergänzung ihres 1966 erschienenen Buches „The development of sex-differences". Im ersten Kapitel, das insgesamt 887 Untersuchungen zur Frage von intellektuellen Fähigkeiten, kognitiven Stilen, von Wahrnehmung, Lernen und Gedächtnis zusammenstellt, kommen die Autoren keineswegs zu dem Ergebnis, daß bei weiblichen Personen geringere Fähigkeiten vorhanden sind (vgl. 45). Allerdings beziehen sich 136 Untersuchungen (= 15,3 %) auf das erste Lebensjahr, 470 Untersuchungen (53 %) erfassen schwerpunktmäßig die 2—10jährigen, 268 Untersuchungen (= 30,2 %), die 10—21jährigen und nur insgesamt 13 Untersuchungen (1,5 %) wurden bei Erwachsenen durchgeführt. Selbst darunter sind jedoch nur 5 (d. h. 0,6 % der Gesamtzahl von 887 Untersuchungen), die auch über 50jährige berücksichtigen.

Angesichts der Vielzahl von Studien über Alternsveränderungen im intellektuellen Bereich wird hiermit wiederum die These belegt, daß die ältere Frau seitens der Gerontologie wenig Beachtung erfährt, zumindest, daß man sich bei ihr — im Gegensatz zum Mann — für die Veränderung der intellektuellen Fähigkeiten nicht interessiert.

Die Feststellung, daß die Frau grundsätzlich bezüglich ihrer intellektuellen Fähigkeiten gegenüber dem Mann nicht zurücksteht, gilt für die ältere Frau nicht uneingeschränkt, — wenngleich hierfür nicht etwa Begabung oder „Anlagen" verantwortlich zu machen sind, sondern spezifische Sozialisationseffekte wirksam werden, die ein Leben lang eine Verstärkung erfahren.

Wir haben in unserer Bonner Längsschnitt-Studie sowohl Männer und Frauen erfaßt und fanden 1965, bei dem ersten Untersuchungsdurchgang, sehr signifikante Unterschiede im Sinne einer geminderten Leistungsfähigkeit sowohl bei den 60—65 wie auch den 70—75jährigen Frauen. Während die Männer im Durchschnitt beim *Hawie* 95,8 Wertpunkte erzielten, erreichten die Frauen nur 85,7 Punkte. Sogar im Verbalteil — wo nach allen bisherigen Untersuchungen ein besseres Abschneiden der Frauen zu erwarten war (vgl. 48, 35, 49) lagen die Männer mit 53,8 Punkten sehr signifikant höher als die Frauen mit nur 45,3 Punkten; vor allem im Allgemeinen Wissen, im Gemeinsamkeitsempfinden und im rechnerischen Denken zeigten sich erhebliche Besserleistungen der Männer. Aber auch im Handlungsteil waren die Unterschiede (durchschnittlich 43,1 Punkte der Männer, 38,4 Punkte der Frauen) noch signifikant. Dabei muß erwähnt werden, daß sich unsere Männer- und Frauengruppen hinsichtlich der Schulbildung und des sozialen Status nicht unterschieden. Im Längsschnittvergleich nahmen diese geschlechtsspezifischen Differenzen noch zu.

Auch bei den Mehrfachreaktionsaufgaben am *Mierke*-Gerät, wo es gilt, auf einen spezifischen Reiz möglichst schnell eine spezifische Reaktion zu zeigen, erzielten Männer weit bessere Werte als Frauen und hielten diese auch über den Untersuchungszeitraum in einem stärkeren Maße konstant, während die Frauen auch hierin den größeren Abfall erkennen ließen. Interessant ist dabei allerdings, daß sich innerhalb der Frauengruppe eindeutige Besserleistungen bei jenen Frauen ergaben, die irgendwann einmal berufstätig gewesen waren, was *Mathey* sehr einsichtig mit einem durch die Berufssituation gegebenen Trainings-Effekt erklärt.

Damit wären sowohl die „Disuse-Hypothese" *Berkowitz* und *Green* (6) bestätigt wie auch jene der „Inaktivitäts-Atrophie" (*Olechowski* u. a.), die besagen, daß Fähigkeiten und Funktionen, die nicht geübt werden, verkümmern. Und diese Gefahr ist bei der Frauengruppe nun einmal größer. — Auch *Welford* (97) spricht von einem „occupational transfer"-Effekt und meint damit die von ihm nachgewiesene durch den Beruf gegebene Trainierbarkeit ganzer Fähigkeitsbereiche, die dann auch beim Lösen andersgearteter Aufgaben sich positiv auswirkt.

Freilich muß es nicht die Berufssituation sein, die die Frau zum Denktraining und Problemlösen herausfordert; die Schulsituation ihrer Kinder könnte für sie auch Anregungen bringen — doch diese reichen höchstens in ihr viertes Lebensjahrzehnt hinein! — Ein falsches Rollenverständnis in unserer Gesellschaft begünstigt zudem eine gewisse Bequemlichkeit der Frau. Am traditionellen Rollenbild orientiert, erwartet man im allgemeinen nicht, daß die Frau z. B. in der Tageszeitung die Außenpolitik studiert, sich Gedanken über die Weltwirtschaftssituation macht, und offen ist für alles, was in der Welt vor sich geht. Bestenfalls gelten „soziale" und „kulturelle Probleme" als ihr Bereich.

Aber auch hier gilt wieder: Nicht die Kompetenz der älteren Frau generell ist eingeschränkt, sondern vor allem jene der „Nur-Hausfrauen", die nicht so stark von der Umwelt gefordert werden. Selbst Untersuchungen an Jugendlichen (9) haben ergeben, daß 14jährige ihre Mütter dann für kompetenter halten und sich mit eigenen Problemen und Entscheidungsfragen eher an sie wenden, eher auf ihren Rat hören, wenn diese Mütter berufstätig sind. Jugendliche erwarten von der berufstätigen Mutter in stärkerem Maße, daß sie informiert ist, im Kollegenkreis wichtige Fragen durchdiskutiert, und so „weiß, was in der Welt los" ist und dementsprechend mehr Verständnis für die Jugendlichen aufbringt als die nichtberufstätige Mutter.

Besonders problematisch wird die Situation für die verwitwete Nur-Hausfrau, die — völlig ungeübt — nun plötzlich gezwungen ist, alleine Miete zu überweisen, Geldgeschäfte zu regeln, Verwaltungsangelegenheiten durchzufechten, — Aktivitäten, die dem traditionellen Rollenbild entsprechend bisher Sache des Mannes war! Die Nicht-Inanspruchnahme von Sozialhilfeleistungen ist zu einem Teil wenigstens auch auf eine solche Unbeholfenheit im Umgang mit Behörden und Verwaltung zurückzuführen (47).

4.3. Sozialkontakte, Isolation und Einsamkeit

Bei der Erörterung der Wohnsituation wurde festgestellt, daß ein großer Anteil älterer Frauen Einpersonen-Haushalte führt. Allerdings läßt sich Alleinwohnen nicht mit Isolation gleichsetzen und Isolation bedeutet auch nicht gleich Einsamkeit! Mit Isolation bezeichnet man die realen Gegebenheiten, die objektive Häufigkeit der Sozialkontakte, — mit „Einsamkeit" jedoch das subjektive Erleben dieser Situation. Nach empirischen Untersuchungen (95) klagen Frauen mehr über Einsamkeitsgefühle als Männer (33,6 % gegenüber 19,3 % der Altersstichprobe); jene, die sich gesundheitlich schlechter fühlen mehr als jene, die sich wohl fühlen (47,5 % zu 19 %). Witwen fühlen sich einsamer als Frauen, die nie verheiratet waren oder schon lange Zeit geschieden sind; diese konnten sich eher einen Bekanntenkreis schaffen. Einsamkeitsgefühle werden von nie berufstätig gewesenen Frauen in stärkerem Maße geäußert als von ehemals Berufstätigen.

Ursachen für diese Einsamkeitsgefühle sind in relativ geringem Ausmaß in einer objektiven Isolation zu sehen. Dort aber, wo eine solche Isolation gegeben ist, läßt sich der Beginn dieser Isolation — wie unsere biographischen Studien zeigen — oft auf den Zeitpunkt der Familiengründung zurückführen. Eine gut gemeinte Zentrierung auf die Mutter-Rolle, ein Abkapseln von der sozialen Umwelt, ist die schlechteste Geroprophylaxe. Gerade diese Mütter, die „den Kindern zuliebe" alles aufgegeben haben und ihnen „ihr Leben geopfert" haben, verlangen nun im Alter eine übermäßige Zuwendung der erwachsenen Kinder und zeigen wenig Verständnis für deren eigene Probleme. Gerade hier ergeben sich die stärksten Generationenkonflikte.

Goldfarb sieht in der Einsamkeit eine Funktion der Erwartungshaltung, die vielfach nicht an der Realität orientiert ist. Gerade diese ausschließlich auf die Familie hin orientierten Mütter haben aber für die Situation ihrer im Berufskampf stehenden Kinder mangels eigener Erfahrung kein Verständnis und erwarten oft von ihnen eine übermäßige Zuwendung — nicht zuletzt als „späten Lohn" für ihren eigenen lebenslangen Verzicht.

4.4. Freizeitaktivitäten und Interessensradius

Eine weitere Ursache der Einsamkeitsgefühle liegt in der Langeweile, wie ebenso *Goldfarb* festgestellt hat, in der fehlenden Aktivität, in dem eingeschränkten Interessenradius — und der Ungegliedertheit des Tagesablaufs.

Kastenbaum und *Cameron,* die die Erlahmung der Initiative und der Aktivität durch die „kognitive Deprivation" begründet sehen, durch eine fehlende Orientierung über die Situation, durch einen Mangel an Informationen, der zu Verständnisschwierigkeiten führt (wiederum bei der Frau stärker ausgeprägt als bei dem älteren Mann), fordert auf, hier im kognitiven Bereich Maßnahmen der Interventionsgerontologie anzusetzen und so zu einer allgemeinen Aktivierung beizutragen, die dann wiederum Einsamkeitsgefühle bekämpft. *Kalish* spricht in diesem Zusammenhang von einer aus Einsamkeit und Langeweile gegebenen „Flucht in die Abhängigkeit" älterer Frauen und sieht das „Bedürfnis nach Abhängigkeit" als Grund für manche sog. Alterskrankheiten an. Oft führe bei alten Frauen nicht die Krankheit, sondern der innere Wunsch nach Abhängigkeit bzw. das dahinterstehende Gefühl der Langeweile zu einem „doctor-shopping" oder „clinic-hopping".

Auch bezüglich der Breite der Interessensgebiete erscheinen zumindest bestimmte Gruppen älterer Frauen benachteiligt, zumal man — wenigstens früher — den männlichen Jugendlichen in einem weiteren Ausmaß die Pflege von Interessen gestattete als den weiblichen, die vielfach Kochen und Handarbeiten als einzige adäquate Betätigung in der Freizeit auffaßten.

Während sich aber die alleinstehende Frau im mittleren Erwachsenenalter schon einer Reihe von Interessensgebieten zuwendet, — die sogar oft im Club, in Vereinen oder auch im Rahmen informeller Sozialkontakte gepflegt werden —, die sie dann nach der Pensionierung wieder aufgreifen bzw. intensivieren kann, steht hier die ältere verheiratete Frau vor größeren Problemen.

Einerseits haben sozialpsychologische Untersuchungen *(Meier)* zwar gezeigt, daß die verheiratete berufstätige Frau im mittleren Lebensalter aktiver in die familiäre Freizeitgestaltung eingreift und oft von ihr die Initiative für gemeinsame Unternehmungen ausgeht, während die verheiratete nichtberufstätige Frau wartet, bis der Mann die Initiative ergreift. — Andererseits liegen aber auch Untersuchungsergebnisse zur Pensionierungsproblematik vor, die zeigen, daß gerade die berufstätige Hausfrau nach dem Austritt aus dem Berufsleben besondere Anpassungsschwierigkeiten hat. Sie, die einer Doppelrolle in Beruf und Familie gerecht werden mußte, hatte daneben keine Zeit, Hobbies zu pflegen – und der jetzt nach der Pensionierung zudem stark verkleinerte Haushalt füllt sie nicht aus.

Zudem ist hier zu bedenken: Mögliche Ursachen für eine Benachteiligung der Frau im Hinblick auf Freizeitaktivitäten und auf die Einschränkung der Freizeitinteressen dürften bereits auf Kindheit und Jugend zurückzuführen sein: Während der 12, 14, 16jährige Sohn auf den Fußballplatz gehen durfte, mit seinen Freunden Briefmarken tauschen konnte oder Tischtennis spielte, hatte die gleichaltrige Tochter im Haushalt zu helfen oder für die Geschwister zu sorgen. Dies sind zweifellos geschlechtsspezifische Erziehungsweisen, die die heute älteren Frauen benachteiligen (vielleicht werden es die älteren Frauen von morgen oder übermorgen in dieser Beziehung besser haben!). In der Jugendzeit der heutigen älteren Frau förderte man bei ihr oft nur „typisch weibliche" Interessen – wie stricken, sticken, häkeln, nähen usw., – Interessen, die sich zudem mit abnehmender Sehfähigkeit im Alter schwer realisieren lassen.

4.5. Zusammenfassung

Diese Ausführungen sollten zeigen, daß die soziale und finanzielle Situation der älteren Frau, wie sie im Spiegel der Statistik erschien, zwar für vieles verantwortlich zu machen ist, daß aber mit einer alleinigen Verbesserung der finanziellen Situation keineswegs alle Übel abgeschafft sind. Daß manche ältere Frau nach dem Tod ihres Mannes hilflos dasteht und mit dem Leben nicht mehr allein fertig wird, hat weit mehr Gründe! Kognitive Deprivation, das Fehlen eigener Aktivität, eigener Durchsetzungsfähigkeit und Selbständigkeit (man muß ja nicht gleich das abgegriffene Wort „Emanzipation" wählen) machen sie weit eher „lebensunfähig". Mangelnde Sozialkontakte, fehlende Interessen und fehlende geistige Gewandtheit (z. T. hervorgerufen durch fehlendes lebenslanges Training) erschweren ihre Situation und lassen „Älterwerden für die Frau heutzutage" besonders problematisch erscheinen.

Es gilt also, geistige Fähigkeit, Interessen, Sozialkontakte stärker als bisher von Jugend an bei der Frau zu entfalten, zur Entwicklung zu bringen; es gilt, diese dann auch während des mittleren Erwachsenenalters zu erhalten, zu pflegen! Und es gilt, neben materiellen und finanziellen Hilfen sogenannte kognitive Hilfen zu bieten, um hier eine Aktivierung bzw. Reaktivierung im höheren Lebensalter herbeizuführen. Dabei sollte man nicht übersehen, daß für die Frau eine Berufstätigkeit die beste „Geroprophylaxe ist.

Zusammenfassung

Aufgrund einer Analyse empirischer Daten der soziologischen und psychologischen Forschung wird die Situation der älteren Frau von heute dargestellt, wobei die Forderung nach einer differentiellen Betrachtung erhoben wird. *Die* ältere Frau von heute gibt es nicht! Neben Kohorteneffekten sind vor allem der Familienstand wie auch Berufstätigkeit bzw. Nicht-Berufstätigkeit stark unterscheidende Merkmale im Hinblick auf die Auseinandersetzung mit dem Älterwerden.

Vier Aspekte werden abgehandelt.

1. Der Wandel des Rollenverständnisses, der keineswegs eine kontinuierliche Richtung erkennen läßt, sondern durch Kriegssituationen wie auch die Wirtschaftslage beeinflußt wird, scheint zur Zeit wieder einen Rückschlag zur traditionellen Rolle erkennen zu lassen.

2. Das Image der alten Frau ist weit negativer als das des älteren Mannes. Außerdem beginnt für die Frau das Altern bereits 10–15 Jahre früher, was mit der Glorifizierung der Mutter-Rolle zusammenhängen dürfte. Sind die damit zusammenhängenden Aufgaben

erfüllt — was heute im 5. Lebensjahrzehnt bereits eintritt — hat die Frau ausgedient, wird zu nichts mehr gebraucht. Konsequenzen dieses negativ akzentuierten Images auf Verhalten und Erleben werden diskutiert.

3. Die Situation der älteren Frau im Spiegel der Statistik zeigt die besondere Benachteiligung der alleinstehenden Frau. Eine Kumulation von Benachteiligungen verschiedener Art findet sich bei der verwitweten Nur-Hausfrau.

4. Die psychologische Situation interessierte die Forschung lange Zeit nicht. Jüngere Daten zeigen jedoch, daß es die ältere Frau sowohl im Hinblick auf Kompetenz und Fähigkeiten, wie auch auf Sozialkontakte bzw. Isolation und Einsamkeit und auch in bezug auf Freizeitaktivitäten und Interessen weit schwieriger hat als der ältere Mann. Eine besondere Benachteiligung ergibt sich auch hier bei den Nur-Hausfrauen (besonders den Verwitweten), so daß die These „eine Berufstätigkeit ist die beste Geroprophylaxe" eine Verstärkung erfährt.

Summary

Based upon an analysis of empirical sociological and psychological research, the situation of older woman in today's society is described. It becomes evident that a differentiated view is necessary. There is nothing like *the* old woman of today. Cohort-effects, and besides these marriage-status and occupation seem to have a marked influence on forms of adaptation to and of coping with age.

Four topics are discussed in this paper.

1. A change in the understanding of the female role, which is influenced in a non-continuous way by situations like war or economic depressions; it presently seems to come back to its traditional forms.

2. The image of old women is by far more negative than the image of old men. Besides this, aging seems to begin for women 10—15 years earlier than it does for men; this may be explained by the fact, that the mother-role is glorified in our society. As soon as tasks related to this role fulfilled — which in general is the case in her forties — a woman has done her services, and is no longer needed. Effects of such negative components in the image of an aging woman on her behavior are discussed.

3. Statistical figures very clearly show the disadvantages which single older women have to cope with. A cumulation of mainfold disavantages is found in widowed housewifes who are not employed in any job.

4. For a long time, research seemed not aware of the psychic situation of older women. Recent studies do show, however, that it is harder for an old woman to have a successful life, be it with regard to social interactions or isolation and loneliness, to aptitude and social or professional competence, or with regard to hobbies and interests.

Here, housewifes with no professional training (and particularly the widows of this group) seem to endure the most obvious disadvantages; the proposition that occupational activity is a good geroprophylaxis receives new support.

Literatur

1. *Atchley, R.*, Selected social and psychological differences between men and women in later life. J. Gerontol. **31**, 204—211 (1976). — 2. *Baltes, P. B.*, Longitudinal and cross-sectional sequences in the study of age and generation effects. Hum. Dev. **11**, 145—171 (1968). — 3. *Baltes, P. B., K. W. Schaie* (Hg.), Life-span developmental psychology: Personality and socialization. Academic Press (New York 1973). — 4. *Bart, P., V. R. Allan, S. Sontag* et al. (Hg), No longer young: the older woman in America. Institute of Gerontology, University of Michigan 1975. — 5. *Beauvoir, Simone de*, Das Alter. 1970, dt. Übersetzung, Rowohlt Verlag (Hamburg 1972). — 6. *Berkowitz, B., R. E. Green*, Changes in intellect with age: V. differential changes as functions of time interval and original score. J. Genet. Psychol. **53**, 179—192 (1965). — 7. *Birren, J. E., R. Butler, S. W. Greenhouse, L. Sokoloff, M. R. Yarrow*, Human aging, a biological and behavioral study. Nat. Inst. of mental health. Bethesda, Maryland 1963. — 8. *Bom, J. A.. van der,*

The aging population and education. Paper, presented at the world conference „Aging: a challenge to science and social policy". Vichy, France 24.—30. 4. 1977. — 9. *Bonn, R.,* Familiäre Interaktion und Schülerpersönlichkeit. (Phil. Diss. Univ. Bonn 1975), Deutsches Jugend Institut, (München 1976). — 10. *Bowlby, J.,* Maternal care and mental health. Genf, WHO, Monogr. Ser. 2, 1951. — 11. *Brubaker, T. H., E. A. Powers,* The stereotype of „old" — a review and alternative approach. J. Gerontol. 31, 441—447 (1976). — 12. *Casler, L.,* Perceptual deprivation in institutional settings. In: *G. Newton, S. Levine* (Hg.), Early experience and behavior. 573—626 (Thomas, Springfield, Ill. 1968). — 13. DEUTSCHER BUNDESTAG, Drucksache 7/5866 — 11. 11. 1976: Zwischenbericht der Enquête-Kommission Frau und Gesellschaft, Bonn 1976. — 14. *Donahue, W., H. L. Orbach, D. Pollak,* Retirement: The emerging social pattern. In: *C. Tibbitts* (Hg.), Handbook of social gerontology, Univ. Chicago Press (Chicago 1960). — 15. *Festinger, L.,* A theory of cognitive dissonance. Stanford Univ. Press (Stanford 1957). — 16. *Fox, J. H.,* Women, work and retirement. Ph. D. Dissertation. Duke Univ., 1975. — 17. *Fox, J. H.,* Effects of retirement and former work life on women's adaption in old age. J. Gerontol. 32, 196—202 (1977). — 18. *Geissler, H.,* Neue Soziale Frage — Zahlen, Daten, Fakten. Mainz, Dokumentation 1975. — 19. *Goldfarb, A.,* Psychodynamics and the three-generation family. In: *E. Shanas, G. F. Streib* (Hg.), Social structure and the family. 10—45. Englewood Cliffs (New Jersey 1965). — 20. *Goldfarb, A.,* The psychodynamics of dependency and the search for aid. In: *R. H. Kalish* (Hg.), The dependencies of old people. 1—15. Univ. of Michigan Press, 1969. — 21. *Hastenteufel, R.,* Geschlechtsspezifische Rollendifferenzierungen in deutschen Lesebüchern. Unveröff. Examensarbeit, Bonn 1971. — 22. *Horn, M., G. Naegele,* Gerontologische Aspekte in der Werbung. Ztschr. Gerontol. 9, 463—472 (1976). — 23. *Hugues, Th.,* Die altengerechte Wohnung, Callweg (München 1975). — 24. *Jackson, J. J.,* Negro aged: Toward needed research in social gerontology. Gerontologist 11, 52—57 (1971). — 25. *Jaslow, P.,* Employment, retirement and morale among older woman. J. Gerontol. 31, 212—218 (1976). — 26. *Kagan, J., H. A. Moss,* From birth to maturity. Wiley & Sons (New York 1962). — 27. *Kalish, R. A.* (Hg.), The dependencies of old people. Univ. of Michigan Press, 1969. — 28. *Kastenbaum, R. D., P. Cameron,* Cognitive and emotional dependency in later life. In: *R. A. Kalish* (Hg.), The dependencies of old people. 39—57. Univ. of Michigan Press 1969. — 29. *Kiesau, G.* et al., Die Lebenslage älterer Menschen in der Bundesrepublik Deutschland. WSI-Studien, 31, Bund-Verlag (Köln 1975). — 30. *Kline, Ch.,* The socialization process of women. Gerontologist 15, 486—492 (1975). — 31. *Krüger, U. M.,* Das Fremdbild des Mädchens und der Frau in Schullesebüchern der Bundesrepublik Deutschland. Institut für Massenkommunikation, Universität Köln (unveröffentlichtes Manuskript 1969). — 32. *Lehr, U.,* Zur Problematik des Menschen im reiferen Erwachsenenalter — eine sozialpsychologische Interpretation der „Wechseljahre". Psychiatrie, Neurologie und Med. Psychol. 18, 59—62 (1966). — 33. *Lehr, U.,* Die Frau im Betrieb. In: *A. Mayer, B. Herwig* (Hg.), Handbuch der Psychologie, 9, Betriebspsychologie, 2. A., 736—777. Hogrefe (Göttingen 1970). — 34. *Lehr, U.,* Berufliche Entscheidungen im Leben der Frau — psychologische Aspekte. In: Der Berufsrhythmus im Leben der Frau — Vorträge der Jahrestagung des Dt. Akademikerinnenbundes. 8—24. Mainz, Oktober 1970. — 35. *Lehr, U.,* Die Frau im Beruf. Athenäum Verlag (Frankfurt 1969). — 36. *Lehr, U.,* Psychologie des Alterns. (3. erw. Aufl. 1977) (Heidelberg 1972). — 37. *Lehr, U.,* Das Problem der Sozialisation geschlechtsspezifischer Verhaltensweisen. In: *C. Graumann* (Hg.), Sozialpsychologie, Bd. 7/2 des Handbuchs für Psychol. 886—954. Hogrefe (Göttingen 1972). — 38. *Lehr, U.,* Die Rolle der Mutter in der Sozialisation des Kindes, 2. Aufl. Steinkopff (Darmstadt 1978). — 39. *Lehr, U.,* Mitarbeiter, weibliche. In: *E. Gaugler* (Hg.), Handwörterbuch des Personalwesens. 1324—1344. Poeschel Verlag (Stuttgart 1975). — 40. *Lehr, U.,* Stereotypes on aging and age norms. Paper presented at the world conference „Aging: a challenge to science and social policy". Vichy, France, 24.—30. 4. 1977. — 41. *Lehr, U.,* Der ältere Mensch und das Fernsehen. In: *R. Schmitz-Scherzer* (Hg.), Aktuelle Beiträge zur Freizeitforschung. 130—136. Steinkopff (Darmstadt 1977). — 42. *Lehr, U., G. Dreher,* Psychologische Probleme der Pensionierung. 234—252. Kongr. Ber. Dt. Ges. Gerontol. (Nürnberg 1967) (Steinkopff Darmstadt 1968). — 43. *Lehr, U.,*

H. *Merker*, Jugend von heute in der Sicht des Alters — ein Beitrag zum Generationen-problem. 232—239. Kongr. Ber. Dt. Ges. Gerontol. (Steinkopff Darmstadt 1970). — 44. *Lehr, U., R. Schmitz-Scherzer*, L'état de bonne santé et le processus psychique du vieillissement. Médecine et hygiène, **29**, 1—6 (1971). — 45. *Lehr, U., R. Schmitz-Scherzer, H. Thomae*, Psychologischer Befund, subjektiver Gesundheitszustand, internistischer Befund. Ärztl. Praxis, 1972. — 46. *Lehr, U., H. Thomae*, Konflikt, seelische Belastung und Lebens-alter. Westd. Verlag (Köln, Opladen 1965). — 47. *Lehr, U., H. Thomae*, Soziale Dienste für alte Menschen. Eichholz-Verlag (Bonn 1976). — 48. *Maccoby, E. E.* (Hg.), The deve-lopment of sex differences. Stanford Univ. Press (Stanford Calif. 1966). — 49. *Mac-coby, E. E., C. N. Jacklin*, The psychology of sex differences. Stanford Univ. Press (Stanford Calif. 1974). — 50. *McTavish, D. M.*, Perceptions of old people: a review of research, methodologies and findings. Gerontologist **11**, 90—101 (1971). — 51. *Mathey, F. J.*, Längsschnittuntersuchungen zur Frage der psychophysischen Leistungs-fähigkeit im höheren Alter. In: *R. Schubert* (Hg.), Ber. 2. Kongr. Dt. Ges. Gerontol., 254—262. Steinkopff (Darmstadt 1970). — 52. *Mathey, F. J.*, Psychische Reaktionen auf experimentelle Belastungssituationen — Ergebnisse longitudinaler Studien, actuelle gerontologie **1**, 103—109 (1971). — 53. *Meier, H.*, Freizeit und soziale Schicht. Unveröff. Diplomarbeit. Soziol. Sem. Univ. Köln, 1957. — 54. *Müller-Hagen, D.*, Die Mitarbeiterin im Betrieb. In: Arbeitsberichte; Informationen für die Betriebsleitung 1—8, Nr. 39, April 1977. — 55. *Munnichs, J. M. A.*, De buitenshuis werkende vrouw en haar werkgever. In: De niet aanwezige huisvrouw, 149—168. Paul Brand (Hilversum, Antwerpen 1962). — 56. *Neugarten, B. L.*, Middle age and aging. Univ. Chic. Press (Chicago 1968). — 57. *Neugarten, B. L., J. W. Moore*, The changing age-status system. In: *B. L. Neugarten* (Hg.), Middle age and aging. 5—28. Univ. Chic. Press (Chicago 1968). — 58. *Neu-garten, B. L., V. Wood* et al., Women's attitudes toward the menopause. Vita Hum. **6**, 140—151 (1963). — 59. *Neugarten, B. L.* (Hg.), Aging in the year 2000 : A look at the future. Gerontologist **15**, 1—40 (1975). — 60. *Newcomb, Th. M.*, Social psychology, Dryden Press (New York 1950) Dt. Ausgabe: Meisenheim am Glan 1959. — 61. *O'Connor, N.*, Children in restricted environments. In: *G. Newton, S. Levine* (Hg.), Earyl experience and behavior. 530—572. Thomas (Springfield, Ill., 1968). — 62. *Olbrich, E.*, Ökologische Einflüsse auf das Verhalten im Alter. actuelle gerontologie 8 (1978). — 63. *Olechowski, R.*, Experimente zur Theorie der Inaktivitätsatrophie intellektueller Funktionen. 18—24. Ztschr. Gerontol. 9 (1976). — 64. *Palmore, E.*, Differences in the retirement patterns of men and women. Gerontologist **5**, 4—8 (1965). — 65. *Palmore, E.* (Hg.), Normal aging. Duke Univ. Press (Durham, N. C. 1970). — 66. *Palmore, E.* (Hg.), Normal aging II — Reports from the Duke-Longitudinal Study 1970—1973. Duke Univ. Press (Durham, N. C. (1974). — 67. *Palmore, E.*, The future status of the aged. Gerontologist **16**, 297—302 (1976). — 68. *Peterson, D. A., E. L. Karnes*, Older people in adolescent literature. Gerontologist **16**, 225—231 (1976). — 69. *Preston, C. E.*, An old bag: the stereotype of the older woman. In: *P. Bart, V. R. Allan, S. Sontag* (Hg.), No longer young: the older woman in America. 41—45. Institute of Gerontology, University of Michigan, 1975. — 70. *Rosenmayr, L.*, Die soziale Benachteiligung alter Menschen. In: *W. Doberauer* (Hg.), Scriptum Geriatricum. 203—219. Urban & Schwarzenberg (München 1976). — 71. *Rosenmayr, L.*, Altern im sozial-ökologischen Kontext, actuelle gerontologie, **7**, 1977. — 72. *Rudinger, G.*, Correlates of changes in cognitive functioning. In: *H. Thomae* (Hg.), Patterns of aging — findings from the BLSA. 20—35. Karger (Basel 1976). — 73. *Rutter, M.*, Maternal deprivation reassessed. Penguin (London 1972). — 74. *Schenda, R.*, Alte Leute. In: *K. Ranke* (Hg.), Enzyklopädie des Märchens. 373—380. Gruyter Verlag (Berlin 1977). — 75. *Schmitz-Scherzer, R.*, Sozial-psychologie der Freizeit. Kohlhammer (Stuttgart 1974). — 76. *Schwarz, K.*, Voraussichtliche Entwicklung der Zahl älterer Menschen und ihrer Lebenserwartung. In: *R. Schubert, A. Störmer* (Hg.), Schwerpunkte in der Geriatrie, 3, Vorbereitung auf das Alter. 17—20. Banaschewski (München 1974). — 77. *Shanas, E., P. Townsend, D. Wedderburn, H. Friis, P. Milhoj, J. Stehouwer* (Hg.), Old people in three industrial societies. (New York, London 1968). — 78. *Shock, N. W.*, Biological aspects of aging. Intern. Ass. Gerontol., 3, 1962. — 79. *Spitz, R.*, Hospitalism. — The psychoanalytical study of the child, 1, 1945. —

80. *Spitz, R.,* Anaclitic depression. The psychoanal. study of the child, 2, 1946. — 81. STATISTISCHES BUNDESAMT Wiesbaden (Hg.), Die Frau in Familie, Beruf und Gesellschaft 1975. Verlag Kohlhammer (Stuttgart 1975). — 82. STATISTISCHES BUNDESAMT (Hg.), Bevölkerung und Kultur, Reihe 5, Haushalte und Familien 1975, Kohlhammer (Stuttgart 1976). — 83. *Streib, G., C. Schneider,* Retirement in American society. Cornell Univ. Press (Ithaca 1971). — 84. *Terman, L. M., M. H. Oden,* Genetic studies of genius. 4, The gifted child grows up; twenty five years' follow up of a superior group. Univ. Press (Stanford Calif. 1947). — 85. *Terman, L. M., M. H. Oden,* The gifted group at mid-life. Univ. Press (Stanford Calif. 1959). — 86. *Thomae, H.,* Das Individuum und seine Welt — Eine Persönlichkeitstheorie. Hogrefe (Göttingen 1968). — 87. *Thomae, H.,* Altern als psychologisches Problem. In: *M. Irle* (Hg.), Ber. 26. Kongr. Dt. Ges. Psychol., 22—36 (Tübingen 1958), Hogrefe (Göttingen 1969). — 88. *Thomae, H.,* Theory of aging and cognitive theory of personality. 7—10. Proc. 8th Intern. Congr. Gerontol., Washington, 1, 1969. — 89. *Thomae, H.,* Theory of aging and cognitive theory of personality. Human Development **13**, 1—16 (1970). — 90. *Thomae, H.,* Die Bedeutung einer kognitiven Persönlichkeitstheorie für die Theorie des Alterns. Ztschr. Gerontol. **4**, 8—18 (1971). — 91. *Thomae, H.* (Hg.), Patterns of Aging. Findings from the Bonn Longitudinal Study of Aging. Karger (Basel, New York 1976). — 92. *Townsend, P.,* Arbeit und Lebensabend. In: *Muthesius* (Hg.), Die individuelle und soziale Bedeutung einer Tätigkeit für alte Menschen. 27—38 (Köln 1960). — 93. *Tuckman, J., I. Lorge,* Attitudes toward old people. J. soc. Psychol. **37**, 249—260 (1953). — 94. *Tuckman, J., I. Lorge, G. A. Spooner,* The effect of family environment on attitudes toward old people and the older worker. J. soc. Psychol. **38**, 207—218 (1953). — 95. *Tunstall, J.,* Old and alone; a sociological study of old people (London 1966). — 96. *Viebahn, W.,* Das Bild des alten Menschen im westdeutschen Schullesebuch. actuelle gerontologie **1**, 711—714 (1971). — 97. *Welford, A. T.,* Industrial work suitable for older people: some British studies (1966) Dt. in: *H. Thomae, U. Lehr* (Hg.), Altern — Probleme und Tatsachen. 269—283. Akad. Verlagsges. (Frankfurt 1968). — 98. *Yarrow, L. J.,* Maternal deprivation: toward an empirical and conceptual re-evaluation. Psychol., Bull. **58**, 459—490 (1961).

Anschrift des Verfassers:

Prof. Dr. *Ursula Lehr,* Psychologisches Institut der Universität Bonn, An der Schloßkirche 1, 5300 Bonn

Fachschule für Heilerzieher, Hamburg

Einige Gegebenheiten der Situation alter, insbesondere alleinstehender Frauen in den USA, in Frankreich und in der Bundesrepublik Deutschland

Klaus D. Hildemann

Mit 5 Tabellen

1. Demographische Gegebenheiten

Die meisten europäischen Länder haben einen Anteil von alten Menschen an der Gesamtbevölkerung zwischen 10 % und 16 %, darunter Frankreich und die Bundesrepublik 13 % bzw. 15 %. Die USA liegen mit 10 % an der unteren Grenze dieses Anteils, haben jedoch von den nichteuropäischen Ländern den höchsten Altenanteil zu verzeichnen.

Tab. 1. Der Anteil alter Menschen in den USA, Frankreich und der Bundesrepublik Deutschland

Land	Jahr der Zählung	65 und mehr (in 1000) insgesamt	weiblich	Prozentzahlen 65 und mehr
USA	1974	21816	12849	10 %
Frankreich	1975	7022	4317	13 %
BRD	1975	9005	5646	15 %

Quelle: Statistisches Bundesamt (Hrsg.), 1977, S. 595 f.

Bei einer Aufschlüsselung nach dem Familienstand der alten Menschen (65 Jahre und älter) ergibt sich folgendes Bild:

Tab. 2. Der Familienstand alter Menschen

Land	Geschlecht	Jahr der Zählung	Ledige	Verheiratete	Verwitwete	Geschiedene
USA	männlich	1973	5,3 %	76,3 %	16,1 %	2,3 %
	weiblich		6,6 %	37,5 %	53,5 %	2,4 %
Frankreich	männlich	1972	6,7 %	71,9 %	18,5 %	2,9 %
	weiblich		10,3 %	33,9 %	53,1 %	3,0 %
BRD	männlich	1973	4,3 %	75,6 %	18,2 %	1,8 %
	weiblich		11,2 %	31,2 %	54,9 %	2,8 %

Errechnet aus den *Quellen:* U. S. Department of Commerce (Hrsg.), 1974, S. 38; Institut national de la statistique et des études économiques, 1973, S. 17; Statistisches Bundesamt (Hrsg.), 1975, S. 12.

27

Auffallend ist der erheblich höhere Prozentsatz weiblicher Lediger in Frankreich und der Bundesrepublik. Ein wichtiger Grund dafür liegt darin, daß die gefallenen Männer des 1. Weltkrieges als Ehepartner fehlten und so eine große Zahl von Frauen unverheiratet bleiben mußte. In der Spalte Verheiratete fällt auf, daß in allen drei Ländern mehr als doppelt so viele Männer verheiratet sind wie Frauen. Witwen gibt es dagegen in den USA, Frankreich und der Bundesrepublik etwa dreimal soviel wie Witwer. Ein wesentlicher Grund dafür liegt in der männlichen Übersterblichkeit; Männer haben durchweg weniger Lebensjahre zu erwarten als Frauen (vgl. Statistisches Bundesamt [Hrsg.], 1974 d, S. 770; *Paul Paillat*, 1963, S. 11).

Tab. 3. Lebenserwartung von 60jährigen

Land	Zeitraum	Durchschnittliche Lebenserwartung (in Jahren)		Übersterblichkeit der Männer (in Jahren)
		männlich	weiblich	
USA	1970	16,10	20,80	4,70
Frankreich	1966—1970	15,83	20,41	4,58
BRD	1970—1972	15,31	19,12	3,81

Quelle: Statistisches Bundesamt (Hrsg.), 1974 d, S. 772.

Wir erkennen deutlich die höhere Lebenserwartung der 60jährigen Frauen. Sie wird, wie überhaupt die höhere Lebenserwartung der Frauen, in der höheren Belastung der Männer durch Berufsarbeit und Genußmittel vermutet (vgl. ebendort, S. 773). Auffallend ist die geringere Lebenserwartung der 60jährigen Männer und Frauen in der Bundesrepublik gegenüber der der Franzosen und Amerikaner, aber auch der Franzosen den Amerikanern gegenüber. Ein wesentlicher Grund dafür wird in den Spätfolgen der Weltkriege gesehen, die die Lebenserwartung der Menschen, die an den Kriegen teilgenommen haben, schmälert (vgl. ebendort, S. 771).

Viele alte Menschen stehen noch nach dem 65. Geburtstag im Erwerbsleben. Einige nimmt ihr Beruf noch den ganzen Tag in Anspruch, andere arbeiten nur wenige Stunden.

Tab. 4. Erwerbspersonen, die 65 Jahre und älter sind

Land	Zeitraum	Erwerbspersonen	
		männlich	weiblich
USA	1970	24,9 %	10,1 %
Frankreich	1968	19,1 %	8,0 %
BRD	1970	19,7 %	6,5 %

Quellen: Department of Economic and Social Affairs (Hrsg.), 1973, S. 247, 257; Bundesminister für Arbeit und Sozialordnung (Hrsg.), 1971, S. 88.

Wir erkennen den höheren Anteil der noch im Erwerbsleben stehenden amerikanischen Männer und Frauen den französischen und deutschen Männern und Frauen gegenüber. Ebenfalls deutlich geht aus der Tabelle hervor, daß in allen drei Ländern erheblich mehr Männer als Frauen berufstätig sind.

Der Anteil der erwerbstätigen alten Menschen ist in allen drei Ländern in den Jahren nach Vollendung des 65. Lebensjahres am höchsten und fällt dann mit zunehmendem Alter — stärker bei den Frauen — ab. Die folgende Tabelle macht das deutlich.

Tab. 5. Anteil der Erwerbspersonen nach ihrem Alter

Land	Jahr der Zählung	Alter	Männer	Frauen
USA	1970	65—69	38,9 %	17,2 %
		70—74	22,5 %	9,1 %
		75 und mehr	12,1 %	4,7 %
Frankreich	1962	65—69	41,8 %	19,2 %
		70—74	25,1 %	10,4 %
		75 und mehr	13,5 %	4,8 %
BRD	1970	65—69	30,6 %	10,7 %
		70—74	15,7 %	6,2 %
		75 und mehr	7,6 %	2,5 %

Quelle: Department of Economic and Social Affairs (Hrsg.), 1973, S. 247, 257; Bundesminister für Arbeit und Sozialordnung (Hrsg.), 1971, S. 88; wir benutzen bei den französischen Daten die im Verhältnis zum Census von 1968 etwas höheren Zahlen des Census von 1962, da diese Zahlen in drei Altersgruppen unterteilt sind und nicht nur die Gruppe 65 und mehr Jahre aufweisen.

Wir werden uns auf die Ergebnisse der Tabellen 4 und 5 noch an späterer Stelle beziehen.

2. Ökonomische Gegebenheiten

USA. Die Versorgung alter Menschen mit Pensionen beruht auf einer Bundesgesetzgebung von 1935, "the Old Age, Survivors, and Disability Insurance Act ... (O.A.S.D.I.)". (*Dorothy Wedderburn,* 1968, S. 351). Kamen 1950 erst 26 % der über 65jährigen in den Genuß von Pensionen, die aufgrund dieser Sozialgesetzgebung gezahlt wurden, so waren es 1962 schon 78 %, 1964 83 % (vgl. ebendort, S. 352). Die Altersversorgung wird in voller Höhe mit Vollendung des 65. Lebensjahres gezahlt, verringerte Bezüge können schon vom 62. Geburtstag bezogen werden. Die weiblichen Versicherten erhalten ihre volle Pension im Alter von 62 Jahren (vgl. ebendort und *John G. Turnbull* et al., 1973, S. 65, 70). Wurde 1961 die Witwenpension von 75 % auf 82,5 % der Pension des verstorbenen Mannes angehoben, so kann die Witwe heute mit 65 Jahren 100 % der Pension beanspruchen, zwischen 60 und 65 Jahren eine verringerte Pension wählen (vgl. *Wedderburn,* ebendort, S. 352; *Turnbull* et al., ebendort, S. 81 f.).

Sind auch die nach O.A.S.D.I. bezahlten Pensionen die bedeutendste geldliche Einnahmequelle der Amerikaner, so gibt es doch noch andere wichtige Resourcen. An zweiter Stelle liegen die Einnahmen aus Erwerbstätigkeit, dann folgen Zinsen, Dividenden, Mieten, private Pensionen und anderes (vgl. *Turnbull* et al., ebendort, S. 56). Drei und mehr Einkommensquellen können die vor der Pensionierung Hochbezahlten nutzen, nur eine Quelle steht in der Regel den niedrigsten Einkommensgruppen offen (vgl. *Wedderburn,* ebendort, S. 375).

Die finanzielle Situation der alleinstehenden Frau ist schlechter als die des alleinstehenden Mannes. Nach einer Untersuchung von *Tibbitts* betrug 1961 das mittlere

Einkommen einer Frau 854 Dollar, das des Mannes 1758 Dollar, wobei man nach *Tibbitts* 1400 bis 1850 Dollar als mindestens notwendig zum Lebensunterhalt rechnen mußte (1965, S. 7). Unter den Frauen wiederum ist die Lage der Witwe besonders schlecht, wobei es den Witwen im Alter von 65 bis 72 Jahren noch besser geht als den älteren, von denen weniger Pensionszahlungen erhalten (vgl. *Dorothy Wedderburn*, 1968, S. 413). Eine Verbesserung der Lage alter Witwen im Laufe der Zeit ist denkbar, da immer mehr nach O.A.S.D.I. Pensionen erhalten.

Frankreich. Mit 60 Jahren können sich die Franzosen pensionieren lassen. Sie bekommen dann 20 % des durchschnittlichen Gehaltes von ihren zehn besten Gehaltsjahren nach dem 31. Dezember 1947, wenn sie mindestens dreißig Jahre versichert waren. Für jedes weitere Jahr Arbeit erhalten sie ohne Jahresbegrenzung 4 % dazu. Seit einem Gesetz mit Wirkung zum 1. Januar 1972 beträgt die Pension vom 60. Lebensjahr an 25 % und steigt um jährlich 5 %, wenn der Pensionär mindestens 37,5 Versicherungsjahre vorweisen kann (vgl. das Gesetz in: Secrétariat Général du Gouvernement (Hg.), 1971, S. 29). Diese Verbesserung kam aber erst 1975 voll zur Auswirkung (vgl. Cedias, 1973, S. 7 f., 10 f. und Zusatzpapier vom 20. 6. 1973).

In einer Untersuchung der Einnahmequellen der über 60jährigen von 1961 wurde festgestellt, daß 3/4 von ihnen eine Pension erhält, mehr als die Hälfte mehrere Quellen zur Verfügung hat, knapp 1/5 nur die Pension bekommt. Unter anderen Einnahmequellen sind wichtig Arbeitsverdienste, Einkünfte aus Kapital, verschiedene Zusatzrenten und Familienhilfe (vgl. *Glen Burch, Claudette Collot*, 1972, S. 56; Haut-Comité Consultatif de la Population et de la Famille, 1962, S. 43 ff.; *Jacqueline Niaudet*, 1973, S. 639).

Sehr schwierig ist die Lage der alleinlebenden Frauen und Witwen. Die Witwe bekommt lediglich 50 % der Pension, die ihrem Ehemann zugestanden hat oder im Erlebensfall zugestanden hätte (vgl. *Cedias*, 1973, S. 31; *J. P. Dumont*, 1971, S. 20; *Joseph Flesch*, 1977, S. 71). Bezieht sie eine eigene Pension, so kann sie aufgrund eines Gesetzes von 1975 ihre Pensionsansprüche mit denen des Ehemannes bis zu einer Höhe von 50 % beider Pensionen verbinden (vgl. *Milena Nokovitch*, 1977, S. 144). Da aber nur sehr wenige alte Frauen berufstätig waren (vgl. *Jacqueline Chauvet*, 1975, S. 50), wird diese Vergünstigung nur von wenigen Witwen genutzt werden können.

Ist die finanzielle Situation des alleinlebenden Mannes schon schlechter als die der Ehepaare, so liegt das Einkommen der alleinstehenden Frau noch deutlich unter dem des Mannes. 1968/69 hat gut 1/5 von ihnen weniger als 300 F monatlich zur Verfügung. Ein Großteil der Witwen ist somit unter den über 1 1/2 Millionen alter Franzosen zu finden, die « au bord de la disette » leben müssen (vgl. *Yves Pergeaux*, 1974, S. 23).

Bundesrepublik. Alte Menschen in der Bundesrepublik haben eine Vielzahl von Quellen zur Verfügung, aus denen sie Zahlungen zu ihrem Lebensunterhalt empfangen. Die mit Abstand wichtigste Einnahmequelle ist die Rente. Ihre volle Auszahlung setzt eine Versicherungszeit von 40 Jahren voraus, die volle Auszahlung der Pension eine ruhegehaltsfähige Dienstzeit von 35 Jahren. Die Pension beträgt 75 % des letzten ruhegehaltsfähigen Bruttoeinkommens, sie muß versteuert werden. 1972 war die Relation Rente zu letztem Nettoeinkommen etwa 75–80 % bei Männern und 45–55 % bei Frauen (vgl. *Erich Standfest*, 1974, S. 260). Frauen können in der Regel nur eine geringere Versicherungszeit als Männer nachweisen.

Die Frauen, die keinen Anspruch auf eine Rente aus eigener Versicherung haben, können ebenso wie die Frauen, die eine eigene Rente beziehen, als Witwen 60 % der Rente oder Pension des verstorbenen Ehemannes beanspruchen. Da bei den heute älteren Familien in der Regel der Ehemann Alleinversorger ist, müssen die meisten Witwen mit 60 % dessen auskommen, über das sie vorher mit ihrem Ehemann verfügen konnten (vgl. *Otto Blume*, 1970, S. 73; *Elisabeth Schwarzhaupt*, 1974, S. 153). Bei der Arbeiterrentenversicherung betrugen am 1. 1. 1972 65,3 % aller Witwenrenten bis unter 330 DM, von den in der Angestelltenversicherung gezahlten Renten für Witwen waren es 34,2 % (vgl. Rentenanpassungsbericht 1972 in: *Gisela Kisau*, 1972, S. 314). Aber es sind nicht nur die Witwen, sondern überhaupt die alleinlebenden Frauen, die besonders zahlreich in den niedrigen Einkommensstufen zu finden sind. Nach der Untersuchung von *Otto Blume* von 1965 sind es zehnmal mehr alleinstehende Frauen als Männer, die unter 200 DM im Monat zur Verfügung haben (vgl. 1968, S. 37). 1972 waren von 1000 über 65 Jahre alten Männern 43 Sozialhilfeempfänger, von den Frauen waren es nahezu doppelt so viele, nämlich 83 (vgl. Statistisches Bundesamt [Hrsg.], 1974, S. 515). Das Statistische Bundesamt errechnete für 1969, daß 68 % der alleinstehenden Frauen unter 600 DM Einkommen zur Verfügung hatten (vgl. Statistisches Bundesamt [Hrsg.], 1969, S. 18). Der Anteil der alten Frauen an den Sozialhilfeempfängern hat im Jahr 1972 26 % betragen (vgl. Statistisches Bundesamt [Hrsg.], 1974, S. 515).

Vergleichende Zusammenschau. In allen drei Ländern sind die alleinlebenden alten Menschen in großer Zahl finanziell benachteiligt. Besonders schlecht ist die Lage der vielen Witwen. Da sie in den USA seit neuestem 100 % der Pension ihres Mannes beanspruchen können, dürfte ihre Lage in den USA im Verhältnis zu Frankreich und der Bundesrepublik, wo nur 50 % bzw. 60 % der Pensionsansprüche des Mannes gezahlt werden, sich in nächster Zeit verbessern.

3. Die Bedeutung der Berufsarbeit für ältere Frauen

USA. Männer fangen in der gegenwärtigen amerikanischen Gesellschaft in einem späteren Alter mit der Berufsarbeit an als ihre Väter und Großväter, und sie hören in einem früheren Alter wieder damit auf (vgl. *Bernice L. Neugarten, Joan W. Moore*, 1968, S. 11). Ihre Ausbildung bis zum Berufsantritt ist länger geworden, und die Sozialgesetzgebung ermöglicht ihnen einen früheren Ruhestand. Bei den Frauen ist eine umgekehrte Entwicklung festzustellen. Sie verbringen immer mehr Lebensjahre in der Berufsarbeit (vgl. ebendort). Aber obwohl immer mehr Frauen eine immer längere Zeit im Berufsleben stehen und nach Vollendung des 65. Lebensjahres immerhin noch nahezu jede fünfte Frau erwerbstätig ist, sieht die amerikanische Gesellschaft die Arbeit der Frau außerhalb ihres Heimes als von nachgeordneter Bedeutung an. Als wichtigste und natürliche Rolle für die amerikanische Frau werden ihre Rollen als Ehefrau, Mutter, Großmutter und Hausfrau angesehen (vgl. *Erdman B. Palmore*, 1972, S. 328; *Helena Znaniecki Lopata, Frank Steinhart*, 1971, S. 29). Der Mann dagegen hat einer Beschäftigung außerhalb des Hauses nachzugehen, um für seine Frau, die ihre Aktivität auf ihre Familie beschränken soll, und seine Kinder zu sorgen (vgl. *Ruth Shoule Cavan*, 1965, S. 34).

Frauen geben ihre Berufsarbeit aus Anlaß der Pensionierung häufiger auf als Männer. Ihnen fällt der Abschied vom Berufsleben nicht so schwer wie den Männern, geben sie doch eine ihnen in der Wirklichkeit als nachgeordnet erscheinende Berufsrolle zugunsten ihrer eigentlichen Rolle im Hause auf (vgl. *Erdman B. Palmore*, ebendort, S. 329; vgl. auch Tab. 5 auf S. 4). Allerdings widersprechen neuere Untersuchungen dieser These.

Frankreich. Für die Frau, die ihren Beruf mit ihrer Arbeit zu Hause zu verbinden hat, bedeutet der Ruhestand eine Entlastung (vgl. *A. Sauvy*, 1970, S. 56). Frauen sind deswegen an einer Weiterarbeit nach ihrer Pensionierung, auch wenn es sich nur um eine Teilzeitbeschäftigung handelt, weniger interessiert als Männer (vgl. *Paul Paillat, Claudine Wibaux*, 1969, S. 91).

Den höchsten Anteil von Nichtaktiven stellen in der Landwirtschaft die Witwen. Da in der Führung eines landwirtschaftlichen Betriebes die Ehepartner auf gegenseitige Hilfe angewiesen sind, können sie bei einer Verwitwung den Betrieb allein meistens nicht weiterführen (vgl. *Thérèse Locoh, Paul Paillat*, 1972, S. 97). In Berufen außerhalb der Landwirtschaft arbeiten die Witwen länger als die verheirateten Frauen (vgl. ebendort). Sie sind in ihrer Berufsausübung unabhängig von der Zusammenarbeit mit dem Ehemann und fühlen sich nicht so sehr durch die Arbeit im Hause belastet wie die verheirateten Frauen, die in der Regel einen größeren Haushalt zu führen haben.

Die Berufstätigkeit alter Menschen in Frankreich sinkt besonders mit Vollendung des 65. Lebensjahres (vgl. *Elaine Jaulerry*, 1971, S. 97). Mit diesem Alter wird auch in der französischen Sozialgesetzgebung als dem angemessenen Pensionsalter gerechnet (vgl. Semaines sociales de France, 1970, S. 87). Befinden sich alte Menschen erst einmal im Ruhestand, so ist der Wunsch nach neuer Aufnahme einer Erwerbstätigkeit selten. Dieser Wunsch wird mit der Dauer des Ruhestandes noch geringer (vgl. *Jacqueline Maslowski, Paul Paillat*, 1973, S. 107; *Paul Paillat, Claudine Wibaux*, 1969, S. 91). Wenn die Ruheständler aber schon an eine Wiederaufnahme der Arbeit denken, so wünschen sich fast alle eine Teilzeitbeschäftigung (vgl. *Paul Paillat, Claudine Wibaux*, ebendort).

Bundesrepublik. Von den Frauen, die heute 65 Jahre alt oder älter sind, ist nur ein kleiner Anteil einer Erwerbstätigkeit nachgegangen (vgl. *Otto Blume*, 1970, S. 73). Aber auch für diejenigen, die im Erwerbsleben gestanden haben, hat die Arbeit keine gleich große Wichtigkeit wie für den Mann. Die Familie steht auch für die im Erwerbsleben tätigen Frauen in ihrer Bedeutung vor der Berufsarbeit (vgl. *Judith Blake*, 1974, S. 141). In ihrer Untersuchung über die sich im Erwachsenenalter verändernde Daseinsthematik der Frau stellte Ursula Lehr fest, daß Frauen bei der spontanen Schilderung ihres Lebens vorrangig über ihre Ehe Auskunft geben, während Männer ihr Leben unter dem Blickwinkel ihrer Berufsentwicklung sehen. Bei den Frauen tritt in der Schilderung ihres Lebens die Berufsthematik deutlich zurück (1972, S. 490).

Vergleichende Zusammenschau. Als für die — zumindest *heute* ältere — Frau wichtigsten Rollen werden von der Gesellschaft ihre Rollen im Hause angesehen. Die alten Frauen haben in allen drei Ländern diese Sicht verinnerlicht, sie empfinden ihre "economic activity only as a secondary supplement to their primary statu inside the home" (*Judith Blake*, 1974, S. 141). So ist es nicht verwunderlich, daß insbesondere die doppelt belasteten verheirateten Frauen bei Eintritt in das Ruhestandsalter an einer weiteren beruflichen Tätigkeit nicht sehr interessiert sind.

In den USA besteht ein großes Angebot an Teilzeitarbeit. Dieses Angebot ist im Zusammenhang mit der hohen Wertschätzung, die das „Gebrauchtwerden" in der amerikanischen Gesellschaft genießt (vgl. *Margaret Mead*, 1972, S. 129), ein wichtiger Grund für den höheren Anteil berufstätiger alter Menschen, ziehen doch Ruheständler die Teilzeitarbeit der Ganztagsbeschäftigung vor (vgl. Tab. 4).

4. Primärgruppen (Familie, Freundeskreis, Nachbarn)

USA. Alte Menschen unterhalten Familienbeziehungen zu ihrem Ehepartner, zu ihren Kindern und Enkelkindern und zu ihren Verwandten (vgl. *M. F. Nimkoff*,

1962, S. 405). Die meisten Frauen erleben den Tod des Ehemannes, sind für den Rest ihres Lebens Witwen, während der weitaus größte Teil der Männer bis zum Tode verheiratet bleibt (vgl. U. S. Department of Commerce, [Hrsg.], 1974, S. 38; *Ethel Shanas*, 1968, S. 229; *Ruth Shoule Cavan*, 1965, S. 35). Bleibt den Männern auch im Alter die gewohnte Zweierbeziehung zumeist erhalten, so muß die Mehrheit der Frauen den oftmals plötzlichen Verlust ihres Ehepartners hinnehmen, der besonders schmerzlich ist, wenn sexuelle Bindungen vorhanden sind (vgl. *Elaine Cumming, William E. Henry*, 1961, S. 155).

Solange Mann und Frau zusammen sind, möchten sie in ihrem eigenen Haushalt leben (vgl. *Jan Stehouwer*, 1968, S. 210). Nur 2 % der verheirateten alten Menschen leben mit ihren verheirateten Kindern zusammen (vgl. *Peter Townsend*, 1968, S. 153). Unter einem Dach mit ihren verheirateten Kindern wohnen 16 % der verwitweten alten Menschen, also erheblich mehr Verwitwete als Verheiratete (vgl. *Peter Townsend*, 1968, S. 153). Leben die verwitweten Alten, die nicht mit ihren Kindern eine Wohnung teilen, auch nicht näher bei ihnen als die verheirateten, (vgl. *Jan Stehouwer*, 1968, S. 194), so haben die Verwitweten doch häufigeren Kontakt zu ihren Kindern als die Ehepaare. Die häufigsten Zusammenkünfte mit ihren Kindern haben die Witwen (vgl. ebendort, S. 195 f.).

Der Kontakt zu Geschwistern und anderen Verwandten ist geringer als der zu den Kindern. Bei Frauen ist die Verbindung zu Verwandten stärker als bei Männern. Ledige sehen ihre Verwandten erheblich häufiger als Verheiratete, Verwitwete und Geschiedene (vgl. ebendort, S. 198).

Bei Witwen, die 70 und mehr Jahre alt sind, ist ein stärkerer Kontakt mit Freundinnen festzustellen als bei Witwen im Alter von 60 und 70 Jahren (vgl. *Ruth Shoule Cavan*, 1965, S. 40; *Zena Smith Blau*, 1973, S. 80 ff.). Witwen zwischen 60 und 70, die gern mit Frauen desselben Familienstandes zusammensein möchten, finden dadurch, daß in den 60er Lebensjahren noch viele Frauen verheiratet sind, weniger Freundschaftsmöglichkeiten als im späteren Alter, wenn die überwiegende Anzahl der Frauen verwitwet ist (vgl. *Cavan*, ebendort; *Blau*, ebendort, S. 80 ff.). Diese Beobachtungen gelten aber nur für Frauen der "middle class", nicht der "working class". Frauen der "working class" haben schon zu Lebzeiten des Ehemannes außer Nachbarinnen kaum Freundinnen gehabt, denen sie sich bei einer Verwitwung später zuwenden könnten. Außerdem reichen oft ihre sehr geringen finanziellen Einnahmen nicht aus, um Freundschaften zu pflegen. Verwitwung hat somit für sie immer Kontaktverlust zur Folge (vgl. dazu *Blau*, ebendort, S. 84 ff.). Insgesamt haben Verwitwete überhaupt weniger Freunde und weniger Kontakt mit ihren Freunden als verheiratete alte Menschen (vgl. *Richard Williams*, 1961, S. 285).

Frankreich. Die überwiegende Mehrheit aller alten Männer lebt mit ihren Ehefrauen zusammen. Von den Frauen ist es nur eine Minderheit, die mit ihren Ehepartnern zusammensein kann (vgl. Haut-Comité Consultatif de la Population et de la Famille, 1962, S. 15 f.; *Paul Paillat*, 1971, S. 160 f.). Selbst von den Männern, die 75 Jahre und älter sind, lebt noch jeder zweite mit seiner Frau zusammen, während es von den Frauen in demselben Alter nicht einmal jede zehnte ist, die noch einen Ehepartner hat (vgl. Haut-Comité Consultatif de la Population et de la Famille, ebendort, S. 16).

Das Zusammenwohnen von alten Menschen und ihren Kindern im gleichen Haushalt ist etwa doppelt so häufig bei den mit der Landwirtschaft in Verbindung stehenden Alten auf dem Lande wie in der Stadt zu finden (vgl. Haut-Comité Consultatif de la Population et de la Famille, 1962, S. 17). Die Jungen leben hier mit ihren Eltern zusammen, von denen sie den landwirtschaftlichen Betrieb übernommen haben. Viele alte Menschen, besonders dann, wenn sie verwitwet sind, ziehen zu ihren Kindern, um bei ihnen Hilfe zu finden, wenn ihre Kräfte weniger, ihre Gesundheit schlechter, ihre Armut unerträglich wird (vgl. *Thérèse Locoh, Paul Paillat,* 1972, S. 51 f., 169).

Ein Großteil alter Menschen lebt allein. Es sind nahezu dreimal so viele Frauen wie Männer, die auf dem Lande und in der Stadt allein wohnen (35 % Frauen, 13 % Männer im Jahr 1968) (vgl. ebendort, S. 41). Erheblich mehr Frauen sind es auch, die keine Familie haben und somit auch im Notfall nicht mit der Hilfe von Familienangehörigen rechnen können (vgl. *Paul Paillat, Claudine Wibaux,* 1969, S. 69).

Bundesrepublik. Etwa jeder dritte alte Mensch — auf dem Lande sind es mehr, in der Stadt weniger — lebt mit seinen Kindern zusammen (vgl. *Ursula Lehr, Hans Thomae,* 1972, S. 395). Besonders die verheirateten alten Menschen möchten aber lieber allein mit ihrem Ehepartner leben (vgl. *Otto Blume,* 1968, S. 54). Von den mit Kindern zusammenwohnenden alten Ehepaaren sehnt sich knapp die Hälfte nach einem eigenen Heim zurück. Leben mit den Kindern auch noch Enkelkinder im gemeinsamen Haushalt, so möchten sich über 70 % der alten Ehepartner aus dieser Wohngemeinschaft zurückziehen (vgl. *K. H. Diekershoff,* 1970, S. 295).

Ein größeres Interesse als bei den noch Verheirateten besteht bei den verwitweten Alten für die gemeinsame Wohnung mit den Kindern. Besonders die Witwer lassen sich gern von ihren Kindern unter einem gemeinsamen Dach betreuen, während mehr Witwen als Witwer den eigenen Haushalt vorziehen (vgl. *Otto Blume,* ebendort, S. 54). So leben auch mehr alleinstehende Frauen als Männer in einem Einpersonenhaushalt (vgl. *O. Lingesleben,* 1970, S. 302).

Vergleichende Zusammenschau. Sind alte Frauen noch verheiratet, so möchten sie mit ihrem Ehepartner allein wohnen. Stirbt der Ehemann, dann ziehen viele Witwen zu ihren Kindern. Das geschieht besonders auf dem Lande, da die Kinder dort in Häusern wohnen, die den Alten noch gehören oder zumindest gehört haben. Mag auch der Umzug zu den Kindern von der Hoffnung begleitet sein, einen im Gefühlsbereich echten Ausgleich nach dem Verlust des Ehemannes zu erhalten, so liegt doch ein wesentlicher Grund für die häusliche Veränderung darin, daß die alten Frauen hoffen, in ihrem vierten Alter (in französischen gerontologischen Untersuchungen wird vom „quatrième âge" gesprochen als dem Alter, in dem ein alter Mensch sich nicht mehr helfen kann; vgl. z. B. *P. Charbonneau,* 1974, S. 10; wir sprechen vom vierten Alter in diesem Sinn) Unterstützung von ihren Kindern zu erhalten. Die Möglichkeit, bei einer Verwitwung Frauen kennenzulernen, um mit ihnen Kontakt zu halten, ist abhängig vom Alter, der finanziellen Situation und der Schichtzugehörigkeit. Für viele Witwen besteht aus diesem Grund diese Möglichkeit, die eventuell auch zu einem Ausgleich im Gefühlsbereich führen könnte, nicht.

5. Sekundärgruppen (Vereinigungen verschiedener Art)

USA. Alte Menschen nehmen noch häufig an Veranstaltungen verschiedenster Vereinigungen teil. In der kalifornischen Stadt Chico berichteten 54 % der Alten über eine derartige Teilnahme (vgl. *Glen Burch, Claudette Collot,* 1972, S. 122), und aus einer Untersuchung in fünf Staaten des mittleren Westens geht hervor, daß 56,6 % sich an den Veranstaltungen irgendeiner Vereinigung beteiligen (vgl. *Gary D. Hansen* et al., 1965, S. 318; Teilnahmequoten vgl. auch bei Robert J. Havighurst, 1960, S. 342 f.). Von denjenigen Alten, die über eine gute Ausbildung, ein gutes Einkommen und eine zufriedenstellende Gesundheit verfügen sowie noch im

Erwerbsleben stehen, ist eine größere Zahl Mitglied einer Vereinigung als von denen, die diese Merkmale nicht aufweisen (vgl. *Gary D. Hansen* et al., ebendort; *C. Neil Bull, Jackie B. Aucoin,* 1975, S. 76).

Auch sind mehr Frauen als Männer Mitglieder, da Frauen in größerer Zahl zu den kirchlichen Gruppen gehören, die von allen Vereinigungen die größte Beteiligung aufweisen (vgl. *Robert J. Havighurst,* 1968, S. 318).

Der Umfang der Beziehungen der Alten zu Vereinigungen, in denen sie im früheren oder mittleren Erwachsenenalter Mitglieder geworden sind, nimmt mit zunehmendem Alter ab (vgl. *Arnold M. Rose,* 1961, S. 670). Die alten Leute haben entweder das Interesse an den Veranstaltungen verloren, oder sie können sich die Teilnahme finanziell nicht mehr leisten (vgl. *Robert J. Havighurst,* 1968, S. 341 f.).

Die Möglichkeit, Menschen zu treffen und Freundschaften zu knüpfen, ergibt sich auch im „social center or senior center" (vgl. ebendort, S. 344). Mit diesen Namen werden Räumlichkeiten belegt, die täglich geöffnet sind und in denen gewöhnlich zur Mittagszeit eine Mahlzeit angeboten wird. Es kann Karten gespielt, getanzt, gelesen, Musik gehört werden etc. (vgl. ebendort; *Glen Burch, Claudette Collot,* 1972, S. 122). Die Teilnahme der Alten an diesen speziell für sie organisierten Angeboten wird von ihrer sozialen Umwelt sehr befürwortet (vgl. *Robert J. Havighurst,* 1968, S. 144).

Frankreich. In Vereinigungen verschiedenster Art sind mehr als doppelt so viele Männer wie Frauen Mitglieder. Von den Stadtbewohnern gehören 38 % der alten Männer und 18 % der alten Frauen irgendeiner Vereinigung an (vgl. *Paul Paillat, Claudine Wibaux,* 1969, S. 195, Tab. V. 17). Frauen sind meistens Mitglieder kirchlicher Gruppen (vgl. *Robert J. Havighurst,* 1960, S. 337; über die in kirchlichen Gemeinden bestehenden Vereinigungen vgl. *Emile Pin,* 1956, S. 239 ff.). Regelmäßig oder manchmal nehmen 65 % der männlichen und 50 % der weiblichen Mitglieder an Zusammenkünften teil (vgl. *Paul Paillat, Claudine Wibaux,* 1969, S. 195, Tab. V. 17). Von den auf dem Lande lebenden alten Frauen, die nicht mehr mit der Landwirtschaft in Verbindung stehen, gehören besonders wenige einer Vereinigung an; es sind nicht einmal 8 % (vgl. *Jacqueline Maslowski, Paul Paillat,* 1973, S. 149). Von den mit der Landwirtschaft in Verbindung stehenden alten Landbewohnern gehören etwa jeder vierte Mann und jede zehnte Frau einer im Zusammenhang mit ihrer Berufsarbeit stehenden Vereinigung an (vgl. *Thérèse Locoh, Paul Paillat,* 1972, S. 150).

Speziell auf die Bedürfnisse alter Menschen wird in „foyers" eingegangen (vgl. *Paul Paillat, Claudine Wibaux,* 1969, S. 192). 3 % der Männer (11 % der alleinstehenden Männer) und 7 % der Frauen (10 % der alleinstehenden Frauen) in Städten berichten, daß sie ab und zu oder regelmäßig dort hingehen (vgl. ebendort, S. 194, Tab. V. 16; S. 244, Tab. C. 17). Die alten Menschen können dort gegen einen Unkostenbeitrag, der ihrem Einkommen angemessen ist, ihr Mittagessen einnehmen. Die Alten bevorzugen die „foyers", wenn dort nicht nur das Essen eingenommen werden kann, sondern auch verschiedene Möglichkeiten zur Unterhaltung geboten werden (vgl. Commissariat Général du Plan, 1971, S. 103). Den wichtigsten Wünschen der Alten, in den „foyers" Beziehungen anknüpfen zu können und dort eine kleine Beschäftigung zu finden, wird am besten Rechnung getragen, wenn ein „animateur" (vgl. *F. Desbonnet* et al., 1972, S. 15) Hinweise auf mögliche Spiele, handwerkliche oder künstlerische Betätigung gibt, aber auch Konflikte zwischen Gruppen und Einzelpersonen ausgleicht (vgl. ebendort; über die Arbeit der „animateurs" in vier Pariser Altenclubs (in Altenclubs wird nicht wie in den „foyers" ein Essen geboten) berichten *F. Desbonnet* et al., ebendort, S. 13 ff.; aber auch auf dem Lande arbeiten „animateurs", vgl. *Jacques Bassot,* 1974, S. 21).

Bundesrepublik. Einem geselligen Verein gehören in Großstädten 13 % der alten Menschen an. Die Frauen sind in diesen Vereinen nur halb so häufig vertreten wie die Männer (vgl. *Otto Blume*, 1968, S. 116; O. *Lingesleben*, 1970, S. 304). Der Anteil der alten Menschen, die einem Verein angehören, steigt mit der Länge der genossenen Ausbildung an. In Berlin sind von den Volksschülern lediglich 17 % Mitglieder, von den Abiturienten 32 %, den Akademikern 54 % (vgl. Institut für Sozialforschung und Gesellschaftspolitik, 1974, S. 102). Zusammenhänge bestehen auch zwischen Einkommen und Vereinsmitgliedschaft. Mit steigendem Einkommen steigt der Anteil der alten Leute, die Mitglied in einem Verein sind (vgl. *Otto Blume*, ebendort).

Der Prozentsatz der alten Menschen, die schon einmal eine Altentagesstätte besucht haben, in der in der Regel kein Mittagessen angeboten wird (vgl. *Helly Simons*, 1974, S. 198), ist nicht einmal halb so hoch wie der Anteil der Vereinsmitglieder. 6 % der alten Großstädter haben schon einmal eine solche Stätte besucht, etwa die Hälfte davon mehrmals. Frauen haben an einem Besuch ein größeres Interesse als Männer, Alte mit höherem Einkommen ein geringeres als diejenigen, die mit nur wenig Geld zurechtkommen müssen. In Berlin sind es jeder zwanzigste Mann und jede zehnte Frau, die schon einmal eine der zahlreichen Altentagesstätten besucht haben. Mehrmals war dort etwa jeder zehnte alte Einwohner Berlins (vgl. *Otto Blume*, ebendort, S. 114; Institut für Sozialforschung und Gesellschaftspolitik, ebendort, S. 99). Ein größeres Interesse als an dem Besuch von Altentagesstätten haben die Alten an eigens für sie organisierten Veranstaltungen, die u. a. von Vereinen, Verbänden und den Kirchen angeboten werden. In der Großstadt haben schon etwa 26 % aller Alten an einer solchen Veranstaltung teilgenommen und alle sie positiv beurteilt (vgl. *Otto Blume*, ebendort, S. 115).

Vergleichende Zusammenschau. Die Teilnahme alter Menschen an Veranstaltungen verschiedenster Vereinigungen ist in den USA deutlich größer als in den beiden europäischen Staaten. Wesentlich zu dieser hohen Teilnahmequote in den Vereinigten Staaten trägt die Beteiligung vieler Alten — mehr Frauen als Männer — an kirchlichen Veranstaltungen bei (vgl. *Gary D. Hansen* et al., 1965, S. 318; vgl. dazu auch *Peter L. Berger*, 1962, S. 169). Mit zunehmendem Alter wird die Teilnahmehäufigkeit an Veranstaltungen weniger. Abhängig ist sie aber nicht nur vom Alter und der Geschlechtszugehörigkeit, sondern auch von der Ausbildung, dem Einkommen, dem Gesundheitszustand und davon, ob ein alter Mensch noch erwerbstätig ist. Aus französischen Untersuchungen geht hervor, daß auch das Wohnen in der Stadt oder auf dem Land die Quote der alten Vereinsmitglieder beeinflußt.

Besonders gering ist das Interesse der Alten an Einrichtungen, die nur ein Mittagessen anbieten, und an Räumlichkeiten, in denen man sich tagsüber aufhalten kann. Etwas größer wird das Interesse dann, wenn dort Anregungen zu Aktivitäten gegeben werden.

Zusammenfassung

In diesem Bericht werden einige Gegebenheiten der Situation alter Frauen, insbesondere alleinstehender, in den USA, Frankreich und der Bundesrepublik miteinander verglichen. Dieser Vergleich geschieht unter demographischem und ökonomischem Aspekt, den Fragen nach der Bedeutung der Berufsarbeit für ältere Frauen sowie ihrer Gruppenzugehörigkeit.

Summary

This article compares some of the basic facts concerning the situation of old women, especially single ones, living in the USA, France and Western Germany. The comparison deals with demographic and economical aspects and describes the meaning of work as well as the problems of group-association for elderly women.

Literatur

1. *Bassot, J.*, Pourquoi comment. Un club pour personnes âgées en habitat rural dispersé ou les leçons d'une expérience réussie, in: Gérontologie 74, 19—23 (1974). — 2. *Berger, P. L.*, Kirche ohne Auftrag am Beispiel Amerikas (Stuttgart 1962). — 3. *Blake, J.*, The changing status of women in developed countries, in: Scientific American, 231, 136—147 (1974). — 4. *Blume, O.*, Möglichkeiten und Grenzen der Altenhilfe (Tübingen 1968). — 5. *Blume, O.*, Über die Lebenssituation älterer Menschen in Großstädten und auf dem flachen Land in der Bundesrepublik Deutschland, in: *Schubert, R.* (Hrsg.), Herz und Atmungsorgane im Alter, S. 267—273 (Nürnberg, Darmstadt 1968). — 6. *Blume, O.*, Die Situation älterer Menschen in der Bundesrepublik Deutschland, in: *Sitzmann, Gerhard H.* (Hrsg.), Lernen für das Alter, S. 70—78 (Gießen 1970). — 7. *Bull, C. Neil, J. B. Aucoin*, Voluntary association participation and life satisfaction: a replication note, in: Journal of Gerontology, 30, 73—76 (1975). — 8. Bundesminister für Arbeit und Sozialordnung (Hrsg.), Arbeits- und sozialstatistische Mitteilungen, 22 (Bonn 1971). — 9. *Burch, G., C. Collot*, Elderly people in their towns (Paris 1972). — 10. *Cavan, R. S.*, A sociologist looks at the role of the older person in the family, in: *Jacobs, H. Lee* (Hrsg.), The older person in the family, S. 34—47 (Iowa City 1965). — 11. *Cédias* — Musée social, Vieillesse et sécurité sociale (Paris 1973). — 12. *Charbonneau, P.*, Réflexions sur le grand âge, in: Revue de Gérontologie d'Expression Française, 20, 9—16 (1974). — 13. *Chauvet, J.*, The elderly isolated woman in France, in: Isolation and loneliness of the aged woman, Arc-et-Senans, S. 49—67 (1975).— 14. Commissariat general du plan. Rapport de l'intergroupe, Problèmes relatifs aux personnes âgées (Paris 1971). — 15. *Cumming, E., W. E. Henry*, Growing old. The process of disengagement (New York 1961). — 16. Department of economic and social affairs (Hrsg.), Demographic yearbook 1972 (New York 1973). — 17. *Desbonnet, F., A. Flexor, R. Jean, L. H. Sebilotte*, Les clubs de loisirs dans la vie quotidienne des retraités, in: Gérontologie 72, 13—17 (1972). — 18. *Diekershoff, K. H.*, Sozialstatus und Verhaltensweisen älterer Menschen, in: *Schubert, R.* (Hrsg.), Aktuelle Probleme der Geriatrie, Geropsychologie, Gerosoziologie und Altenfürsorge, S. 291—299 (Nürnberg, Darmstadt 1970). — 19. *Dumont, J. P.*, L'anarchie des retraites, in: Problèmes Politiques et Sociaux, Nr. 103, 18—27 (1971). — 20. *Flesch, J.*, Les régimes de retraite en France, in: La Nef, 63, 69—74 (1977). — 21. *Hansen, G. D., S. Yoshioka, M. J. Taves, F. Caro*, Older people in the midwest: conditions and attitudes, in: *Rose, A. M., Peterson, A. Warren* (Hrsg.), Older people and their social world, S. 311—322 (Philadelphia 1965). — 22. Haute-comité consultatif de la population et de la famille: Les personnes âgées et l'opinion en France. Sondages de l'opinion en 1961 (Paris 1962). — 23. *Havighurst, R. J.*, Life beyond family and work, in: *Burgess, E. W.* (Hrsg.), Aging in western societies S. 299—353 (Chicago 1960). — 24. *Havighurst, R. J.*, Public attitudes toward various activities of older people, in: *Donahue, Wilma, Tibbitts, Clark* (Hrsg.), Planning the older years, S. 141—147 (New York 1968). — 25. Institut für Sozialforschung und Gesellschaftspolitik, Köln: Dokumentation der Lebenssituation über 65jähriger Bürger in Berlin (Berlin 1974). — 26. Institut naional de la statistique et des études économiques (Hrsg.), Annuaire statistique de la France 1973 (Paris 1973). — 27. *Jaulerry, E.*, L'activité professionelle des personnes âgées, in: Problèmes Politiques et Sociaux, Nr. 103, S. 13—14 (1971). — 28. *Kiesau, G.*, Ansätze zur Verbesserung der Lebenslage älterer/alter Menschen, in: WSI-Mitteilungen, 25, 312—319 (1972). — 29. *Lehr, U.*, Veränderung der Daseinsthematik der Frau im Erwachsenenalter, in: *H. Thomae, U. Lehr* (Hrsg.), Altern, S. 469—504 (Frankfurt 1972²). — 30. *Lehr, U., H. Thomae*, Die Stellung des älteren Menschen in der Familie, in: ebendort, S. 381—409. — 31. *Lingesleben, O.*, Die Bedeutung von Geschlecht und Familienstand im Alter, in: *Schubert, R.* (Hrsg.), Aktuelle Probleme der Geriatrie, Geropsychologie, Gerosoziologie und Altenfürsorge, S. 300—304 (Nürnberg, Darmstadt 1970). — 32. *Locoh, T., P. Paillat*, II — Les agriculteurs âgés, Paris 1972 (Institut national d'études démographiques, Travaux et Documents 61). — 33. *Lopata, H. Znaniecki, F. Steinhart*, Work histories of american urban women, in: The Gerontologist, 11, 27—36 (1971). — 34. *Maslowski, J., P. Paillat*, III — Les ruraux âgés non agricoles, Paris 1973 (Institut national d'études démographiques, Travaux et Documents 68). — 35. *Mead, M.*, Hoffnung und Überleben der Menschheit. Glaube im

20. Jahrhundert (Stuttgart 1972). — 36. *Neugarten, B. L., J. W. Moore,* The changing age-status system, in: *B. L. Neugarten* (Hrsg.), Middle age and aging, S. 5—21 (Chicago, London 1968). — 37. *Nimkoff, M. F.,* Changing family relationships of older people in the United States during the last fifty years, in: *Tibitts, Clark, Donahue, Wilma* (Hrsg.), Social and psychological aspects of aging, S. 405—414 (New York, London 1962). — 38. *Nokovitch, M.,* Ce que femme veut. Est-ce à dire? (Ohne Ort 1977). — 39. *Paillat, P.,* Sociologie de la vieillesse (Paris 1963). — 40. *Paillat, P.,* Ménages et familles des personnes âgées, in: Bevolking en Gezin, Population et Famille, **23—24,** 157—182 (1971). — 41. *Paillat, P., C. Wibaux,* I — Les citadins âgés, Paris 1969 (Institut national d'études démographiques, Traveaux et Documents 52).—42. *Palmore, E. B.,* Unterschiede hinsichtlich der Pensionierung bei Männern und Frauen, in: *Thomae, H., U. Lehr* (Hrsg.), Altern, S. 320—331 (Frankfurt 1972²). — 43. *Pergeaux, Y.,* La place de vieillard dans la societé industrielle, in: *H. Bour,* (Hrsg.), Troisième âge et vieillissement, S. 19—39 (Paris 1974). — 44. *Pin, E.,* Pratique religieuse et classes sociales dans une paroisse urbaine Saint-Pothin à Lyon (Paris 1956). — 45. *Rose, A. M.,* The impact of aging on voluntary associations, in: *C. Tibitts* (Hrsg.), Handbook of social gerontology, S. 666—697 (Chicago 1961). — 46. *Sauvy, A.,* The passage from activity to inactivity, in: International Center of Social Gerontology (Hrsg.), 1ˢᵗ international course in social gerontology, S. 37—56 (Lissabon 1970). — 47. Secretariat general du gouvernement (Hrsg.), La réforme du regime des retraites en France, in: Problèmes Politiques et Sociaux, Nr. **103,** 28—31 (1971). — 48. Semaines sociales de France, 57ᵉ session. Les pauvres dans les sociétés riches. Chronique sociale de France (Lyon 1970). — 49. *Shanas, E.,* The family and social class, in: *Shanas* et al. (Hrsg.), Old people in three industrial societies, S. 320—346 (London 1968). — 50. *Simons, H.,* Moderne Formen der offenen Altenhilfe, in: *Helga Reimann, Horst Reimann* (Hrsg.), Das Alter, S. 191—203 (München 1974). — 51. *Smith Blau, Z.,* Old age in a changing society (New York 1973). — 52. *Schwarzhaupt, E.,* Alterssicherung der Frauen, in: Archiv für Wissenschaft und Praxis der sozialen Arbeit, **5,** 153—160 (1974). — 53. *Standfest, E.,* Aspekte der materiellen Alterssicherung: Ziele und empirische Ergebnisse, in: WSI-Mitteilungen, **27,** 258—264 (1974). — 54. Statistisches Bundesamt (Hrsg.), Fachserie M. Einkommens- und Verbrauchsstichprobe IV. Einnahmen und Ausgaben privater Haushalte 1969 (Wiesbaden 1969). — 55. Statistisches Bundesamt (Hrsg.), Laufende Hilfe zum Lebensunterhalt. Ergebnis einer Zusatzstatistik zur Sozialhilfestatistik im Juni 1971, in: Wirtschaft und Statistik, S. 518—524 (1974 a). — 56. Statistisches Bundesamt (Hrsg.), Sozialhilfeempfänger 1972, in: Wirtschaft und Statistik, S. 514—517 (1974 b). — 57. Statistisches Bundesamt (Hrsg.), Sterbefälle 1971 und 1972 nach Todesursachen, in: Wirtschaft und Statistik, S. 710—716 (1974 c). — 58. Statistisches Bundesamt (Hrsg.), Sterblichkeit im internationalen Vergleich, in: Wirtschaft und Statistik, S. 769—773 (1974 d). — 59. Statistisches Bundesamt (Hrsg.), Fachserie A. Bevölkerung und Kultur. Gebiet und Bevölkerung II. Alter und Familienstand der Bevölkerung 1973 (Stuttgart 1975). — 60. Statistisches Bundesamt (Hrsg.), Statistisches Jahrbuch 1977 für die Bundesrepublik Deutschland (Stuttgart, Mainz 1977). — 61. *Stehouwer, J.,* The household and family relations of old people, in: Old people in three industrial societies, S. 177—226 (London 1968). — 62. *Tibbitts, C.,* The older family member in american society, in: *Jacobs, H. Lee* (Hrsg.), The older person in the family, S. 1—11 (Iowa City 1965). — 63. *Townsend, P.,* The structure of the family, in: Old people in three industrial societies, S. 132—176 (London 1968). — 64. *Turnbull, J. G., C. A. Williams,* jr., *E. F. Cheit,* Economic and social security (New York 1973). — 65. US Department of Commerce (Hrsg.), Statistical abstract of the United States 1974 (Washington 1974). — 66. *Wedderburn, D.,* The characteristics of low income receivers and the role of gouvernment, in: Old people in three industrial societies, S. 388—423 (London 1968). — 67. *Williams, R. H.,* Changing status, roles, and relationship, in: *C. Tibitts* (Hrsg.), Handbook of social gerontology, S. 261—297 (Chicago 1961²).

Anschrift des Verfassers:
Dr. *Klaus D. Hildemann,* Borndeel 3, 2000 Hamburg 61

Evangelisches Waldkrankenhaus, Bonn - Bad Godesberg

Über das Klimakterium
Zur Physiologie und Pathologie der Alterungsvorgänge bei der Frau

H. J. Prill

Mit 4 Abbildungen und 2 Tabellen

1. Alterungsvorgänge am Ovar

Studiert man Alterungsprozesse einzelner Organe, so stellt sich unwillkürlich die Frage, ob diese Veränderungen Auswirkungen auf die Alterungsvorgänge im gesamten Körper haben oder nicht. Auf diese Frage stößt man speziell bei der Betrachtung der Funktion endokriner Drüsen im Verlaufe des menschlichen Lebens. Dabei ergibt sich, daß gewisse Entwicklungen nur möglich sind, wenn einzelne Organe altern, ihre Funktion einstellen und damit anderen Organen erst ihre Funktionsausübung ermöglichen. Die Induzierung der Wehen erfolgt unter anderem, weil die Placenta altert. Die Thymusdrüse induziert ihre Funktion schon im zweiten Lebensjahr und „enthemmt" damit bestimmte Entwicklungsvorgänge. Das Ovar nimmt ab dem 35. Lebensjahr an Gewicht ab, es atrophiert (Physiosklerose) oder zeigt degenerative kleinzystische Veränderungen, wobei sich die umhüllende Tunica albuginea verdickt. Obwohl die Anzahl der Primordialfollikel mit dem Alter erheblich abnimmt, sind dennoch solche bei Beginn der Menopause noch nachweisbar. *Nowak* fand bei Frauen im Alter von 50 Jahren mit abnormer Blutung noch eine Ovulation in 23 %. Die Eier sind nicht mehr befruchtungsfähig und die Follikelflüssigkeit hat keinen zyklischen Einfluß mehr auf die Gonadotropinausschüttung. Beginn und Ausmaß dieser Vorgänge sind offensichtlich genetisch bedingt. Aber der Grad der Sklerose an den Ovarialgefäßen zeigt keine Beziehung zum Grad der anderen allgemeinen Arteriosklerose im Organismus. Auf funktioneller Seite findet sich eine enzymatische Aktivität im Stroma der Ovarien noch Jahre nach der Menopause. Es ist deshalb nicht möglich, aus morphologischen oder endokrinologischen Ergebnissen Voraussagen zu spezifisch werdenden Alterungsvorgängen zu machen.

2. Hormonale Veränderungen

2.1. Prämenopause

Schon nach dem 40. Lebensjahr beginnt die Östrogenausscheidung allmählich abzusinken (Abb. 1; *Pincus* und Mitarbeiter). Dies zeigt sich zuerst in der Abflachung der Ovulationsgipfel und des zweiten prämenstruellen Östrogengipfels aus dem Corpus luteum. Die Spitzenwerte für Östrogene überschreiten selten Werte von 60 bzw. 30 μg im 24-Stunden-Urin. Auch die Pregnandiolausscheidung in der zweiten Zyklushälfte liegt nach ihrem Anstieg eher im unteren Normalbereich bei 2–3 mg pro 24-Stundenharn. Schließlich bleibt mit dem Fortfall der Ovulation und Gelbkörperbildung der Pregnandiolanstieg überhaupt ganz aus. Die dann noch gemessenen Pregnandiolwerte stammen wahrscheinlich aus der Nebenniere.

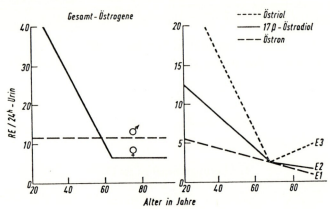

Abb. 1. Östrogenausscheidung im Klimakterium und Senium (nach *Pincus*)

Die Gonadotropinausscheidung steigt bereits nach dem 40. Lebensjahr als Folge des Steroidabfalles (Abnahme der Zahl der Begleitfollikel) langsam an, und zwar sowohl im FSH- als auch im LH-Anteil. Dies wird z. B. durch die in diesem Alter nicht selten falsch positiven serologischen Schwangerschaftsteste, in denen LH-Aktivität mitgemessen wird, deutlich.

2.2. Menopause und Postmenopause

Nach dem Ausbleiben der Menstruation kann die Östrogenausscheidung noch 3–12 Monate lang zyklisch verlaufen. Die Östrogenwerte im 24-Stundenharn liegen danach zwischen 4 und 20 μg für Gesamtöstrogene, womit sie etwa $^1/_6$ der Werte für die junge Frau erreichen (Tab. 1). In den Jahren der Postmenopause besteht eine eindeutige negative Korrelation zwischen Alter und Östrogenausscheidung. Diese sinkt pro Jahr etwa um 2 % des Ausgangswertes ab. Das Östrogen ist das vorwiegend frei zirkulierende Östrogen, welches durch eine Umwandlung aus Androstendion gebildet wird.

Eindeutige Beziehungen zwischen der Höhe der Östrogenwerte und der Stärke der klimakterischen Beschwerden lassen sich nicht erkennen. Entscheidend ist wahrscheinlich das relative Absinken in Bezug auf den Ausgangswert. Ein Jahr nach der Menopause findet sich ein 13–14facher Anstieg des FSH und ein 3facher Anstieg des LH. In den nächsten 2–3 Jahren nehmen die Gonadotropine noch weiter im Serum und in der Urinausscheidung zu, ohne daß wir bisher besondere positive oder negative Auswirkungen im körperlichen Bereich erkennen. Von den übrigen hypophysären Hormonen ist zu erwähnen, daß ACTH die Östrogenausscheidung erhöhen kann. Psychische Streßsituationen können über diesen Weg Blutungen in der Menopause hervorrufen. Das Serum-Testosteron zeigt eine Abnahme von ungefähr 50 % während der ersten 4 Menopausenjahre und steigt dann allmählich im Senium an. Es ist anzunehmen, daß sich daraus Stimm-, Haut- und Behaarungsveränderungen ergeben.

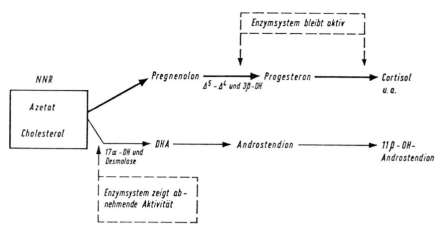

Abb. 2. Steroidbiogenese im Alter. Verminderung der Enzyme 17 α-Hydroxylase und 20, 21-Desmolase in den steroidbildenden Geweben, besonders Nebennierenrinde. Daher Abnahme der Bildung von anabolen C_{19}-Steroiden, unveränderte Produktion von Kortikosteroiden (nach *R. I. Dorfman*)

2.3. Vaginalzytologie

Die biologische Wirkung der endogenen Östrogene spiegelt sich am Proliferationsgrad des Scheidenepithels wieder *(Papanicolaou)*. In der Menopause und Postmenopause kann man bei etwa 30% der Frauen noch deutliche „Östrogeneffekte" (meßbar im Pyknoseindex) feststellen. Untersucht man aber die Korrelation zwischen Östrogenwirkung im Scheidenabstrich und anderen Parametern eines Östrogeneffektes, so findet man in 75% der Fälle mit hohem kolpo-zytologischen Östrogenindex ein atrophisches Endometrium und in über 60% histologisch funktionslose Ovarien *(Novak* und Mitarbeiter, u. v. a.). Der zytologische Abstrich kann daher als eine recht grobe aber einfache Methode zur Erfassung der endogenen Östrogensekretion benutzt werden.

2.4. Stadieneinteilung

Eine Einteilung der klimakterischen Phasen nach der Hormonausscheidung ist im eigentlichen Sinne nicht möglich, da die Veränderungen der Hormonproduktionen und -sekretionen durchaus fließend sind und sich gegenseitig überlagern. Eine sogenannte „Hyperfollikulinie" oder einen „Hyperöstrogenismus" gibt es während des normalen Klimakteriums nicht. Es handelt sich allenfalls um normale oder niedrige, aber prolongierte und durch Gestagenwirkung nicht unterbrochene Follikelhormonwirkung.

2.5. Senium

Nach dem 60. Lebensjahr besteht ein endokrinologischer Abschnitt insofern, als ein Nachlassen der C_{19}-Steroidsekretion aus der Nebennierenrinde und der hypophysären Gonadotropinproduktion eintritt. Die Östrogenausscheidung ist nach dem 60. Lebensjahr im allgemeinen niedriger als beim gleichaltrigen Mann. Für beide ist die Nebennierenrinde der vorwiegende Produktionsort, wobei dem Östriol die relativ größere Umwandlungsrate zukommt.

Der Plasmaspiegel des ACTH ist normal – bis leicht erhöht. Frauen im Alter zwischen 64 und 68 Jahren zeigen ein normal ansprechendes Zwischenhirn-ACTH-System auf adäquate Reize. Nach entsprechenden Gaben von ACTH findet man allerdings nur etwa $1/4$ der sonst vorhandenen Androgene (C_{19}-Steroide; *Dorfman*). Die Steroidbiogenese bleibt im Alter in verschiedenen Richtungen unverändert, allerdings wird der biogenetische Weg von Cholesterin über Dehydroepiandrosteron, Androstendion und 11 β-Hydroxie Androstendion insgesamt reduziert. Wenn Testosteron gegeben wird, so findet vermehrt eine Umwandlung in die weniger aktiven 5α-Metaboliten statt. Zweifellos wird die Beurteilung des Steroid-Stoffwechsels bei alten Leuten dadurch erschwert, daß die Proteinbindung der Hormone, teilweise auch der Stoffwechsel und schließlich die renale Clearance der Hormone verändert sind. Insgesamt sind die Ergebnisse jedoch spärlich, wenn man auch davon ausgehen kann, daß nicht sehr wesentliche Veränderungen zu erwarten sind. Für eine Geroprophylaxe oder Gerotherapie empfiehlt sich aufgrund der bisherigen Stoffwechsel- und Ausscheidungsmuster eine Substitution mit niedrigen Dosen von Östrogenen, Androstendion oder Testosteron, Dehydroepiandrosteron und evtl. Thyroxin. Solche Kombinationen sind meist in Verbindung mit Vitaminen als Geriatrika im Handel.

3. Das klimakterische Syndrom

Unter dem Begriff des klimakterischen Syndroms faßt man die 3 Hauptsymptome: Wallungen, Schweißausbrüche und Schwindel zusammen. Innerhalb dieser Trias ist die Wallung am häufigsten. 2 bis 3 Jahre nach der letzten Blutung erreicht dieses Symptom seine größte Häufigkeit und ist dann bei etwa 30% mehr als zweimal täglich bemerkbar. Etwa die Hälfte der Frauen mit klimakterischen Erscheinungen hat die Symptomtrias, während $1/4$ nur Wallungen und Schweißausbrüche bekommt. Bei dem Schwindel findet sich keine Signifikanz mit dem Eintritt der Menopause. Dies liegt wohl daran, daß dieses Symptom häufig kreislaufbedingt auftritt.

3.1. Die Wallung ist eine relativ plötzlich auftretende Vasodilatation im Bereich der Hautgefäße. Die Durchblutungszunahme findet an der gesamten Körperoberfläche statt, wenn auch an den unbedeckten Hautstellen dies subjektiv stärker empfunden wird. Die Pathogenese der Wallungen ist noch nicht endgültig geklärt. Man nimmt eine paroxysmale Ausschüttung von Adrenalin, einen gestörten Serotoninstoffwechsel oder eine veränderte Relation zwischen Serotoninstoffwechsel und Östrogenhaushalt an. Bei etwa 30% findet sich ein direkter Zusammenhang zwischen emotionaler Belastung und Wallung.

Ein recht brauchbarer Test zur Objektivierung der Stärke klimakterischer Wallungen ist im Stehversuch II nach *Schellong* vorhanden, da zwischen der Stärke der Wallung und dem diastolischen Blutdruckanstieg eine gesicherte Beziehung besteht. Steigt der diastolische Blutdruck durchschnittlich über 15 mm Hg an, so spricht das eindeutig für das Vorhandensein starker Wallungen, wenn internistische Ursachen ausgeschlossen werden können.

Differentialdiagnostisch ist bei den Wallungen neben einigen seltenen Erkrankungen (Dünndarm-Karzinoid, Dumping-Syndrom, da Costa-Syndrom) an hyperthyreotische Fehlregulierungen zu denken, die nach *Pabst* durch die vermehrte Ausschüttung von thyreotropem Hormon aus dem Hypophysenvorderlappen zu einer Überfunktion der Schilddrüse führen können.

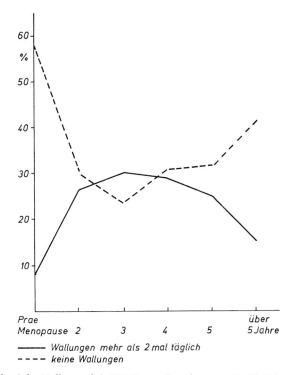

60 -
%
50 -
40 -
30 -
20 -
10 -

Prae   über
Menopause   2   3   4   5   5 Jahre

——— Wallungen mehr als 2 mal täglich
- - - - keine Wallungen

Abb. 3. Klimakterische Wallungen bei 2232 Frauen im Alter von 45—55 Jahren, die die Lang-
fristigkeit des Symptomes nach der Menopause zeigen (nach *Prill*)

3.2. Die Schweißausbrüche folgen zumeist den Wallungen, mitunter treten sie
aber auch in der Nacht für sich alleine auf und stören den Schlaf erheblich.
Wir konnten keinen Zusammenhang zwischen der quantitativen Ausprägung von
Wallungen und dem Auftreten von Schweißausbrüchen finden. Stärkere körperliche
Belastungen im Haushalt und Beruf vermehrten dagegen nicht nur die allgemeine
Neigung zum Schwitzen, sondern auch den der Wallung folgenden Schweißausbruch.
Schweißhemmende Medikamente (z. B. Atropin o. ä.) werden meist schlecht ver-
tragen. Am ehesten bewähren sich noch Sympathikolytika.

3.3. Schwindelerscheinungen sind mit dem Klimakterium nicht eindeutig korreliert, weil bereits 33 % der Frauen im Präklimakterium gelegentliche, 14,5 %
täglich mindestens einmal und 6 % täglich mehrmals Schwindelerscheinungen haben.
Dieses Symptom erfordert besonders dann, wenn es zum Leitsymptom wird, eine
Abklärung zu otogenen und zerebralen Erkrankungen. Der vasomotorische Schwindel im Klimakterium kennt keine bestimmte Richtung. Die Patientin fühlt sich nur
kurzfristig unsicher und taumelig. Dreh-, Lagerungs-, Schwank-Schwindel verlangen
eine genauere Diagnostik.

3.4. In der *Zusammenfassung* der 3 Symptome Wallungen, Schweißausbrüche,
Schwindel läßt sich sagen, daß etwa ein Drittel der Frauen im Alter zwischen
45 und 55 Jahren keine klimakterischen Symptome, ein Drittel leichte und ein
Drittel ausgeprägte bis starke Symptome hat. Starke klimakterische Symptome
fanden sich häufiger bei den 52—55jährigen als bei den Frauen um Mitte 40.

43

die Symptompersistenz über 5 und mehr Jahre läßt uns die Chronizität dieser Erscheinungen erkennen, so daß das Syndrom bis zum 60. Lebensjahr und länger vorhanden sein kann.

4. Erkrankungen im Klimakterium

Das Klimakterium ist eine Phase, während der eine Zunahme von anderen Erkrankungen, wie Rheuma, Diabetes, Hypertonie, Myokardinfarkt, Fettsucht und später Osteoporose auftreten kann.

Bei vielen Erkrankungen kann man jedoch nicht einen eindeutigen Zusammenhang mit der Menopause oder dem Absinken des Sexualhormonspiegels feststellen, sondern lediglich dies als altersbedingt deklarieren. Die Bedeutung des Faktors Klimakterium im Einzelfall zu ermitteln, ist schwierig und gelingt am ehesten noch durch die Anamnese, das gleichzeitige Auftreten von verstärkten typischen klimakterischen Erscheinungen oder in seltenen Fällen durch Hormonbestimmungen. Zuverlässige Kriterien gibt es jedoch nicht. Am deutlichsten wird dies bei der Osteoporose.

4.1. Gefäßerkrankungen

Ratschow hat bereits 1931 die Annahme geäußert, daß die Intima der großen Gefäße bei Frauen durch den dauernden Kontakt mit Sexualhormonen widerstandsfähiger gegen entzündliche Erkrankungen sei. Er erklärte damit die Tatsache, daß entzündliche Gefäßerkrankungen bei geschlechtsreifen Frauen nahezu unbekannt sind, spastische Gefäßsyndrome jedoch häufig vorkommen. Der Östrogenentzug erhöht die Permeabilität der Gefäße und die Fragilität der Kapilaren. Todesfälle durch zerebrovaskuläre Blutungen treten dreimal so häufig bei ovarektomierten Frauen auf, wie bei gleichaltrigen nur hysterektomierten (18).

Frauen erkranken insgesamt seltener, später und leichter an Arteriosklerose als Männer, so daß man eine aufschiebende Wirkung der Östrogene in der Phase der aktiven Ovarialfunktion annehmen kann. Unter einer langfristigen Behandlung mit Östriol konnte über 3 Jahre der Cholesterolspiegel gesenkt, der Triglyzeridspiegel erhalten werden, während die Phospholipide anstiegen. Ein besserer Effekt auf die Triglyzeride war mit Östradiol zu erreichen (*Punnonen* u. *Rauramo*).

Hypertonie und erhöhter Cholesterinspiegel stellen wesentliche Risikofaktoren bei der Entstehung und Verschlimmerung der Koronarsklerose dar. Frauen bleiben,

Tab. 1. Alters- und Geschlechtsverteilung unter 1000 Patienten mit Koronarsklerose (10)

Alter Jahre	Anzahl Männer / Frauen		Verhältnis Männer / Frauen	
unter 35	19	1	19	: 1
35—39	44	3	15	: 1
40—49	188	26	7	: 1
50—59	256	53	5	: 1
60—69	195	86	2	: 1
über 70	68	61	1	: 1

♀ Erster Infarkt durchschnittlich 12,6 Jahre nach Beginn der Menopause
♀ Sterblichkeit 6mal niedriger als bei Männern gleichen Alters

so lange ihre Ovarialfunktion intakt ist, in auffallender Weise von diesen beiden Symptomen und auch von der Koronarsklerose verschont (*Framingham*-Studie). Abgesehen von Diabetikerinnen und sehr starken Raucherinnen erkranken Frauen vor der Menopause praktisch nicht an Koronarsklerose, während sich das Verhältnis danach allmählich zum Verhältnis 1 : 1 egalisiert.

Kastrierte Frauen haben signifikant öfter Koronarerkrankungen als nicht kastrierte. Sie zeigen 7mal öfter pathologische Zeichen organischer Herzerkrankungen im Ekg.

4.2. Hypertonie

Bei Frauen steigt der mittlere Blutdruck in der Regel nach dem 45. Lebensjahr allmählich an und liegt in der Folge deutlich und zunehmend höher als bei gleichaltrigen Männern. Zwei Drittel aller Kranken mit essentieller Hypertonie sind Frauen, vorzugsweise zwischen 45—70 Jahren, wobei der Beginn meist in das Klimakterium fällt. Etwa 15 %/₀ der Frauen im Alter von 45—55 Jahren haben eine Hypertonie über 160 mm Hg systolisch. Im Vergleich zu den Männern erreichen sie prozentual im Durchschnitt höhere Werte. Frauen ohne oder mit geringen klimakterischen Beschwerden haben signifikant seltener eine Hypertonie. Besonders wenn der Hochdruck mit Adipositas einhergeht, treten vermehrt Symptome und Folgeerkrankungen auf. Typisch, wenngleich im geringerem Ausmaße jedem labilen Hypertonus eigen, ist die schon 1924 von *Wiesel* beschriebene Blutdruckunruhe (Heterotonie) im Klimakterium, d. h. es kommt im Verlaufe des Tages zu erheblichen Unterschieden in der Blutdruckamplitude, vor allen Dingen unter Belastungen. *von Eiff* hat experimentell nachgewiesen, daß Östrogene eine Schutzwirkung gegen blutdruckerhöhende exogene Einflüsse ausüben.

4.3. Funktionelle Herz-Kreislauferkrankungen
sind bei starken klimakterischen Beschwerden signifikant häufiger

Wir fanden bei einer repräsentativen Stichprobe der unterfränkischen Bevölkerung nur in 26 %/₀ nach einem Belastungsversuch eine normale Kreislaufregulation, dagegen in 41 %/₀ eine hypertone Kreislaufstörung und in 8 %/₀ eine hypotone Kreislaufregulationsstörung. In 18 %/₀ bestand eine sogenannte vegetative Starre und in 6 %/₀ bestand eine Herzinsuffizienz. Der Anteil der funktionell Herz- und Kreislauferkrankten war etwa dreimal so groß wie die der organisch Herzkranken und in der Stadtbevölkerung deutlich vermehrt.

Die Herz-Kreislauf-Symptome gliederten sich auf in

Herzklopfen, Herzsensationen	11 %/₀
funktionelle pectanginöse Beschwerden	9 %/₀
Dyspnoe ohne Anstrengung	4 %/₀
Dyspnoe bei Anstrengung	13 %/₀
Kribbeln und Taubheitsgefühl in den Extremitäten	41 %/₀

Letzteres Symptom, welches immer noch der diagnostischen und therapeutischen Abklärung bedarf, beginnt zwar überwiegend im Präklimakterium, aber ein nicht unerheblicher Anteil der Frauen leidet viele Jahre vor und nach der Menopause daran, so daß es nicht streng an die Umstellungsvorgänge gebunden ist.

Einen Überblick über die weiteren Erkrankungen und Symptome in Abhängigkeit oder ihrem Fehlen von der Menopause gibt die Abbildung 4. Man sieht, daß es nur wenige Symptome oder Erkrankungen gibt, die in der Durchschnittsbevölkerung einen statistisch signifikanten Zusammenhang zeigen. Damit ist nicht gesagt, daß bei einer Aufgliederung der Erkrankungen sich Häufigkeitsgipfel um die Menopause ergeben, wie dies im folgenden noch zu schildern sein wird. Dies erklärt sich dadurch, daß die Erkrankungen relativ selten in der Gesamtbevölkerung vorkommen.

Einschlaf- und Durch-
schlafstörungen, Nykturie,
degenerative Erkrankun-
gen des Skelettsystems,
Paraesthesien der Hände
altersbedingt

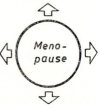

Kopfschmerzen, Migräne,
funktionelle pektanginöse
Beschwerden, entzünd-
liche Unterleibserkran-
kungen

nach der Menopause
kumulierend: Wallungen,
Schweißausbrüche, rheu-
matische Beschwerden,
Wetterfühligkeit

gleichbleibend
organische und funktio-
nelle Herzerkrankungen,
Leber-Galle-Erkrankun-
gen, Blase-Nieren-
Erkrankungen, zahlreiche
funktionelle Beschwerden
wie auch depressive und
ängstliche Verstimmungen

Abb. 4. Erkrankungen und Symptome nach der Menopause (repräsentative Stichprobe von 2232 45—55jährigen Frauen in Unterfranken. (Soz. med. Feldstudie 1962—3, *Prill*)

4.4. Gewichtszunahme und Adipositas

Die empirisch gemachte Beobachtung einer Gewichtszunahme im Klimakterium hat immer wieder die Frage nach dem ätiologischen Zusammenhang gebracht. Amerikanische Lebensversicherungsgesellschaften berichten, daß z. Z. des Klimakteriums in 29% eine mäßige und in 20% eine beträchtliche Gewichtszunahme bei klimakterischen Frauen auftreten. In eigenen Untersuchungen an einer annähernd repräsentativen Zufallsstichprobe ergab sich bei 45—55jährigen Frauen in 44% ein Übergewicht von mehr als 25%. Trotz dieser eindeutigen zeitlichen statistischen Zusammenhänge kann man nicht von einer klimakterischen Adipositas sprechen, sondern das Problem muß multikausal gesehen werden. 3 Ätiologien sind dabei zu berücksichtigen:

1. Eine konstitutionelle Komponente kann für sich oder meist im Zusammenhang mit den anderen Faktoren zur Fettsucht führen. Hierbei handelt es sich um lokalisierte Fettansätze am Stamm, Oberkörper und Abdomen.
2. Eine hormonale Komponente ist umstritten. Die Tatsache, daß Östrogene in höherer Dosierung zu einer Vermehrung der Gewebsflüssigkeit führen, spricht nicht dafür, eher schon, daß Östrogenen eine fettmobilisierende Möglichkeit zukommt und ihr Ausfall eine bessere Anlagerungsmöglichkeit bieten könnte. Die meisten befürworten die Annahme, daß durch die Funktionsumstellung hypothalamischer Zentren im Klimakterium, Schilddrüse, Keimdrüse und Nebenniere zur Adipositas beitragen. Man spricht insgesamt von einer hypophysär-diencepha-

len Dysregulation, ohne allerdings dazu exakte endokrinologische Aussagen machen zu können.

3. Die Überernährung hat wohl die größte Bedeutung für die Fettsuchtentstehung. Typisch ist der über den ganzen Körper verteilte Panikulus adiposus, der abdominell allerdings meist die stärkste Ausdehnung erreicht. Dagegen dürfte die Bewegungsabnahme, wie sie mit Östrogenabfall oder einer diencephalen Fehlsteuerung im Klimakterium angenommen wird, nur eine untergeordnete Rolle spielen, denn eine erhöhte Nahrungszufuhr kann nur geringfügig durch vermehrte Bewegung aufgehoben werden.

Die Überernährung hat soziale (aus Gewohnheit: „alle in der Familie essen so viel") und seelische Gründe. (Selbsttröstung für seelisches oder reales Alleinsein, Ess-Sucht.)

Wir fanden die Adipositas im Klimakterium statistisch signifikant korreliert mit den sozialen Daten:

Selbständige oder Ehefrauen von Selbständigen,
dazu gehörten in erster Linie Landwirtsfrauen und Geschäftsfrauen.
Einheimische (gegenüber Zugezogenen und Flüchtlingen).

Dagegen waren Übergewichtige *seltener:*

bei Arbeiterinnen und im Dienstleistungsgewerbe,
bei starken sozialen Belastungen,
bei psychischen Erkrankungen durch Berufsbelastung,
bei schlechtem Betriebsklima.

Arbeitsmedizinisch ist hervorzuheben, daß die Adipösen nicht häufiger über Belastungen klagen und sie sogar signifikant häufiger angeben, daß Familien und Haushalt in ihrem Alter durchaus zugleich zu bewältigen sind.

Nach ihren Antworten erweisen die Adipösen sich als betont familienorientiert, obwohl die Angabe der Beurteilung des jetzigen Familienverhältnisses nicht vermehrt als befriedigend geschildert wird. Nach einigen Ergebnissen läßt sich die Tendenz einer gewissen Bequemlichkeitshaltung nachweisen (ohne spezielle Interessen, keine aktive Freizeitgestaltung).

4.5. Diabetes

Die diabetische Stoffwechselerkrankung zeigt um das Klimakterium, besonders aber in der Prämenopause einen Manifestationsgipfel. *Hoff, Bertram* u. a. sprechen von einem Gegenregulations-Diabetes, der durch den Fortfall derjenigen Sexualhormone exazerbiert, denen eine hemmende Wirkung auf die Abgabe der insulinantagonistischen Hypophysenvorderlappenhormone zukommt. Für diese These könnte sprechen, daß in der Prämenopause zentrale Blutzuckerregulationen häufiger atypisch ausfallen, um sich dann später wieder auszugleichen oder in einen Diabetes überzugehen.

4.6. Schilddrüsenerkrankungen

Die Schwangerschaft und das Klimakterium sind als Prädilektionszeiten von Störungen der Schilddrüsenfunktion und der Kropfentstehung bei der Frau seit langem bekannt. Die Radio-Jod-Aufnahme in der Schilddrüse nimmt bei der Frau erst nach der Menopause ab, während dies beim Mann schon vom 30. Lebensjahr ab der Fall ist. *Oddie* und Mitarbeiter haben daraus geschlossen, daß die Östrogenproduktion die Jodspeicherung der Schilddrüse bei der Frau bis zur Menopause in einem gleichbleibenden Spiegel aufrechterhält. Am häufigsten ist nicht die Funktionsstörung der Schilddrüse, sondern die diffuse Struma, wie auch der Knotenkropf. Vorhandene Knotenbildungen zeigen einen neuen Wachstumsschub, zumeist ohne wesentliche Änderung der Hormonausschüttung des Gesamtorganes.

Die ersten Krankheitserscheinungen einer Thyreotoxikose treten in 32 % im Klimakterium, aber nur in 7 % während der ja weit höheren hormonalen Belastung in einer Schwangerschaft auf. Wird die Struma im Klimakterium thyreotoxisch, so kommt es zur Tachykardie, einer hohen Blutdruckamplitude (über 50 mm Hg), feinschlägigem Tremor, Heißhunger bei fehlender Gewichtzunahme oder sogar Gewichtsabnahme. Auch die samtartig warme Haut mit gesteigerter Schweißsekretion und die Unverträglichkeit höherer Umgebungstemperaturen sind wertvolle diagnostische Hinweise.

Ebenso bedeutungsvoll ist aber wohl die Hypothyreose, die ebenfalls am häufigsten zwischen dem 41. und 60. Lebensjahr auftritt. Besonders bei pyknischem Habitus sollen die Frauen zu dieser Funktionsstörung neigen, wobei leichtere Grade stark überwiegen (Herabsetzung der Leistungsfähigkeit, seelisches Abgestumpftsein, Obstipation, Herabsetzung vieler vegetativer Funktionen, dazu die polsterartige Schwellung der Haut und Pulsverlangsamung). Im älteren Schrifttum finden sich zahlreiche Arbeiten, die von endokrinen Arthropathien sprechen.

4.7. Skelett- und Muskelerkrankungen

Bis heute sind aber aus der Morphologie keine Befunde bekannt, die die Sonderstellung einer solchen klimakterischen Arthropathie durch den Nachweis krankheitsspezifischer Gewebsveränderungen zu stützen vermöchten. Mit den Alterungsvorgängen sind ein Nachlassen des osmotischen Turgors des Knorpels und eine nutritive Diffusionsinsuffizienz des chondralen Gewebes gegeben, wodurch es zu den sogenannten „Entmischungsvorgängen" kommt, die ihre Ursache in Alterungsvorgängen des Stoffwechsels haben. Für die Pathogenese spielen Fehlbelastungen, Überlastungsschäden und rheumatische Einflüsse eine bedeutende Rolle. Die hormonelle Umstellung des Klimakteriums führt aber wohl zu nachteiligen Beeinflussungen der degenerativen und auch entzündlichen Gelenkerkrankungen, so daß es gerade in diesem Alter oft zu einer Dekompensation des Gelenkleidens kommen kann.

Bei den rheumatischen Erkrankungen ist von mehreren Autoren auf eine herabgesetzte Östrogen-Ausscheidung hingewiesen worden. Nach Verabfolgung von Testosteron und Dehydroepiandrosteron erfolgt bei Rheumatikerinnen keine Umwandlung in Östrogene, wie dies bei Gesunden der Fall ist. Es wurde betont, daß der Steroidstoffwechsel bei Rheumatismus etwa dem in der Postmenopause entspricht (3). Östrogene unterdrücken auch die experimentelle Immuno-Polyarthritis. Diese Befunde sind Veranlassung dafür gewesen, daß man die verschiedenen degenerativen Erkrankungen und auch den Rheumatismus mit wechselndem Erfolg mit Östrogenen zu behandeln versucht hat.

4.8. Osteoporose

Nach der Menopause ist die Osteoporose eine ungemein häufige Erscheinung bei der Frau. Sie führt allerdings nur in wenigen Fällen zur klinischen Relevanz, etwa durch sehr starke Kreuzschmerzen, Wirbelfrakturen, Ulna- und Schenkelhalsbrüche, die bei Frauen über 50 Jahren etwa 6—10mal häufiger als beim Manne auftreten. Die ersten Symptome bei der Osteoporose sind uncharakteristisch und werden in fast 90 % primär falsch gedeutet. Die Patientinnen klagen über rheumatische Beschwerden im Wirbelsäulenbereich und an den Muskelansatzpunkten. Diese Beschwerden strahlen mitunter segmentral in den Leib aus. Typisch sind Beschwerden bei Streckung und Lordosierung, die beim Beugen nach vorne wieder verschwinden (*Bastrup*-Syndrom). Linderung verspüren die Patienten beim Hinlegen.

Der Röntgenbefund ergibt oft erst nach Jahren, bei der Osteoporose einen Schwund von Spongyosabälkchen. Die Architektur wird dünner und weitmaschiger, wobei die Belastungstrajektoren meist relativ verstärkt erscheinen und deutlicher dargestellt sind, während eine Verschmälerung der Kompakta der Diaphysen vorliegt.

Neben einigen komplizierteren röntgendiagnostischen Methoden hat sich für die röntgenologische Diagnostik die Bestimmung der minimalen Corticalis-Dicke am proximalen Radius als einfache Methode empfohlen. Es muß dann ein Kalkverlust von mindestens 30 % aufgetreten sein. Im In-vitro-Experiment konnte gezeigt werden, daß Östrogene am Knochen direkte Antagonisten des Parathormons sind und dessen kalziolytische Wirkung quantitativ zu hemmen vermögen (8). Bei einer Langzeitbehandlung mit konjugierten Östrogenen konnte die Häufigkeit von Radiusfrakturen um 65 % gesenkt werden. Der Wirkungsmechanismus der Östrogene auf den Knochenstoffwechsel beruht:

1. auf einer Erhöhung der Calciumabsorption im Darm,
2. der Verbeserung der Proteinbindung des Calciums beim Transport und damit
3. der Förderung der Aufnahme und Verwertung von Calcium im Knochen.
4. auf einer Reduktion der Calcium- und Phosphorausscheidung im Harn und Stuhl,
5. auf einer Hemmung der Parathormonwirkung.

4.9. Gynäkologische Erkrankungen

In etwa einem Viertel der Fälle bricht der Menstruationszyklus ohne Veränderungen zur Menopause ab. Änderungen der Blutungsstärke finden sich in etwa 27 %, während Zyklusverschiebungen in 45 % auftreten. Dabei handelt es sich meistens um eine Verlängerung des Zyklus, überwiegend kombiniert mit einer Hypo- oder Hypermenorrhoe, sowie Dauerblutungen. Während die Oligomenorrhoe ohne und mit geringen Verschiebungen in der Blutungsstärke nur der Überwachung durch den gynäkologischen Befund, Zellabstrich, Kolposkopie und der Regelanamnese bedarf, ist bei azyklischen Blutungen die Abrasio erforderlich.

Die Ursachen klimakterischer Blutungen sind überwiegend dysfunktioneller endokriner Natur. Dazu gehören die Follikelabbruchblutung, die Follikelpersistenz und die Gelbkörperinsuffizienz-Blutung. An 2. Stelle rücken bei den azyklischen Blutungen polypöse Veränderungen des Endometriums und der Übergangsschleimhaut. An 3. Stelle ist das Karzinom zu nennen, welches mit zunehmendem Alter und bei Frauen, die nicht geboren haben, sich im Corpus uteri ansiedelt.

Die Rückbildungserscheinungen an Vagina und Vulva setzen meist erst einige Jahre nach der Menopause oder im Senium ein. Nur in wenigen Fällen kommt es zu den klinischen Symptomen der Kraurosis vulvae, die häufig mit einem starken Juckreiz (Pruritus vulvae) verbunden sind. Neben Allgemeinerkrankungen (Diabetes, Leber- und Nierenschäden, Leukämie) und chemisch-toxischen Schäden dürfte wohl in erster Linie ein abrupter Östrogenmangel zu einer Minderdurchblutung des äußeren Genitales führen und dann über Schrumpfungserscheinungen den Juckreiz bedingen.

4.10. Psychiatrische und neurotische Erkrankungen

Zwei Gruppen von Erkrankungen bzw. Störungen gilt es zu unterscheiden:

1. Die eigentlichen psychiatrischen Erkrankungen, wie Psychosen, die endogenen Gemütserkrankungen und die involutiven Hirnerkrankungen.
2. Die in das Gebiet der Psychosomatik fallenden Neurosen, reaktiven Depressionen, hypochondrisch-hysterischen Verhaltensweisen und die vegetativen Neurasthenien.

Für die erste Gruppe besteht Übereinstimmung darin, daß es keine klimakterischen Psychosen gibt, womit nicht gesagt werden soll, daß es keine Psychosenzunahme im Klimakterium gibt. *Bleuler* hat die Literatur darüber zusammengestellt und kommt zu der Feststellung:

> „leichte emotionelle Störungen in pathogenetischer Beziehung zum Klimakterium sind sehr häufig, schwere psychische Störungen im Klimakterium, namentlich eigentliche Psychosen lassen einen ursächlichen Zusammenhang mit der genitalen Involution meist vermissen. Höchstens in Ausnahmefällen bestehen stichhaltige Gründe für die Erwägung eines wesentlichen Einflusses der genitalen Involutionsvorgänge auf die Entstehung von Psychosen". Über 38 Arbeiten zur sogenannten hyperfollikulären Psychose führen *Bleuler* auch nur zu der Feststellung, daß „verschiedenste Psychosen im Klimakterium in allen Kliniken der Welt seit vielen Jahren immer wieder hormonal zu behandeln versucht worden sind. Diese Versuche verliefen so unbefriedigend, daß sie meist als aussichtslos aufgegeben oder nur in Ermangelung von etwas wirksameren weitergeführt wurden." Meine eigenen Erfahrungen mit der Sexualhormonbehandlung eigentlicher Psychosen sind ebenfalls enttäuschend, auch wenn die Psychosen zeitlich ins Klimakterium fielen.

Die Gemütserkrankungen verdienen im Klimakterium besonderer Beachtung. Gehören leichte Verstimmungszustände mit 25 % doch schon fast zur klimakterischen Symptomatik, so ist bei jeder 11. Frau zumindestens die Differentialdiagnose zur endogenen Depression aufgrund ihrer Verstimmungszustände zu erwägen. Die endogene Depression muß nicht immer eine lange phasenhafte Vorgeschichte haben, wenngleich diese natürlich ein wesentliches Diagnostikum ist. Sie kann als Reaktion auf ein Ereignis beginnen oder im Beginn rein vegetative Symptome zeigen, welche die Erkennung wesentlich erschweren *(Kielholz)*. Neben der spezifischen Disposition können auch Involutionsvorgänge eine Teilursache abgeben. Dabei soll der Begriff der Involution soweit gefaßt sein, daß er die ja oft im Klimakterium aufkommenden Leistungsgrenzen mit umfaßt. Die nur innerlich gespürte Leistungsabnahme führt besonders zu Fehlreaktionen auf Gebieten, zu denen eine Retardierung, Verdrängung oder ambivalente Einstellung bestand. So können auch bisher latent vorhandene psycho-neurotische Entwicklungen durch die mehr oder weniger somatisch bedingten Involutionserscheinungen manifest werden.

Es bestehen fließende Übergänge von einem völlig konflikt- und symptomlosen Klimakterium (ungefähr 20 %) bis zu schweren neurotischen Störungen, die ebenso häufig in der Prämenopause wie danach auftreten können.

Während wir bei 8 % eindeutig neurotische Fehlhaltungen im Klimakterium feststellten, sprachen 73 % der Frauen von einer starken Nervosität. Die Anzahl neurotischer Fehlhaltungen mag in Großstädten größer sein, jedoch fehlen eingehendere repräsentative Untersuchungen über die Häufigkeit von Neurosen, Neurasthenien und anderen psychiatrische Erkrankungen. Anamnestisch läßt sich häufig aus der Angabe, daß die klimakterischen Symptome bereits Jahre vor oder nach der Menopause sehr stark und plötzlich eingesetzt haben, an eine neurotische Ätiologie denken, wenn zu dieser Zeit biographische Konfliktsituationen aufgetreten sind.

5. Sozialmedizinische Ergebnisse

Zur Zeit des Klimateriums hat die Frau meist neue soziale Einstellungen zu gewinnen, die sowohl kollektiv durch Kultureinflüsse wie individuell durch die jeweilige Lebenssituation variiert werden. Die Kinder verlassen die Familie, bisherige Lebensinhalte verblassen, das Nebeneinander in der Ehe tritt wieder stärker hervor, die Auseinandersetzung mit den Alterungsvorgängen beginnt. Dieses komplexe Geschehen läßt sich nur anhaltsmäßig in Einzeldaten erfassen. Bei der Angabe starker klimakterischer Symptome hatten nur 10,7 % keine körperliche und seelische Belastung, dagegen 28 % eine starke soziale Belastung und 17 % eine starke körperliche Belastung.

In arbeitsmedizinischer Hinsicht ergaben sich folgende Beziehungen. Von den halbtagsberufstätigen Frauen mit einer Hausarbeitszeit bis zu 2 Stunden hatten 8 % starke klimakterische Beschwerden, dagegen waren es 24 % bei den Frauen, die länger als 12 Stunden im ländlichen Haushalt tätig sein müssen. Bei wechselnder Arbeitsweise, abwechslungsreicher Tätigkeit, schlechten Arbeitsplatzverhältnissen, insbesondere staubiger Luft, starkem Lärm, unter schlechten Lichtverhältnissen, stieg die Rate der Frauen mit starken klimakterischen Symptomen signifikant an. Im Gespräch hörte man, daß Frauen mit abwechslungsreicher Tätigkeit sich vermehrt ärgerten und sich innerlich über Dinge erregten, die sie früher doch gleichgültig gelassen hätten. Dieser inneren Erregung folgten häufiger Wallungen. Auch aus anderen Daten ergab sich, daß die Einstellung der Frau zu ihrer Arbeit bzw. der jetzt erst als Belastung empfundenen Tätigkeit eine wesentliche Rolle für das Erleben im Klimaterium spielt. Manche Frauen möchten im Beruf oder Haushalt die gleiche Leistung wie vor 20 Jahren bringen und dabei geraten sie in eine Frustration gegenüber den eigenen Ansprüchen. So ist eine Tendenz erkennbar, daß Frauen über 40 Jahre nur ungern noch eine Fabrikarbeit oder in einem größeren Betrieb beginnen wollen, da sie sich den dortigen Bedingungen und Ansprüchen nicht mehr gewachsen fühlen.

Bei starker seelischer Belastung ergab sich eine enge Korrelation zu der Ausprägung klimakterischer Beschwerden. Weiterhin sahen Frauen mit starken klimakterischen Beschwerden ihre Familienverhältnisse signifikant häufiger als unbefrie-

Tab. 2. Die Auswirkung der Ehesituation auf das klimakterische Syndrom

	ohne klimakterische Beschwerden N=287 (Prozent) %	starke klimakterische Beschwerden N=423 (Prozent) %
Veränderung in der gegenseitigen Beziehung während der letzten Ehejahre	21,6	33,5
Aussprache in der Ehe nicht mehr vorhanden	12	16,6
Keine gegenseitige Offenheit	12	14

digend an. 3 wesentliche Faktoren der Eheführung sollen die genannten Zusammenhänge verdeutlichen.

Die signifikanten Unterschiede der ersten beiden Daten lassen den Schluß zu, daß starke klimakterische Symptome eher mit diesen sozialpsychologischen Schwierigkeiten einhergehen, wobei die Kausalität nicht geklärt werden kann. Es muß weiterhin betont werden, daß diese ehelichen Konfliktsituationen sich nach unserer Erfahrung nicht vorwiegend auf klimakterische Symptome auswirken, sondern eher auf funktionelle Herz-Kreislauf-Symptome und andere vegetative Erscheinungen.

In tiefenpsychologisch orientierten Interviews haben wir 4 verschiedene Bewältigungsformen des Klimateriums unterschieden, die sich anhand von 120 ausführlichen Explorationen ergaben:

1. Die apersonale Bewältigungsform,
2. das angepaßte Verhalten,
3. die neurotische Verarbeitung,
4. die aktive Bewältigung.

In etwa $^2/_3$ der Fälle konnte man von einem angepaßten Verhalten sprechen, d. h. bewußte Konflikte oder situative psychische Verstimmung auf das Klimakterium sind durchaus vorhanden. Aber durch introspektive Möglichkeiten werden entstehende Krisen überwunden. In anderen Fällen ist es eine harmonische Familienatmosphäre, die Geborgenheit in einer guten Ehe, das Gebrauchtwerden von Seiten der Umwelt, eine berufliche Befriedigung oder eine tiefe religiöse Bindung durch die diese Phase nicht in einem negativen Sinne erlebt und verarbeitet wird. Man kann nicht sagen, daß allein innere oder äußere Faktoren für das angepaßte Verhalten verantwortlich sind. Es ist aber herauszustellen, daß diese Frauen vorwiegend durch eigene Hilfe oder vorwiegend durch fremde Hilfe, wobei die erste Gruppe deutlich überwiegt, ihre Anpassung vollziehen.

Die letzte Gruppe mit einer aktiven Bewältigung setzt doch eine differenziertere Persönlichkeit und eine hohe Bewußtseinsstufe voraus, in der die Konfrontation mit der auftretenden Umstellungssituation zu einer willentlichen Umorientierung führt. Über klimakterische Beschwerden wird von diesen Frauen kaum geklagt. Dabei sind sie durchaus vorhanden, werden aber kaschiert oder verdrängt. Die Bewältigung haben sie durch soziale, besonders familiäre oder neue berufliche Aufgaben erreicht. Bei anderen ist durch innere Reifungsvorgänge oder Hinwendung zu liebgewordenen Tätigkeiten ein Ausgleich möglich. Im Vordergrund steht aber immer wieder ihre Dynamik mit der sie diese auch für sie konfliktbesetzte Phase überwinden wollen. Soziologen, Politiker und Psychotherapeuten stellen sich so die sozialpsychologische Therapie im Klimakterium vor, wie sie von diesen Frauen selbst betrieben wird. Nach unseren Feldstudien ist diese Gruppe je nach Intelligenz, Berufsausbildung, familiärer Sozialstruktur und Ortsgröße nicht größer als 2 bis 10 %.

Bei der apersonalen Bewältigungsform kommt es zu keiner Reflexion von dem was physisch sich an ihnen vollzieht. Klimakterische oder vegetative Symptome werden nur beiläufig registriert, bei größerer Intensität als lästige, aber eben daseiende „Betriebsstörungen" erlebt.

Die neurotische Fehlhaltung, über die wir bereits oben berichtet haben, macht etwa 8 bis 15 % der Gesamtbevölkerung aus. Dies entspricht der Neurosenhäufigkeit in der Gesamtbevölkerung, aber das Klimakterium scheint doch ein wesentliches Ereignis für eine erneute neurotische Manifestation zu sein. Es gibt keine „Torschlußpanik aus heiterem Himmel", wenn man die Biographie dieser Frauen in die ätiologische Betrachtung mit einbezieht. Die klimakterische Frau erlebt die Menopause auf dem Hintergrund ihrer eigenen Lebensgeschichte und eine Krisis in ihr ist eigentlich eine Krisis ihrer Reifungsentwicklung. Steht die Leibbedeutung im *Scheler*'schen Sinne bei der Frau stark im Vordergrund, wird das Erlebnis des partiellen Todes des Leibes im Klimakterium verständlich. Bei dieser Problemkonstellation dominieren gegenüber den reinen Wechseljahrbeschwerden vegetative Herz-Kreislauf-Symptome.

Zusammenfassung

Nach einer Einführung über die hormonalen Veränderungen im Klimakterium, wird das klimakterische Syndrom mit Wallungen, Schweißausbrüchen und Schwindel, aus einer repräsentativen Feldstudie in seiner Häufigkeit und Ausprägung beschrieben. Danach werden die Erkrankungen, die entweder mit den Alterungsvorgängen oder speziell mit der Umstellung durch den Ausfall der Ovarialhormone bedingt sind, in ihrer Evidenz und Häufigkeit beschrieben. Zum Abschluß werden sozialmedizinische Ergebnisse aus dieser Feldstudie erörtert, die zu einer Einteilung in bestimmte Verhaltens- und Bewältigungsformen Anlaß gibt.

Literatur

1. *Bertram, F., H. Otto,* Die Zuckerkrankheit, 5. Aufl. (Stuttgart 1963). — 2. *Bleuler, M.,* Endokrinologische Psychiatrie, S. 241 (Stuttgart 1954). — 3. *Diczfalusy, E., Ch. Lauritzen,* Östrogene beim Menschen (Berlin - Göttingen - Heidelberg 1961). — 4. *Dorfman, R. I.,* Steroid hormones and ageing. In: Hormone und Psyche. Die Endokrinologie des alternden Menschen, S. 111 (Berlin - Göttingen - Heidelberg 1958). — 5. *v. Eiff, A. W.,* Blutdruck und Östrogene. In: Östrogene in der Postmenopause, S. 191 (Basel 1974). — 6. *Hoff, F.,* Arch. Gynäk. **193**, 12 (1959). — 7. *Lauritzen, Ch.,* Der praktische Arzt 30, 409 (1976). — 8. *Nordin, B. E., C. Gallagher, J. E. Aaron, F. Horsman,* Postmenopausale, Osteopenie und Osteoporose. In: Östrogene in der Postmenopause, S. 141 (Basel 1974). — 9. *Novak, E. R.,* Gonadotrophins in the menopause. In: Consensus on menopause research, S. 13 MTP (Lancaster 1976). — 10. *Oliver, M. F., G. S. Boyd,* Endocrine aspects of coronary sclerosis, Lancet **1956/II**, 1273. — 11. *Pabst, H.,* Verh. Dtsch. Kreisl.-Forschg. **25**, 121 (1959). — 12. *Pincus, G.,* Ageing and urinary steroid excretion. In: Hormones and the ageing process (New York 1956). — 13. *Prill, H. J., Ch. Lauritzen,* Das Klimakterium. In: Klinik der Frauenheilkunde und Geburtshilfe, Bd. VIII, S. 339 (München - Berlin - Wien 1970). — 14. *Prill, H. J.,* Frauen nach dem Lebensmitte. Heft 19 der Schriftenreihe der Deutschen Zentrale für Volksgesundheit (Frankfurt 1970). — 15. *Prill, H. J.,* Med. Klin. **61**, 1325 (1966). — 16. *Prill, H. J.,* Therapiewoche **24**, 5186 (1974). — 17. *Prill, H. J.,* Cur. Med. Res. and Opinion 4, 46 (1977). — 18. *Randall, C. L., P. K. Birtsch, J. L. Harkins,* Amer. J. Obstet. Gynec. **74**, 719 (1957). — 19. *Ratschow, M.,* Die peripheren Durchblutungsstörungen (Dresden und Leipzig 1953). — 20. *Wiesel, J.,* Innere Klinik des Klimakteriums. In: Biologie und Pathologie des Weibes, Band III, S. 1025 (München 1924).

Neuere med. Literatur zum Klimakterium

Keep, P. A., Ch. Lauritzen, Östrogene in der Postmenopause (Basel 1974). — Verhandlungen der deutschen Gesellschaft für Gynäkologie und Geburtshilfe. 1976 (4 Referate, 9 Vorträge, 1 Rundtischgespräch) in Archiv für Gynäkologie, Bd. **224**, 370 (1977). — *Campbell, St.,* The Management of the Menopause in postmenopausal Years, MTP (Lancaster 1976). — *van Keep, R. B. Greenblatt, M. Albeaux-Fernet,* Consensus on Menopause research — a summary of international opinion, MTP (Lancaster 1976). — *Greenblatt, R. V., V. B. Mahesh, P. Mc Donough,* The Menopause Syndrome (New York 1974).

Anschrift des Verfassers:
Prof. Dr. *H. J. Prill,* Evangelisches Waldkrankenhaus, 5300 Bonn - Bad Godesberg

Die Frau im Alter als Problem der Sozialmedizin

Hans Schaefer (Heidelberg)

Unser Thema ist offenbar modern — in *Ciceros* „De Senectute" wird von der Greisin nicht eine Zeile berichtet! Ich glaube, soweit meine Belesenheit reicht, daß auch in der Literatur jüngerer Jahrhunderte das Thema nicht behandelt wurde. Die Frau ist offenbar erst neuerdings in das Licht der Reflexion getreten. Man mag das heute als Folge männlicher Repression interpretieren. Der Arzt wird jedoch lieber danach fragen, welche Gründe es sind, die das literarische nicht nur, sondern noch mehr das soziale Schicksal der Frau in so einseitiger Form determiniert haben. Natürlich liegt das — vordergründig betrachtet — an der Historie. Diese aber spiegelt ja eine Physiologie der Geschlechter nur wieder und ist keinesfalls primär die Determinante solcher, die Geschlechter betreffenden Unterschiede. Wollte also ein Gesellschaftskritiker die Unterdrückung der Frau durch den Mann als Resultat einer Jahrtausende währenden geschichtlichen Tradition ansehen, die es zu brechen gilt — er argumentierte an der Ursache vorbei.

1. Die Determinanten der weiblichen Rolle

Das Schicksal der alternden Frau ist durch eine Fülle von Determinanten festgelegt, die, einem nunmehr landläufigen Schema der Sozialmedizin entsprechend, nur in einer sozio-psychosomatischen Analyse erfragt werden können. Physiologie, Psychologie und Soziologie vereinen sich in der Bildung kausaler Hypothesen. Die *Methoden,* mit denen solche Hypothesen gewonnen werden, sind sämtlich einfach. Es gilt, die aus der Physiologie, einschließlich der Verhaltensphysiologie, bekannten Unterschiede zwischen Mann und Frau auf ihre Tragfähigkeit als Hypothesenlieferanten zum Schicksal der alten Frau zu befragen. Die Psychologie hat weniger handfeste, dafür freilich erheblich weiterreichende Instrumentarien, wie überhaupt das Verhältnis von Physiologie zu Psychologie sich hier ebenso darstellt wie in anderen Gebieten: je klarer die Methode, desto geringer der Bereich ihrer Anwendbarkeit. Die Soziologie ist in die Rolle einer deskriptiven Wissenschaft verwiesen: sie kann Probleme formulieren, Tatsachen korrigieren, Täuschungen entlarven, bedarf aber beim Schritt in die Kausalbetrachtung der Physiologie oder der Psychologie zur Lieferung der Endglieder der kausalen Kette.

Wir wollen versuchen, eine Skizze des Problems mit diesem wenn auch bescheidenen Rüstzeug zu entwerfen.

2. Die Physiologie der Frau

Das Schicksal der alternden Frau wird offenbar von einigen physiologischen Besonderheiten besonders auffällig bestimmt.

2.1. An erster Stelle wird die *hormonale Protektion* der Frau allen Erscheinungen der Aggression gegenüber zu erwähnen sein. Der Mechanismus läuft zum guten Teil über die weiblichen Sexualhormone, vermindert sich also zu diesem Teil mit dem Altern, d. h. nach der Menopause (6). Die Folgen sind überraschend vielgestaltig. Wenn die (m. E. gut belegte) Hypothese stimmt, daß das Aggressionsniveau über Streßfaktoren die Entwicklung von Krankheiten ganz allgemein festlegt (7, 14), so erklärt sich allein aus diesem Faktor die relative Langlebigkeit der Frau, welche derzeit für das neugeborene Mädchen eine rund 6 Jahre längere Lebenserwartung als bei Knaben bedingt. Niemand kann diesen „aggressiven Faktor" derzeit gegen genetische Komponenten anderer Art der Langlebigkeit abgrenzen. Die Quantitäten sind auch belanglos. Jedenfalls führt das niedere Aggressionsniveau der Frau auch zu ihrem langen Leben, also auch dazu, daß ihr Leben im statistischen Mittel das des Ehegatten um mehrere Jahre überdauert. Diese Unterschiede in der Absterbeordnung bewirken also, daß eine Frau mit wenig emotionalen Spannungen, doch auch ohne sozialen Ehrgeiz, jahrelang alleine lebt. Diese Tatsache prägt ganz vorwiegend das Erscheinungsbild jener zahlreichen alten, die Welt bereisenden Damen, die mit sich selbst leidlich im Einklang sind.

2.2. Die offenbar genetisch bestimmten Defizite an Körperkraft bedingen in der Regel ein lebenslanges Trainingsdefizit, solange das männliche Selbstverständnis die Rolle der „power engine" übernimmt. Die „Alte Dame" ist also hilfsbedürftiger als der gleichaltrige „Alte Herr", was die muskuläre Selbstbehauptung in einer technisch bürgerlichen Gesellschaft angeht. Dort, wo der Schoneffekt weniger vorherrscht, in sozial niedrigeren Schichten, ist von solcher Hilfsbedürftigkeit weniger die Rede. Hier herrscht der Typ der „Mutter Courage" vor. Ohne die Entschlossenheit der Frauen dieser Schichten wäre unsere Gesellschaft längst zerbrochen. Das Bild vom „schwachen Weibe" ist ein bürgerliches Trugbild, wollte man es verallgemeinern. Doch gebe ich zu, daß wir uns mit dieser Thematik mangels aller Messungen im Reiche der Spekulation bewegen.

2.3. Die zerebrale Verarbeitungspotenz ist bei der Frau vermutlich grundsätzlich anders geartet als beim Mann. Einem gewissen Defizit an mathematisch-logischer Potenz steht nach geltender Meinung ein gewaltiges Plus an emotionalem Engagement gegenüber. Das ist mit physiologischen Tests freilich auch schwer zu beweisen, mehr eine Sache der Lebenserfahrung, sicher aber der Selbsteinschätzung, die diesen Sachverhalt mit drastischen Zahlen bestätigt. Während eine aus Männern und Frauen bestehende Population zu 82 % Mädchen und Jungen gleiche Begabung zusprach, wird die Begabung der Frau für technische Berufe nur von einer Minderheit als der dem Manne gleichwertig erachtet, und für Logik und Naturwissenschaft stimmen nur rund 50 % für solche „Gleichbegabung" (11). Diese Unterschiede sind offenbar biologisch sinnvoll. Die Rolle der Frau ist von Natur aus die der Bewahrerin von Nachwuchs und Heimstatt, in fast allen nichttechnischen Kulturen und auch noch bei Primaten (5). Im Alter bedeutet das also Unterlegenheit unter den Mann in allen Wettbewerbssituationen einer auf Konkurrenz und Aggression aufgebauten Leistungsgesellschaft, in der gerade die männlichen intellektuellen Fähigkeiten den technischen Bedürfnissen der sozialen Welt entgegenkommen. Die extremen Einschätzungsresultate sind aber vermutlich weitgehend Folge einer weiblichen Erziehung einerseits, einer kulturellen Typisierung andererseits. Wo die Frau technisch gebildet wird, versagt sie keineswegs. Ihre genetische Bindung an die Rolle als Mutter (und damit Hausfrau) widerspricht dem Umgang mit Technik nicht, da dieser keinerlei logische Spezialfertigkeiten voraussetzt. Die mathematische Minderbegabung der

Frau ist also vielleicht ein Sekundärprodukt. Was auch immer die Ursache sei: die alternde Frau muß mit diesem Defizit in dieser Welt leben, was ihre soziale Rolle nicht gerade erleichtert.

2.4. Diese Erschwernis wird vertieft durch die biologische Altersfunktion, welche die Frau zwar zum rascheren „Verwelken", aber nicht zur biologischen Defizienz, nicht zu Krankheit und Tod bringt. Wir kennen die Ursachen nicht. Das Faktum ist evident.

Die alternde Frau steht also zu allem übrigen auch noch mit dem Defizit einer rasch verfallenden „Schönheit" da, eine Tatsache, welche die Stabilität der Ehen alter Menschen sicher bedroht. Der biologischen Einsamkeit durch längeres Überleben tritt die soziale Vereinsamung der verlassenen Frau zur Seite. Von den über 60 Jahre alten Frauen sind 61,6 % ledig, verwitwet oder geschieden! (Zahlen aus Arbeits- und Sozialstatistik, 1975.)

2.5. Diesen Risiken steht aber die emotionale Stabilität der Frau gegenüber, dokumentiert durch die geringe Selbstmordrate, die in allen Altersklassen erheblich unter der der Männer liegt, in den Jahrgängen von 50—75 nur rund $1/2$, von 80—90 Jahren nur $1/3$—$1/4$ der männlichen Selbstmordrate beträgt. (Zahlen aus: Das Gesundheitswesen, Bd. 5) Die Frau wird mit dem Leben, auch (oder gerade?) in der Einsamkeit der Witwenschaft, offenbar besser fertig als der Mann. Es mag der Trivialpsychologie überlassen bleiben, sich eine Erklärung aus den vorstehenden biologischen Tatsachen zurechtzuzimmern. Die Frau ist „unberührbarer" als der Mann. Es ist zu vermuten, daß dies ein genetischer Faktor ist, der von der Produktion der Sexualhormone weitgehend unabhängig ist. Eine „Gleichheit" von Mann und Frau (mit einer kurzschlüssigen „Gleichberechtigung" hinsichtlich männlicher Rollenerwartungen) ist also nachweislich nicht gegeben. Das wesentlich höhere Aggressionsniveau des Mannes ist ein Mittel der Existenzbehauptung von Individuum und Art. Dies hat *Lorenz* bewiesen. Die Rolle der Frau entspricht einem elementaren Bedürfnis nach biologischer Funktionsteilung, einer Spezialisierung der Geschlechter, die morphologisch ebenso wie funktionell (hormonal, nerval) angelegt ist.

3. Die Psychologie als Modell-Lieferantin

Das riesige Gebiet der Psychologie der Frau zu skizzieren steht mir nicht zu. Was hier geschildert werden soll, sind die unmittelbaren Folgen der physiologischen Charakteristika, soweit sie sich nur psychologisch beschreiben lassen. Zur Problematik muß auf *U. Lehr* verwiesen werden.

3.1. Die geschildete Aggressionslosigkeit der Frau führt zu einer spezifischen Einstellung der Frau zur Gesellschaft einerseits, der Männer zur Frau andererseits. Lebenslang wirken solche psychischen Einflüsse und bilden ein Reaktions-Gleichgewicht aus, das im Alter der Frau naturgemäß seine extreme Ausformung erreicht hat. Die soziale Unterlegenheit in einer Aggressionsgesellschaft wird maximal. Das Aggressionsdefizit wird ein etabliertes Risiko. Die Männergesellschaft kann kaum anders als in ihrem kämpferischen Sektor die Frau als minderen Ranges betrachten. Sie kompensiert das bekanntlich durch eine Überhöhung im emotionalen Bereich, wovon die Musen Zeugnis geben.

3.2. Das, was man in der amerikanischen Soziologie und Arbeitsphysiologie die „role ambiguity" nennt, Unsicherheit und das unentscheidbare Schwanken zwischen sich widersprechenden Rollen, ist für die Frau in unserer derzeitigen Gesellschaft eine besondere Gefahr. Die Frau erleidet als Folge ihrer Unangepaßtheit an die Männerwelt in erheblichem Ausmaß eine „Neurotisierung", die an den steigenden Zahlen des Nikotin- und Alkoholkonsums der Frau ablesbar ist, freilich nach meiner Erfahrung vorwiegend die „unausgelastete", also nicht im Beruf stehende Frau betrifft. Eine wenn auch geringe Steigerung der weiblichen Selbstmordrate zwischen 1952 und 1971 (Steigerung der standardisierten Sterbeziffern pro 100 000 Lebende von 11,31 auf 13,91, also um 23 %) spricht im gleichen Sinn. Da diese Selbstmordrate vom 45. bis zum 90. Lebensjahr fast identisch ist, kann man von einer Bedrohung insbesondere der alternden Frau durch seelische Spannungen sicher nicht sprechen. Daß freilich die Frau mit der herrschenden Gesellschaftssituation immer weniger fertig wird, läßt sich an der beklemmenden Tatsache ablesen, daß der weibliche Anteil an Terroristen höher zu sein scheint als der männliche. Wenn man (wofür es gute Gründe gibt) den Terrorismus als einen Gradmesser der gesellschaftlichen Neurotisierung ansieht, wird man den Frauen eine nicht sehr gute Prognose stellen dürfen. Sie „fallen aus der Rolle", die ihnen die Natur zugewiesen hat. Für die alternde Frau liegen die Konsequenzen freilich noch in weiter Ferne, und wir müssen überdies zugeben, daß uns das Problem Terrorismus alles andere als klar ist.

3.3. Die durchaus perverse weibliche Rolle, welche von der extremen Emanzipation gefordert wird, nämlich die „männliche" Rolle der Frau, muß emotionale Folgen haben, die noch kaum abschätzbar sind. Sicher ist die Frau nach Erziehung, physiologischem Aggressionsniveau und gesellschaftlichem Rollenverständnis an ihre technisch-berufliche Situation nicht sonderlich gut angepaßt. Sie ist emotional in statistisch steigender Häufigkeit depriviert. Was die enorm stark ansteigenden Scheidungsziffern betrifft, so läßt sich nur voraussagen, daß sie die Devianz verstärken müssen. Die Flucht in den Trieb- und Glücksersatz, Drogen und Konsum, ist eine notwendige Folge. Die Infarktrate steigt, die Lebenserwartung der Frau neigt sich zum Nullwachstum und wird in ca. 20 Jahren der absinkenden Tendenz beim Mann folgen. Dies alles sind freilich Mutmaßungen, was den Zusammenhang mit der sozialen Situation und deren psychische Korrelate anbelangt. Sicher sind nur die biologischen und medizinischen Aussagen, die aus einer verläßlichen Hochrechnung der Morbiditäts- und Mortalitätsdaten zu entnehmen sind.

Die Ehrgeizlosigkeit der Frau, die der allgemeinen Lebenserfahrung ebenso entspricht wie der physiologischen Situation ihrer hormonal gesteuerten Emotionalität, verwehrt zwar der Frau durchwegs das Erlebnis der „Ernte" im Alter, von dem *Amery* spricht (S. 85), aber tröstet sie doch total über ihre relative „Erfolglosigkeit", ja wird sie als den vorweggenommenen Prototyp einer nicht mehr dem Erfolgsdenken verfallenen kommenden Generation, als heldenhaften Vorläufer einer neuen Zeit, erscheinen lassen. So jedenfalls scheint es derzeit. Im übrigen ist die „Erfolglosigkeit" des Lebens einer Frau immer vom Standpunkt männlichen, zeitgemäßen Sozialprestiges aus beurteilt. Es sind hier die „Maßstäbe", die man in Frage stellen sollte. Die alternde Frau wird diesen männlichen Maßstäben kaum zustimmen.

4. Soziologische Probleme

4.1. Die Emanzipation der Frau drückt ihr eine männliche Rolle auf, in der sie um so mehr versagen muß, je älter sie wird, je weniger sie also durch hohe Leistungsfähigkeit ihre Rollendefekte kompensieren kann. Das ist ein Urteil über die Durchschnittsverhältnisse. Die Frau von höchster Qualität wird alle diese Diagnosen nach wie vor ins Unrecht setzen. Die Durchschnittsfrau aber bevölkert die Sprechstunden der Ärzte mit steigendem Alter immer mehr. Sie ist nicht zuletzt ein wesentlicher Faktor der Kostenexplosion im Gesundheitswesen (16).

4.2. Da die soziale Welt noch fast ganz von Männern geprägt wurde, gerät die Frau ständig zu ihr in Widerspruch durch ihre emotionale Grundhaltung. Dies kann nicht ohne rückgekoppelte, sich also aufschaukelnde Wirkung bleiben, wie wir das oben schon (unter 3.1.) erörterten. Tatsächlich sind aber die Ansichten über den Wert und die Wünschbarkeit sozialer Zustände bei Männern und Frauen überraschend gleichartig wie die Befragungsergebnisse des Allensbacher Instituts bei Männern und Frauen ergeben (11). Die Emanzipation der Frau ist also offenbar so weit fortgeschritten, daß eine Anpassung an männliche Wertkataloge weitgehend vollzogen ist. Was geblieben ist, ist die Abneigung der Männer, Frauen als Vorgesetzte anzuerkennen, was u. a. dazu beiträgt, der Frau gerade im Alter den Aufstieg in leitende Stellen zu erschweren und was derzeit noch zu einer grotesken Unterrepräsentation der Frau in Führungspositionen führt (vgl. 4). Wer aber meinen würde, daß unsere Frauen daran seelisch zerbrechen, dürfte sich gründlich irren.

4.3. Zwar wird also die Frau von der Männergesellschaft immer noch in eine mindere Position gedrängt, zugleich aber stellt man immer häufiger an die Frau Rollenerwartungen, die männlich strukturiert sind. Dies ist eine gesellschaftliche Schizophrenie, die das Schicksal der alten Frau wahrscheinlich belastet. Am schlimmsten in dieser modernen Schizophrenie ist aber der Umstand, daß die früh vereinsamte Frau immer weniger Kinder hat, diese sich zudem der Großfamilie immer mehr entziehen, also die Großmutter sich selbst und schließlich einem Altersheim überlassen. Diese Situation der total vereinsamten Frau wird erst in einigen Jahrzehnten dramatisch, wenn sich das steigende Geburtendefizit (derzeit 200 000 deutsche Kinder pro Jahr (12)) voll auswirkt und die Scheidungsraten weiter steigen. Hier konvergieren gerade medizinische Einflüsse (Pille einerseits, Lebensverlängerung andererseits) in der Schaffung sozial ebenso wie psychologisch unerwünschter Schicksale. Die Weisheit östlicher Völker, daß Kinder ein sozialer Schutz des Alternden sind, ist vergessen. Die Mentalität der jungen Generation, die offenbar die Geburtenreduktion primär bedingt und sich der „Pille" nur als Instrument bedient (15), ist die Ursache einer Alterskatastrope, die in 40—50 Jahren erst voll über uns hereinbrechen wird. Die junge Frau heute bereitet also die Schwierigkeiten ihres späteren Alters selber vor, freilich unter erheblichen gesellschaftlichen Zwängen.

Wir haben in dieser Analyse die Soziologie der alten Frau und ihre seelische Situation ausgeklammert. Hierzu trägt die Sozialmedizin mit ihren vergleichsweise harten Methoden nicht bei. Wir können auf die anderen Beiträge dieses Heftes verweisen.

5. Schlußfolgerungen

Insgesamt ergibt sich, daß eine Entwicklung der Frauenrolle und der Situation der Frau eingesetzt hat, welche die Frau in steigende objektive Schwierigkeiten im Alter bringt. Im Gegensatz dazu steht, daß es kein Kriterium aus Sozialmedizin oder Demographie gibt, das auf eine *besondere* emotionale Belastung der Frau hinweist. In allen Gefährdungskriterien (Infarkt, Gesamtsterblichkeit, Selbstmordrate) bleibt die Frau weit hinter dem Mann zurück, zeigt keine spezifische Altersbelastung und zeigt als einzige Besonderheit nur einen erheblich höheren Krankenstand insbesondere der alten Frau (14). Aber das ist wohl ein Phänomen, das teils der bekannten vegetativen Anfälligkeit der Frau anzulasten ist, und nicht einer besonderen gesundheitlichen und sozialen Gefährdung. Teils wird es dem Drang der Frau nach Geselligkeit zuzuschreiben sein, welche sie im Sprechzimmer und Wartezimmer des Arztes findet.

Es wäre sehr spekulativ, wollte man sagen, daß die Frau mit ihrem Schicksal des länger Überlebens objektiv besser fertig würde als der Mann, würde ihm seinerseits dies Schicksal begegnen. Was man ohne Spekulation sagen kann ist freilich, daß die Frau, die hormonal und genetisch bedingt länger lebt, von diesen selben Hormonen und Genen auch die Mittel erhalten hat, dies Leben, trotz erschwerter Bedingungen, subjektiv besser zu ertragen als der Mann. So findet das Problem der gesellschaftsspezifischen Sterblichkeit eine biologisch freundliche Lösung, die im Doppelsinn des Wortes human ist: sie ist für den Menschen typisch und ist zugleich seiner würdig.

Zusammenfassung

Das Schicksal der alternden Frau ist durch physiologische und in deren Folge psychologische und soziale Determinanten bestimmt. Die längere Lebenserwartung der Frau ist wahrscheinlich eine Folge ihres niedrigeren Aggressions- und Streß-Niveaus. Dies, zusammen mit ihrer geringeren Muskelkraft, macht sie zwar dem Mann in einer Männergesellschaft unterlegen, gibt ihr aber die Möglichkeit, wesentlich emotionsfreier zu leben, das Alter also besser zu „ertragen". Es gibt keine biologischen (medizinischen) Daten, welche für eine besondere Gefährdung der älteren Frau sprechen. Die Selbstmordrate ist erheblich niedriger als beim Mann und nach dem 45. Lebensjahr fast altersunabhängig.

Die geringe Aggressivität der Frau läßt sie als an unsere Leistungs- und Aggressionsgesellschaft unangepaßt erscheinen. Sie gleicht dies Negativum aber durch ihre Emotionalität mit ihrer leichteren Anpassungsfähigkeit wieder aus. Dennoch ist zu fürchten, daß die in jüngeren Jahrgängen zunehmende Neurotisierung sich in späteren Jahrzehnten gerade auch als Risikofaktor der älteren Frau auswirken wird. Derzeit ist es so, daß derselbe Faktor, der ihr ein langes Leben verschafft, sie zugleich in den Stand setzt, dies Leben auch emotionsfrei zu ertragen.

Summary

The fate of ageing women is determined by a sequence of psychological and social influences. The higher life expectancy of women most probably is the consequence of their lower aggressivity and niveau of stress. This, in cooperation with a low muscular strength, lets women appear to be inferior in a masculine society, but supports them with the chance to live less emotionally, i.e. to carry the burden of ageing easier. There are no biological (medical) data indicating a special danger menacing the elderly woman. The rate of suicide is substantially lower in women than in men, and, after the age of 45, independent of age.

The low aggressivity lets women appear to be less adapted to a society of aggression and performance. Women compensate this through a lower emotionality and a higher degree of adaptation. It might be possible however, that the increasingly stronger neurotization of younger women may act as risk factor of the ageing women in the years to come. At the moment it is the same factor, which produces a longer female life expectancy and enables women at the same time to endure their life free of emotions.

Literatur

1. *Améry, J.*, Über das Altern. Revolte und Resignation. Klett (Stuttgart 1971). — 2. Arbeits- und Sozialstatistik, Hauptergebnisse 1975. Bundesminister f. Arbeit u. Sozialordnung. — 3. Das Gesundheitswesen der BRD. Bd. 5. (Stuttgart - Mainz 1974). — 4. Die Frau im Beruf, Familie und Gesellschaft. Presse- u. Informationsamt d. Bundesregierung

Bonn 1966. — 5. *Eibl-Eibesfeldt, I.*, Menschenforschung auf neuen Wegen. (Wien, München, Zürich 1976). — 6. *v. Eiff, A. W., E. J. Plotz, K. J. Beck, A. Czernik*, Symp. Dtsch. Ges. Endocrinol. **15**, 154 (1969). — 7. *Kagan, R., L. Levi*, Soc. Sci. a. Med. **8**, 225 (1974). — 8. *Lawick-Goodall, J. van*, Wilde Schimpansen. (Reinbek 1975). — 9. *Lehr, U.*, Psychologie des Alterns. (Heidelberg 1974). — 10. *Lorenz, K.*, Das sogenannte Böse. Zur Naturgeschichte der Aggression. (Wien 1963). — 11. *Noelle-Neumann, E.* (Hsg.), Allensbacher Jahrbuch der Demoskopie. 1974—1976. (Wien, München, Zürich 1976). — 12. *Schaefer, H.*, Die Entwicklung der deutschen Bevölkerung. Scheidewege **7**, 555 (1977). — 13. *Schaefer, H., M. Blohmke*, Herzkrank durch psychosozialen Streß (Heidelberg 1977). — 14. *Schaefer, H., M. Blohmke*, Sozialmedizin. 2. Aufl. (Stuttgart 1978). — 15. *Scheuch, K. E.*, Kinderarzt **8**, 353 (1977). — 16. *Siebeck, Th.*, Zur Kostenentwicklung in der Krankenversicherung. Verlag der Ortskrankenkassen Bonn 1976.

Anschrift des Verfassers:
Prof. Dr. *Hans Schaefer*
Waldgrenzweg 16-2, 6900 Heidelberg 1

Gesamthochschule Siegen
Fachbereich 1 — Philosophie — Religionswissenschaften — Gesellschaftswissenschaften

Alter und Geschlechtsrollen

Veränderungen in der Situation von Frauen und mögliche Folgen für Altern und Alter

Helga Pross

I.

Seit der Errichtung der Bundesrepublik hat sich die Situation der Frauen erheblich verändert — sie hat sich verbessert. In fast allen wichtigen Handlungsbereichen, namentlich in der Ehe, in der Familie und im Ausbildungswesen ist der Zuwachs an Gleichberechtigung und an Selbständigkeit der einzelnen groß. Zwar wurde die volle Gleichberechtigung zwischen den Geschlechtern nicht erreicht, Gleichberechtigung nicht allein als Gleichstellung vor dem Gesetz, sondern darüber hinaus als Mitbestimmung von Frauen in allen Lebensangelegenheiten und als Gleichheit der individuellen Entwicklungschancen für beide Geschlechter. Trotz der nach wie vor bestehenden und gravierenden Defizite sind jedoch bedeutende Verbesserungen zu verzeichnen.

Die Verbesserungen kommen grundsätzlich allen Frauen zugute, sie wirken sich aber nicht für alle in gleicher Weise und in gleichem Maße aus. Die meisten Vorteile haben jüngere Frauen, grob abgegrenzt: Frauen bis zu etwa 30 oder 35 Jahren. Vor allem diese Altersgruppen profitieren von den Bildungsreformen des letzten Jahrzehnts, in erster Linie von der Öffnung der weiterführenden Bildungs- und Ausbildungsstätten für immer breitere Schichten; von der Verbesserung beruflicher Aufstiegsmöglichkeiten; von der allmählichen Aufweichung der traditionellen Geschlechterideologien. Keine frühere Frauengeneration hat derart günstige Chancen für die persönliche Entfaltung gehabt. Was sich daraus an Folgen ergibt — für die einzelne Frau, für die Beziehungen zwischen den Geschlechtern und für das Gemeinwesen insgesamt, läßt sich heute noch nicht überblicken. Ungewiß ist auch, wie die Neuerungen die Prozesse des Alterns und das „Altsein" von Frauen beeinflussen werden. Vieles spricht dafür, daß sich wenigstens ein Teil der Altersprobleme für die gegenwärtig Jungen später einmal anders stellen wird als für die Alten von heute; daß die Veränderungen in der gesellschaftlichen Situation jüngerer Frauen auch die Voraussetzungen ihres Lebens in höheren Jahren verändern; daß die Wandlungen weiblicher Geschlechtsrollen in der Gegenwart auch die Geschlechtsrollen der älteren Frauen der Zukunft wandeln.

So gewiß die Neuerungen künftige Alternsprozesse beeinflussen werden, so unmöglich ist es freilich, die Inhalte solcher Wandlungen, die konkreten Formen künftigen Altersdaseins zu antizipieren. Dafür sind die die Altersexistenz bestimmenden objektiven und subjektiven Determinanten zu komplex. Welche sozialen Gestalten weibliches Alter haben wird, wenn die heute jungen Frauen in die Jahre kommen, hängt nicht allein von ihren gegenwärtigen Daseinsbedingungen oder den gegenwärtigen Konstruktionen weiblicher Geschlechtsrollen ab. Maßgebend ist die Beschaffenheit der Gesellschaft insgesamt, in der die jetzt jungen Frauen Altern und Alter erleben werden, der Zustand der Wirtschaft, des politischen und des kulturellen Systems; bestimmend werden also Sachverhalte sein, die sich der vorgreifenden Ermittlung entziehen.

Prognoseversuche verbieten sich auch aus einem weiteren Grund. So wenig wie Männer bilden Frauen ein homogenes Kollektiv. Sie differieren nach den Persönlichkeitsstrukturen ebenso wie hinsichtlich der handlungslenkenden Sozialmerkmale, etwa Schichtzugehörigkeit, Familienstand, Bildung und Ausbildung, Beruf, Konfession. Nicht anders als heute werden derartige Ungleichheiten in Zukunft Ungleichheiten der Alternsprozesse und Altersgestaltungen bedingen. Wahrscheinlich ist sogar, daß die Unterschiede zwischen den Gruppen und den Individuen wachsen, weil mit zunehmender Erweiterung von persönlichen Entfaltungsmöglichkeiten auch die Chancen der Individuierung steigen.

Diese und andere Einschränkungen in Rechnung gestellt, mag es zulässig sein, über mögliche Folgen für Altern und Alter zu spekulieren, die sich — vielleicht — aus den Wandlungen der Situation von Frauen ergeben. Ich beschränke mich dabei darauf, einige Daseinsbedingungen von Frauen, die jetzt 35 oder weniger Jahre alt sind, mit den Daseinsbedingungen zu konfrontieren, die die heute 60- und mehrjährigen Frauen vorgefunden haben, als sie 35 oder darunter waren. Die quantitativen oder kalendarischen Einteilungen sind sicher problematisch, und problematisch ist auch, von den Gruppen- und Persönlichkeitsunterschieden innerhalb jeder der beiden künstlich konstruierten Altersklassen zu abstrahieren. Für die Zwecke meiner Fragestellung: Veränderungen in der sozialen Situation von Frauen und mögliche Konsequenzen für künftige Formen von „Alter" dürften die Vereinfachungen aber gerechtfertigt sein. Die Fragestellung bezieht sich lediglich auf allgemeine *gesellschaftliche Rahmenbedingungen* weiblicher Existenz und nicht auf gruppenspezifische oder gar individuelle Lebensformen.

II.

Vergleicht man die beiden hier interessierenden Extremgruppen — Frauen unter 35 und Frauen, die vor dem Ersten Weltkrieg oder während der Weimarer Republik in diesem Alter gewesen sind —, so fallen zunächst die Unterschiede in der *Rechtsstellung* auf. Rechtliche Diskriminierungen sind den heute Jungen unbekannt. Wer nach Restbeständen davon sucht, muß schon eine juristische Lupe nehmen, um sie zu entdecken. Die Idee, Frauen sollten von Gesetzgebern und Gerichten als Personen minderen Rechts behandelt werden, ist aus dem allgemeinen Bewußtsein verschwunden. Das war in der Jugend der heutigen Alten und noch in der Gründungsphase der Bundesrepublik anders. Vor dem Ersten Weltkrieg: kein Wahlrecht, nur ein sehr beschränktes Recht auf Mitgliedschaft in politischen Organisationen, kaum Rechte im privaten Bereich. Beinahe bis in unsere Tage hinein unterlagen Ehefrauen in wichtigen persönlichen Angelegenheiten der Verfügung durch die Männer. Der Mann hatte das Recht zu entscheiden, wo die Familie ihren Wohnsitz nahm und ob die Frau erwerbstätig wurde. Nur mit seiner Zustimmung konnte sie ein eigenes Bankkonto eröffnen. Kam es zur Scheidung, hatte sie bloß bescheidene Ansprüche an seinen Besitz. Man meinte, der Mann habe ihn verdient und nicht die den Haushalt besorgende Frau. In Tarifverträgen wurden Frauen ganz offen als zweitklassig definiert und in fast allen Berufen ohne Rücksicht auf ihre Leistungen niedriger bezahlt. Alle diese Regelungen hat das Bundesverfassungsgericht inzwischen für verfassungswidrig erklärt oder der Bundestag durch neue Gesetze beseitigt.

Nicht weniger bedeutsam als die rechtlichen sind die faktischen Veränderungen. Dazu gehört in erster Linie die *Neubewertung der Berufsrolle der Frau*. Anders als in der Jugend der heute Alten gilt Berufsarbeit von Frauen jetzt nicht mehr als bloße Nothandlung von Ledigen und Armen. Sie ist selbstverständlich für alle, die keine oder schon größere Kinder haben. Zwei Drittel der weiblichen Erwerbstätigen sind heute verheiratet, und dieser Anteil nimmt weiter zu. Die Erwerbsbeteiligung von Müttern steigt ebenfalls an. Auch die sog. Nur-Hausfrauen waren bis zur Geburt des ersten oder des zweiten Kindes im Beruf. Überdies rücken mehr und mehr Frauen in qualifizierte Positionen, etwa Vorgesetztenstellen der unteren und mittleren Ebenen ein. Deutlich zeichnet sich überdies in den jüngeren Jahrgängen eine Neigung ab, nur für relativ wenige Jahre nach der Familiengründung oder gar nicht aus dem Beruf auszuscheiden. Im ganzen ist klar, daß in allen sozialen Schichten eine breite und irreversible Hinwendung zum Beruf stattgefunden hat. Im Gegensatz zu den heutigen wird es daher in den künftigen Altengenerationen kaum noch Frauen ohne langjährige Berufserfahrungen und andererseits mehr Frauen geben, die in verantwortlichen Funktionen tätig gewesen sind.

Nachgerade spektakulär sind die Wandlungen im *Bildungs- und Ausbildungsbereich*. Nur ganz wenige von den heute 60- und mehrjährigen Frauen hatten die Gelegenheit, Oberschulen, Fachschulen und Hochschulen zu besuchen oder eine Lehre zu absolvieren. Die überwiegende Mehrheit blieb „ungelernt". Sie selber und ihre Eltern huldigten dem Grundsatz, Töchter brauchten keine Berufsvorbereitung, weil sie ja doch heiraten und dann für ihr weiteres Leben versorgt sein würden. Diese Orientierung ist in den letzten 10 Jahren fast vollständig verschwunden. Obwohl die Mädchen immer noch kürzere und anspruchslosere Ausbildungen wählen als die gleichartigen Jungen und sich auf relativ wenige Sparten konzentrieren, geht nur noch eine kleine Minorität von der Hauptschule direkt in den Erwerb. Die überwiegende Mehrheit ist jetzt „gelernt". Von den Abiturienten stellen die Mädchen fast die Hälfte, von den Studierenden an wissenschaftlichen Hochschulen stark ein Drittel. Ähnlich hoch sind die Anteile in den Lehrberufen. Offenkundig fiel die Bildungswerbung seit der Mitte der 60er Jahre zumal bei Familien mit Töchtern auf fruchtbaren Boden. Dieser Vorgang ist ebenfalls irreversibel. Die derzeitigen Schwierigkeiten im Bildungswesen und auf dem Arbeitsmarkt können sein Fortschreiten retardieren; stillstellen oder gar umkehren werden sie ihn nicht. Die Folge: anders als in der Gegenwart wird es unter den älteren und den alten Frauen der etwas ferneren Zukunft kaum noch geistig Ungeschulte geben.

Verändert haben sich auch die *Machtstrukturen von Ehe und Familie*. Für die meisten Frauen, die sich jetzt im Rentenalter befinden, dürfte es noch selbstverständlich gewesen sein, daß der Ehemann und Vater nahezu unbeschränkt regierte. In ihrer Kindheit war die Familie für sie eine „Schule der Autorität", in der sie lernten, „den unteren Weg zu gehen", und zumindest in der frühen Erwachsenenzeit die Ehe der Ort, an dem sie diese Lehre beherzigen mußten. Solche strikt autoritären Muster bestehen heute allenfalls noch als Ausnahme- oder Randerscheinungen, aber nicht als Regelfall. Weder die innere Ordnung anderer gesellschaftlicher Teilsysteme noch das Recht oder die dominierenden Ideologien lassen eine Autokratie des Ehemannes und Vaters in der Familie zu. Gemessen an der früheren Praxis herrschen in den Ehen der jüngeren Jahrgänge eher egalitäre Entscheidungsstrukturen vor, sind die Frauen entweder zu gleichrangigen oder wenigstens zu Juniorpartnern avanciert.

Von den für die Zukunft des Alters wahrscheinlich bedeutsamen Veränderungen im Umkreis der Familien muß auch deren Verkleinerung, namentlich der Rückgang der Kinderzahlen hervorgehoben werden. Wie bekannt, sind die Geburtenziffern in der Bundesrepublik gegenwärtig niedriger denn je und niedriger als in irgendeinem anderen Land der Welt. Junge Paare wünschen zwar nach wie vor Kinder und nur wenige bevorzugen lebenslängliche Kinderlosigkeit. Die meisten Möchtegern-Eltern richten sich jedoch auf lediglich ein Kind, höchstens auf zwei Kinder ein. Denkbar ist, daß diese Entwicklung sich eines Tages umkehren und das Verlangen nach mehr Kindern wieder üblicher wird. Zumindest gehören der Geburtenrückgang und die durch ihn bedingte Verkleinerung der Familien im Gegensatz zur Hinwendung der Frauen zum Beruf und zum Anstieg ihres durchschnittlichen Bildungs- und Ausbildungsniveaus *nicht* zu den irreversiblen Prozessen. Aber ob es bei den jetzigen Präferenzen bleibt oder nicht, soweit die Zahl der Kinder Einfluß darauf hat, wird die Situation der künftigen Alten von der der heute Alten verschieden sein.

Die Verbesserungen der weiblichen Daseinsbedingungen vor allem im Recht, im Bildungs- und Ausbildungswesen sowie in Ehe und Familie, so erheblich sie sind, haben freilich auf keinem Gebiet schon zu völliger Angleichung der Entfaltungs- und Einflußchancen von Männern und Frauen geführt. Nach wie vor finden Frauen nur ganz selten Zugang zu den Zentren der Macht. Im Top-Management der Wirtschaftsunternehmungen gibt es fast keine Frauen. Auch nicht unter den Leitern von Krankenhäusern, von hohen Gerichten und Verwaltungsbehörden. Nicht einmal eine Nebenrolle spielen sie in der aktiven Politik. Der Anteil der weiblichen Abgeordneten in den Kommunalparlamenten, den Landtagen und dem Bundestag liegt seit der Gründung der Bundesrepublik unter 10 Prozent. Ein noch ungünstigeres Bild bieten die Spitzengremien der politischen Parteien. Nach wie vor sind also die Entscheidungspositionen in der Gesellschaft beinahe ausnahmslos von Männern besetzt. Männer regieren den Staat, machen seine Gesetze, Männer sprechen Recht, Männer lenken die Unternehmen und die einflußreichen Verbände. Insoweit hat sich das Grundmuster der Herrschaftsverteilung zwischen den Geschlechtern über die Generationen und den Wechsel der politischen Systeme hinweg nicht nennenswert verändert. Virtuosen der Machtausübung, auch unter Männern nicht zahlreich, werden daher unter den älteren Frauen der absehbaren Zukunft ebenso fehlen wie jetzt.

III.

Ungeachtet dieser und mancher anderer Benachteiligungen, die die Betätigungsspielräume von Frauen enger begrenzen als die von Männern, sind die Neuerungen doch erheblich genug, um auch die Rahmenbedingungen für Altern und Alter zu verändern. Allgemein gesprochen bedeuten sie, daß die sozialen Unterschiede zwischen weiblicher und männlicher Altersexistenz in Zukunft geringer sein werden als jetzt. Die Unterschiede werden auch in der Lebenszeit der heute Jungen nicht verschwinden, sie werden aber schwächer sein als in den Altengenerationen der Gegenwart. Wenn es stimmt, daß die Chancen und Prägungen der formativen Perioden bis zum 30. oder 35. Lebensjahr weitgehend die spätere Altersexistenz programmieren, dann werden weibliches Altern und Alter in Zukunft in wichtigen Zügen von den heutigen Formen differieren.

Wahrscheinlich ist zunächst, daß sehr viele Frauen *finanziell* besser gestellt sein werden. Gegenwärtig ist das Versorgungsniveau zahlreicher, nach kalendarischer Rechnung als „alt" definierter Frauen ungenügend. Im Durchschnitt liegen ihre Einkünfte um etwa ein Drittel unter denen der Männer in den gleichen Altersklassen. Ältere Frauen sind auch überproportional häufig auf die Sozialhilfe angewiesen. Obendrein entsprechen ihre Wohnverhältnisse in zahlreichen Fällen nicht den als adäquat erachteten Standards. Alles in allem sind der Bewegungsfreiheit großer Frauengruppen ganz enge finanzielle Grenzen gesteckt — Folge früherer Diskriminierungen im Beruf und des geringeren Rentenanspruchs der Witwen. Zur Beseitigung dieser Ungleichheiten werden seit einigen Jahren mehrere Vorschläge diskutiert: Partnerrente, Versorgungsausgleich, eigenständige soziale Sicherung der Frau. Wie immer die Regelungen schließlich ausfallen mögen, sie werden dazu beitragen, daß die heute jungen Frauen im Alter über mehr finanzielle Mittel verfügen können als ihre Vorgängerinnen in der Gegenwart.

Die skizzierten Wandlungen, allen voran die Hebung des durchschnittlichen weiblichen Bildungs- und Ausbildungsniveaus und die Hinwendung zum Beruf, werden weitere Konsequenzen haben. Sie stärken das Selbstwertgefühl von Frauen, ihre Selbstachtung, das Selbstvertrauen; sie erhöhen die Fähigkeit, innerhalb und außerhalb der Partnerschaften mit Männern eigenständig zu urteilen und zu handeln. Mag die innere und äußere Abhängigkeit vom Mann in sehr vielen Einzelfällen auch nach wie vor weiterbestehen, aufs Ganze gesehen läßt sie nach, wenn die Frauen besser ausgebildet und in qualifizierten Berufen tätig sind.

Denkbar ist, daß anspruchsvollere Ausbildung und langjährige Berufsarbeit auch die objektiven Möglichkeiten und die subjektiven Fähigkeiten zur Herstellung persönlicher Kontakte, die nicht durch den Mann vermittelt sind, verbessern. Gut ausgebildete und berufserfahrene Frauen haben es leichter als andere, Freunde und Bekannte gleichsam aus eigenem Recht zu gewinnen. Sie sind nicht wie die geistig ungeübten, lebenslänglich und ausschließlich auf die Familie konzentrierten Frauen von einst darauf angewiesen, daß der Mann ihnen Verbindungen zur außerhäuslichen Welt verschafft. Die neuen Chancen und Fähigkeiten mögen ihnen helfen, auch im Alter und bei Verlust des Lebenspartners den Gefährdungen sozialer Isolierung besser zu begegnen; sie können sie in den Stand setzen, mehr und erfolgreichere Initiativen zur Bewahrung und Erweiterung freundschaftlicher Beziehungen zu entfalten — der Einsamkeit zu entgehen oder sie zu vermindern.

Den jungen Frauen von heute werden durch Ausbildung und Beruf auch mehr Gelegenheiten geboten, sachbezogene Talente und Neigungen zu entwickeln, geistige und politische Interessen, Interesse an anderen als den eigenen Verkehrsgruppen, an der Mitwirkung in Organisationen, Gemeinden, Ehrenämtern. Solange die Frauen jung sind, werden solche Potentiale vor allem durch Beruf und Familie absorbiert. Vielleicht können sie aber später auf andere Aufgaben übertragen werden, in denen die einzelne auch nach der Freisetzung von Berufs- und Familienpflichten Befriedigung gewinnt.

Die Wandlungen in der Situation von Frauen summieren sich zu einer Steigerung ihrer Möglichkeiten, die Probleme des Alterns und Altseins selbständiger zu bewältigen. Vielleicht tragen diese Entwicklungen auch dazu bei, daß es zu einer aktiven Einstellung zum Altern und Altsein kommt, zu einer Deutung des Alters als Aufgabe, als Gegenstand persönlicher Gestaltung, als Phase neuer, ausfüllender und nicht einfach auf Verzicht gestellter Tätigkeit.

Die veränderte Stellung der Frauen wird aber andererseits auch zu neuen Problemen führen. Wahrscheinlich ist, daß Frauen in Zukunft sehr viel zahlreicher als zuvor bei Erreichen der Altersgrenze mit ähnlichen Schwierigkeiten konfrontiert sein werden wie Männer, mit Schwierigkeiten des Berufsverlusts, der Rollenreduktion, der Neudefinition der eigenen Identität. Manche werden es schwerer haben als vergleichbare Männer, mit dem Übergang in den „Ruhestand" fertig zu werden, weil es einstweilen kaum weibliche Vorbilder gibt, denen sie die Lösungen abschauen, von denen sie lernen könnten.

Offen ist schließlich, ob und wie vieljährige und fordernde Berufsarbeit die Lebensdauer von Frauen beeinflussen wird. Wird sie dazu beitragen, die Abstände in der durchschnittlichen Lebenserwartung von Männern und Frauen, die in den letzten Jahrzehnten immer größer geworden sind, zu verringern? Oder läßt sie diese Distanz unberührt?

Probleme können sich ferner aus der Verkleinerung der Familien, den niedrigen Kinderzahlen ergeben. Vielleicht tragen sie dazu bei, daß die *direkten,* über das Eltern-Kind-Verhältnis und den Großeltern-Enkel-Kontakt hergestellten Beziehungen zwischen den Generationen schwächer werden. Mögen einerseits für Frauen die Möglichkeiten zur Anknüpfung und Aufrechterhaltung sozialer Kontakte im Alter steigen, ist andererseits nicht auszuschließen, daß sie sich auf der Familienseite verringern.

Die Bilanz der zugegebenermaßen fragmentarischen und spekulativen Betrachtung ist also zwiespältig, neben optimistischen enthält sie skeptische Erwartungen. Unstreitig sind auch andere, von den hier formulierten abweichende Interpretationen bisheriger und weiter in Gang befindlicher Wandlungen sowie ihrer Auswirkungen auf Altern und Altsein möglich. Eindeutig scheint mir jedoch, daß die dargelegten und die weiteren, jetzt nicht analysierten Veränderungen in der gesellschaftlichen Situation von Frauen irreversibel, und daß sie für Altersforschung und Alterspraxis neue und dringlicher werdende Herausforderungen sind.

Zusammenfassung

Seit der Gründung der Bundesrepublik hat sich die Situation der Frauen beträchtlich verbessert. In fast allen wichtigen Handlungsbereichen, namentlich in der Ehe, in der Familie und im Ausbildungswesen ist der Zuwachs an Gleichberechtigung und an Selbständigkeit der einzelnen groß. Die Verbesserungen kommen grundsätzlich allen Frauen zugute, sie wirken sich aber verstärkt zum Vorteil jüngerer Frauen (bis etwa 35) aus. Nach der These der Autorin werden sie auch die allgemeinen gesellschaftlichen Rahmenbedingungen weiblicher Existenz im Alter verändern. Wahrscheinlich ist, daß die jetzt jungen Frauen, wenn sie in den „Ruhestand" eintreten, finanziell günstiger gestellt sein werden. Ihre ausgeprägtere Berufsorientierung und die langjährige Berufserfahrung können die subjektiven Fähigkeiten zur Herstellung persönlicher Kontakte, die nicht durch den Mann vermittelt sind, verbessern. Das mag ihnen helfen, auch im Alter und bei Verlust des Lebenspartners den Gefährdungen sozialer Isolierung erfolgreicher zu begegnen. Da sie überdies mehr Gelegenheiten hatten und haben, sachbezogene Talente und Neigungen zu entwickeln, werden sie später vielleicht eher in der Lage sein, Aufgaben zu übernehmen, in denen sie auch nach der Freisetzung von Berufs- und Familienpflichten Befriedigung gewinnen können. Die Wandlungen in der Situation von Frauen summieren sich zu einer Steigerung ihrer Möglichkeiten, die Probleme des Alterns und Altseins selbständiger zu bewältigen. Vielleicht tragen diese Entwicklungen auch dazu bei, daß es zu einer aktiveren

Einstellung zum Altern und Altsein kommt. Nicht auszuschließen ist freilich, daß auch neue Probleme entstehen. In Zukunft werden mehr Frauen als bisher mit Schwierigkeiten des Berufsverlusts, der Rollenreduktion, der Neudefinition der eigenen Identität konfrontiert. Offen ist schließlich, ob und wie vieljährige und fordernde Berufsarbeit die Lebensdauer von Frauen beeinflussen wird. Auch die Verkleinerung der Familien durch niedrige Kinderzahlen kann zu Veränderungen der Altersbedingungen führen. Möglich ist, daß die direkten, über das Eltern-Kind-Verhältnis und den Großeltern-Enkel-Kontakt hergestellten Beziehungen zwischen den Generationen schwächer werden.

Summary

Since the founding of the German Federal Republic in 1949, the situation of women has much improved. Though by far not satisfactory, progress is most obvious in the legal sphere, in education, and in the family. It is less impressive as far as their labor status is concerned, and almost nonexistent with respect to their direct political influence. Decision making positions in the various power elites are almost exclusively occupied by men. According to the assumption of the author, the changes of woman's position will have some impact on the social framework of old age in the forseeable future. Young women of today, once they reach retirement age, will have more financial means at their disposal. Socially and psychologically somewhat more independent, they may find it easier than the women of former generations to establish social contacts of their own. Thus there is a chance for them of having the dangers of loneliness and social isolation reduced. On the other hand, new problems are likely to arise. More and more women will be confronted with difficulties of adapting to retirement, such as loss of social roles, and redefining of personal identity. The fact that they have less children than their mothers and grandmothers had may weaken direct relations between young and old. Finally it is not unlikely for lifelong employment to reduce present life expectancies of women, and to bring them closer to those of men.

Anschrift des Verfassers:
Frau Prof. Dr. *H. Pross,* Gesamthochschule Siegen, Postfach 21 02 09, 5900 Siegen 21

Bundesvereinigung der Deutschen Arbeitgeberverbände, Köln

Die ältere Frau in der Wirtschaft

Dorothee Müller-Hagen

Mit 3 Tabellen

Dieses Thema ist so komplex und vielschichtig, daß es kaum schlüssige Antworten zuläßt. Das liegt vor allem darin begründet, daß hier zwei Bereiche angesprochen werden, von denen jeder seine besondere Problematik hat: einmal die Berufstätigkeit der Frau im allgemeinen und zum anderen der menschliche Alternsprozeß. Beide Bereiche stecken voller Probleme und noch offener Fragen. Alles, was die Frauenarbeit in der Wirtschaft generell charakterisiert und die Beschäftigung älterer Mitarbeiter spezifisch bestimmt, trifft mehr oder weniger auch für die ältere Frau zu. In ihrer Berufstätigkeit steckt daher eine doppelte Problematik, die sich wechselseitig verstärkt. Das erklärt wohl auch, daß man nirgends so häufig noch Vorurteilen begegnet wie gerade hier. Erschwerend kommt hinzu, daß das Thema z. Z. durch die konjunkturelle und strukturelle wirtschaftliche Situation überlagert wird. Hatte man vor wenigen Jahren noch den Eindruck, daß die lange Zeit das öffentliche Bewußtsein beherrschende „Jugendeuphorie" einer nüchterneren Betrachtungsweise zu weichen begann, so läßt die inzwischen erreichte hohe Arbeitslosenquote der Frauen und älteren Arbeitnehmer manche Antworten fragwürdig werden, die vor kurzem noch zutreffend waren.

1. Bedeutung und Veränderung der Berufstätigkeit der Frau

Zunächst einige Angaben zur Berufstätigkeit der Frau im allgemeinen. Im Grunde ist die berufstätige Frau heute aus der Wirtschaft nicht mehr wegzudenken. Das geht unter anderem aus folgenden Zahlen hervor: 1976 standen in der Bundesrepublik ca. 9,6 Millionen Frauen im Erwerbsleben. Das sind 37 % der Erwerbstätigen in der Bundesrepublik insgesamt. Die überwiegende Zahl der berufstätigen Frauen, nämlich 81 %, sind als Arbeitnehmerinnen tätig, 5 % als Selbständige, die restlichen 14 % sind Beamtinnen und mithelfende Familienangehörige. Bedingt vor allem durch die unterschiedliche Art der Arbeit, ist auch der Anteil der Arbeitnehmerinnen in den einzelnen Wirtschaftszweigen unterschiedlich hoch. Einige Industriezweige beschäftigen im gewerblichen Bereich überwiegend Frauen. So hat z. B. die Bekleidungsindustrie einen Frauenanteil von 86 %, die lederverarbeitende Industrie von 66 % und die Textilindustrie von 51 %. Im Dienstleistungsbereich sind es vor allem der Einzelhandel und die Kreditinstitute, die mit 66 und 51 % einen hohen Anteil weiblicher Angestellten beschäftigen. Diese wenigen Zahlen und die Tatsache, daß fast jede zweite Frau im erwerbsfähigen Alter von 15 bis unter 65 Jahren einen Beruf ausübt (Erwerbsquote 48 %), genügen, um sich ein Bild von der wirtschaftlichen und gesellschaftlichen Bedeutung der Frauenerwerbstätigkeit zu machen:

Ohne Zweifel ist danach die Wirtschaft auf die Mithilfe der berufstätigen Frauen angewiesen. Aber auch umgekehrt wird damit das Interesse der Frauen an einer außerhäuslichen Erwerbsarbeit deutlich.

Wenn sich die Erwerbstätigkeit der Frauen im letzten Jahrzehnt rein quantitativ auch nicht wesentlich verändert hat, haben sich in struktureller Hinsicht einige Änderungen vollzogen. So sind heute Frauen der mittleren und älteren Jahrgänge stärker am Berufsleben beteiligt als jüngere, unter 25jährige (s. Tab. 1). Auch üben heute mehr als früher verheiratete Frauen und Mütter mit Kindern einen Beruf aus: Mit rund 6 Millionen haben die Verheirateten den größten Anteil an den weiblichen Erwerbspersonen insgesamt (62 %). Etwa die Hälfte von ihnen hat mindestens ein Kind unter 15 Jahren zu betreuen.

Tab. 1. Anteil der weiblichen Erwerbspersonen an 100 Frauen der jeweiligen Altersgruppen (Erwerbsquoten)

Alter in Jahren	1965 *)	1976 **)
15—20	68,0	47,9
20—25	70,4	68,8
25—30	51,4	57,8
30—35	43,4	51,8
35—40	45,4	51,0
40—45	48,3	51,3
45—50	46,3	50,9
50—55	41,1	48,1
55—60	36,3	38,3
60—65	23,3	14,7

*) Stat. Bundesamt Wiesbaden: Die Frau in Familie, Beruf und Gesellschaft, Ausgabe 1975, Stuttgart und Mainz 1975, S. 87.
**) Stat. Bundesamt Wiesbaden: Statistisches Jahrbuch 1977, S. 93.

Die Ursache für den Rückgang der Beteiligung der jüngeren weiblichen Jahrgänge am Berufsleben liegt vor allem in verlängerten Schul- und Ausbildungszeiten. Der Anstieg der Erwerbsquote der Frauen in den mittleren und höheren Altersgruppen muß überwiegend als das Ergebnis der durch die Emanzipation begründeten positiven Einstellung der Frau zum Beruf gesehen werden. Sie hat bewirkt, daß heute z. B. über die Hälfte der zum Zeitpunkt der Eheschließung berufstätigen Frauen ihre Arbeit auch nach der Heirat – für drei und mehr Jahre – fortsetzt und viele Frauen nach einigen Jahren der Unterbrechung wieder in den Beruf zurückkehren. Wenn heute die Hälfte der Frauen unter 35 Jahren über eine abgeschlossene schulische oder betriebliche Berufsausbildung verfügt, während von den 45- bis 55jährigen nur knapp ein Drittel beruflich ausgebildet ist, so kann darin ebenfalls ein Anzeichen dafür gesehen werden, daß die Berufstätigkeit für die Frau an Stellenwert gewonnen hat.

Dabei zeichnet sich auch ein Wandel bei den Berufsmotiven ab: So ist die Zahl derjenigen Frauen gewachsen, die nicht lediglich zwecks Sicherung des täglichen Lebensunterhaltes berufstätig sind, sondern vom Beruf eine größere finanzielle Unabhängigkeit und geistige Selbständigkeit, aber auch mehr Lebenserfüllung erwarten. Damit hat sich für einen Teil der Frauen die persönliche und fachliche Ausgangsbasis für eine berufliche Entwicklung entscheidend verbessert.

Daneben gibt es jedoch nach wie vor die große Gruppe von Arbeitnehmerinnen, die ihre Berufstätigkeit vorrangig an familiären Zielen, wie Heirat, Mutterschaft und Kindererziehung, orientiert, d. h. einen — meist zeitlich befristeten — Verdiensterwerb, oft zum Zweck der Erhöhung des Familieneinkommens, anstrebt. In diese Richtung weisen empirische Feststellungen (2), nach denen etwa zwei Drittel der berufstätigen Mütter ihre Erwerbstätigkeit in dem Augenblick aufgeben würden, in dem ihnen etwa ein gesetzlicher Anspruch auf ein „Erziehungsgeld" eingeräumt würde. Zwar wächst die Zahl der Frauen mit Berufsausbildung, gleichwohl liegt ihr Anteil immer noch deutlich unter dem der ausgebildeten Männer (49 % gegenüber 73 %).

Insgesamt gesehen bilden die berufstätigen Frauen heute keine homogene Gruppe mehr. Vor allem ihre unterschiedlichen Motive für eine außerhäusliche Erwerbsarbeit und ihre ungleichen Zielvorstellungen von ihrer Arbeit führen zu unterschiedlichen beruflichen Voraussetzungen, was sich letztlich auch in ihrer beruflichen Situation widerspiegelt. Sie bietet ein recht uneinheitliches Bild: Im Angestelltenbereich üben heute mehr Frauen als früher qualifizierte Tätigkeiten aus. 42 % der weiblichen Angestellten sind in den höheren Leistungsgruppen (Leistungsgruppen II und III der Lohn- und Gehaltsstrukturerhebungen des Statistischen Bundesamtes [22, 25]) tätig. 1951 waren es nur 22 %. Bei den Arbeiterinnen dagegen ist das Tätigkeitsniveau in dem genannten Zeitraum im Durchschnitt gesunken, was in einem Anstieg der ungelernten Frauen in der niedrigsten Leistungsgruppe 1 von 42 % auf 48 % zum Ausdruck kommt (23, 26). Die Ursache dafür ist sicherlich eher in der fortschreitenden Technisierung zu suchen als im Qualifikationsniveau der Arbeiterinnen. Abgesehen davon machen diese unterschiedlichen Entwicklungen jedoch auch die ungleichen beruflichen Situationen deutlich, in denen sich die Frauen aufgrund unterschiedlicher Zielvorstellungen und beruflicher Voraussetzungen befinden.

2. Besonderheiten der Berufstätigkeit der älteren Frau

Gilt diese allgemeine Berufssituation der Frauen auch für die ältere Generation? Zu dieser Gruppe rechnen — bei einer weiten Begriffsdefinition — die 45jährigen und älteren Frauen, die fast ein Drittel der erwerbstätigen Frauen (ca. 3,2 Millionen) ausmachen. Grenzt man dagegen die Älteren begrifflich erst mit dem 55. Lebensjahr ab — eine Regelung, die in der Praxis verbreitet und verschiedentlich auch tarifvertraglich verankert ist — so liegt ihr Anteil mit 11 % (1,1 Millionen) immer noch relativ hoch. Statistischen Vorausberechnungen zufolge wird aufgrund der demographischen Entwicklung der Anteil der älteren Erwerbstätigen sowohl bei den Frauen als auch bei den Männern zukünftig noch weiter ansteigen. *Kühlewind* und *Thon* (11) rechnen — selbst unter Berücksichtigung der Auswirkungen der seit 1973 geltenden Regelung der flexiblen Altersgrenze — mit einem Anstieg der Arbeitnehmer im Alter von 45 bis 65 Jahren auf ca. 37 % im Jahr 1990. Ein hoher Anteil älterer Frauen und Männer ist also gegenwärtig wie zukünftig typisch für das Arbeitskräfteangebot und die Mitarbeiterschaft der Betriebe.

2.1. Berufliche Voraussetzungen

Die berufliche Situation der Frau im allgemeinen gilt grundsätzlich auch für die ältere Arbeitnehmerin. Allerdings ergeben sich für sie einige Besonderheiten, die sie von ihrer jüngeren Kollegin unterscheiden. Dazu gehört zunächst die geringere und oft auch schlechtere Berufsausbildung der älteren Frauen. Der bereits erwähnte niedrige Anteil der schulisch oder betrieblich Ausgebildeten, der bei den 45 bis 55jährigen erwerbstätigen Frauen nur knapp ein Drittel beträgt, wird von den älteren Jahrgängen noch unterschritten. Hinzu kommt eine geringere Kontinuität in der Berufstätigkeit der älteren Frauen. So hatten 1974 rd. 54 % der 45 bis 65-jährigen ihre Erwerbstätigkeit mindestens einmal für mehr als zwölf Monate unterbrochen. Bei den jüngeren Frauen hingegen waren es nur etwa 30 % (27).

Bereits diese Zahlen machen deutlich, daß die älteren Frauen nicht die gleichen fachlichen Voraussetzungen für eine berufliche Tätigkeit mitbringen wie die jüngeren. Die Gründe hierfür liegen einmal in zeitgeschichtlichen Ereignissen, wie den Kriegs- und Nachkriegsverhältnissen, die eine Berufsausbildung für Frauen erschwerten. Sie sind vor allem aber bei den familiären Aufgaben zu suchen, die den Lebensweg der älteren Frauen bestimmt haben und noch weiter begleiten. Entweder stehen sie in Familienbindungen (62 % verheiratet) oder haben in solchen gestanden (22 % verwitwet oder geschieden). Ohne abgeschlossene Berufsausbildung gelingt den Frauen selten der Sprung in anspruchsvollere Aufgaben. Weithin bleiben sie auf dem Tätigkeitsniveau, mit dem sie begonnen haben. Und selbst dann, wenn sie über eine Berufsausbildung verfügen, bedeutet eine längere Berufsunterbrechung zwangsläufig einen Verlust an Berufs- und Betriebserfahrung, der je nach der Qualifikation der Tätigkeit nur schwer wieder aufgeholt werden kann und später oft mit einem geringerwertigen Arbeitseinsatz verbunden ist. Daß Berufsunterbrechungen erst recht einem beruflichen Aufstieg im Wege stehen, ist ebenso verständlich, zumal sie meistens in eine Zeit fallen, in der die „Weichen" für eine berufliche Karriere gestellt werden. Hinzu kommt eine aufgrund ihrer Familienbindungen geringere Mobilität der älteren Frauen, die sie ihre beruflichen Chancen nicht in dem Maße wahrnehmen läßt wie ihre jüngeren ungebundenen Kolleginnen.

Sieht man von den beruflichen Voraussetzungen einmal ab, die sich ändern können — bei der jüngeren Generation zeichnet sich bereits ein Wandel ab —, so sind es vor allem die Familienbindung und die Familienaufgaben, die die berufliche Stellung gerade der älteren Frau prägen. An ihrer Situation wird besonders deutlich, daß beide Aufgaben, Familie und Beruf, außerordentlich schwer miteinander in Einklang zu bringen sind und die Erfüllung der einen zwangsläufig zu Lasten der anderen gehen muß. Inwieweit sich hier für die nachfolgende Generation Änderungen ergeben können, und zwar im Zuge eines weiter fortschreitenden Wandels im Rollenverständnis der Geschlechter, bleibt abzuwarten.

2.2. Das Fähigkeitsbild der älteren berufstätigen Frau

Zum Verständnis des Fähigkeitsbildes der älteren berufstätigen Frau ist zunächst wieder etwas über die Fähigkeiten der berufstätigen Frau allgemein zu sagen. Hier bestehen häufig — oft unausgesprochen — noch negative Vorurteile, die die Frauenarbeit allgemein belasten und deren nachteilige Auswirkungen gerade die ältere Frau im Arbeitsleben spürt. Diese Vorurteile sind in ihrer Verallgemeinerung jedoch zu einem großen Teil unberechtigt. So haben wissenschaftliche Untersuchungen[*] erwiesen, daß hinsichtlich der allgemeinen Intelligenz zwischen Frauen und Männern keine wesentlichen Unterschiede bestehen. Besonderheiten ergeben sich insofern, als Frauen im allgemeinen über eine größere Auffassungsgeschwindigkeit und bessere

---

[*] Zusammenfassend dargestellt bei *Ursula Lehr* 1969 (13).

71

sprachliche Fähigkeiten verfügen, Männer hingegen über ein größeres abstraktes Denkvermögen und bessere mathematische Fähigkeiten. Dabei ist allerdings zu berücksichtigen, daß Erziehungseinflüsse modifizierend wirken. Anders liegt es im Bereich der physischen Leistungsfähigkeit. Sie unterscheidet sich aufgrund der verschiedenartigen körperlichen Konstitution der Geschlechter. So erreichen Frauen infolge ihrer geringeren Muskelkraft bei körperlicher Arbeit im allgemeinen eine bis zu 20% geringere Leistung als Männer. Sie ermüden auch schneller, erholen sich aber wiederum rascher aufgrund ihres schnelleren Stoffwechsels. Auf der anderen Seite sind sie durch ihre andersartige Konstitution zu einer größeren Geschicklichkeit bei der Arbeit befähigt.

Diese natürlichen Fähigkeiten machen die Frau zwar für verschiedene Tätigkeiten nur begrenzt geeignet, schränken jedoch ihre berufliche Einsatz- und Leistungsfähigkeit gegenüber dem Mann grundsätzlich nicht ein. Für bestimmte Tätigkeiten, vor allem Geschicklichkeitsarbeiten und Arbeiten, die eine Gleichmäßigkeit in der Bewegung erfordern, bringt die Frau sogar bessere Voraussetzungen mit als der Mann. Da mit der fortschreitenden Technisierung die körperlich schweren Arbeiten weiter verdrängt werden, dürften auch im gewerblichen Bereich die bisherigen natürlich bedingten Beschränkungen der beruflichen Einsatz- und Leistungsfähigkeit der Frau zukünftig immer mehr entfallen.

Über die Veränderungen der beruflichen Fähigkeiten von Frauen im fortgeschrittenen Alter gibt es bisher nur wenige wissenschaftliche Untersuchungen. Überwiegend hat sich die Wissenschaft mit dem allgemeinen menschlichen Alternsprozeß, unabhängig von geschlechtsspezifischen Besonderheiten, beschäftigt. Es erscheint durchaus vertretbar, ihre dabei gewonnenen grundsätzlichen Erkenntnisse auch auf den Alternsvorgang berufstätiger Frauen zu übertragen, zumal die Fähigkeiten der Frau sich nicht wesentlich von denen des Mannes unterscheiden. Die wichtigste Grunderkenntnis neuerer gerontologischer Forschungen (21) ist die, daß das „Defizitmodell" vom älteren Menschen nicht mehr aufrechterhalten werden kann, d. h. die Auffassung, mit einem höheren Lebensalter sei zwangsläufig ein generelles Absinken der menschlichen Leistungsfähigkeit verbunden. Vielmehr vertritt man heute die Meinung, daß sich mit fortschreitendem Alter ein Wandel in der Fähigkeitsstruktur vollzieht: Bestimmte Fähigkeiten können mit dem Alter abnehmen, andere erhalten bleiben, wieder andere sich aber auch entwickeln (s. Tab. 2). Dabei zeigt sich, daß der physische Bereich eher abbauenden Veränderungen unterliegen kann als der geistig-psychische Bereich.

Man kann davon ausgehen, daß die in der Tabelle 2 skizzierten Tendenzen des altersbedingten Fähigkeitswandels grundsätzlich für beide Geschlechter gelten. Das bedeutet, daß die ältere Frau ebenso wie der ältere Mann für verschiedene Tätigkeiten nicht mehr geeignet, für bestimmte andere Aufgaben hingegen prädestiniert zu sein scheint. Bei diesem Fähigkeitswandel können sich Unterschiede zwischen Frauen und Männern ergeben. So wurde z. B. festgestellt, daß bei der Frau die Leistungskurve in der Geschicklichkeit und Schnelligkeit, die im jugendlichen Alter im allgemeinen über der männlichen Leistung liegt, im fortgeschrittenen Alter stärker abfällt als beim Mann (12). Dadurch wird die Einsatzfähigkeit älterer Frauen im gewerblichen Bereich naturgemäß begrenzt.

Unterschiede im Wandel der Fähigkeitsstruktur können auch durch die unterschiedlichen gesundheitlichen Konstitutionen oder durch eine ungleiche Entwicklung kompensatorischer Fähigkeiten bedingt sein. Vor allem für die kompensatorischen Fähigkeiten ist aufgrund praktischer Erfahrungen festzustellen, daß sie bei vielen älteren berufstätigen Frauen weniger ausgeprägt sind als bei ihren männlichen

Tab. 2. Hinweise zur Tendenz altersbedingter Veränderungen der menschlichen Eigenschaften und Fähigkeiten im Arbeitsleben *)

Mit steigendem Lebensalter		
erhöhen sich in der Regel bis zu einem individuellen Maximum	*bleiben* in der Regel weitgehend *erhalten*	*verringern* sich in der Regel

Körperliche (physische) Eigenschaften und Fähigkeiten **)		
Geübtheit (in Abhängigkeit von Art und Dauer der Tätigkeit)	Widerstandsfähigkeit gegen eine physische Dauerbelastung unterhalb der Dauerbelastungsgrenze	Muskelkraft Beweglichkeit Widerstandsfähigkeit gegen eine kurzzeitige physische Belastung oberhalb der Dauerbelastungsgrenze Vermögen zur Anpassung an klimatische Umweltbedingungen Sehvermögen Hörvermögen Tastsinn

Geistige (psychische) Eigenschaften und Fähigkeiten **)		
Erfahrung Geübtheit (in Abhängigkeit von Art und Dauer der Tätigkeit) Urteilsvermögen, u. a. Treffsicherheit bei Zuordnungs- und Konstruktionsaufgaben Gesprächsfähigkeit (sprachliche Gewandtheit, Ausdrucksvermögen) Fähigkeit zum dispositiven Denken Selbständigkeit Genauigkeit b. geringem Komplexitätsgrad der Aufgabe Fähigkeit zur menschlichen Zusammenarbeit Verantwortungsbewußtsein Zuverlässigkeit Ausgeglichenheit und Beständigkeit menschliche Reife positive Einstellung zur Arbeit Sicherheitsbewußtsein	Allgemeinwissen Fähigkeit zur Informationsaufnahme und -verarbeitung Aufmerksamkeit Konzentrationsfähigkeit Merkfähigkeit (Langzeitgedächtnis) Widerstandsfähigkeit gegen eine im Arbeitsprozeß übliche psychische Belastung Lernfähigkeit (unter bestimmten didaktischen Voraussetzungen)	geistige Beweglichkeit und Umstellungsfähigkeit Geschwindigkeit der Informationsaufnahme und -verarbeitung (Reaktionsvermögen) bei komplexer Aufgabenstellung Widerstandsfähigkeit gegen eine hohe psychische Dauerbelastung Abstraktionsvermögen Kurzzeitgedächtnis Risikobereitschaft

*) Die in der Tabelle getroffenen Aussagen beziehen sich auf die altersbedingten Veränderungen, die eintreten können, nachdem die natürliche, in der Regel aufbauende menschliche Entwicklung erreicht ist.

**) Lediglich aus systematischen Gründen wurden die körperlichen und geistigen Fähigkeiten, die wegen ihrer Interdependenz stets in einer Gesamtschau gesehen werden müssen, in der Tabelle getrennt aufgeführt.

Altersgenossen. Es geht dabei vor allem um die Berufs- und Betriebserfahrung sowie um die Geübtheit in bestimmten geistigen und körperlichen Fähigkeiten. Sie wachsen naturgemäß im Zuge einer kontinuierlichen Berufstätigkeit und können erfahrungsgemäß eventuelle altersbedingte Leistungsrückgänge ausgleichen. Hier liegt oft ein Handicap für ältere Frauen, wenn sie eine längere Berufsunterbrechung hatten, denn sie bedeutet praktisch auch einen Verlust an kompensatorischen Fähigkeiten. Dieser erschwert nicht nur eine Wiederaufnahme ihrer Beschäftigung im fortgeschrittenen Alter, sondern kann ihr auch höhere leistungsmäßige Anstrengungen im Beruf abverlangen. In gleicher Richtung wirkt auch die mangelnde berufliche Ausbildung älterer Frauen. Kann diese in jüngeren Jahren vielfach anderweitig überbrückt werden, so erweist sie sich mit fortschreitendem Alter immer mehr als fehlende Voraussetzung vor allem für eine qualifizierte Tätigkeit.

Wenn mit zunehmendem Alter im allgemeinen die Persönlichkeitswerte des Menschen, wie Verantwortungsbewußtsein, Zuverlässigkeit, menschliche Reife und positive Einstellung zur Arbeit, an Bedeutung gewinnen, so gilt das in besonderer Weise für die ältere Frau im Arbeitsleben. In Erfüllung ihrer familiären Aufgaben haben diese Werte bei ihr eine besondere Ausprägung erfahren, was sich auch auf die berufliche Arbeit auswirkt. Viele Frauen, die nach einer Unterbrechung wieder in den Beruf zurückkehren, tun diesen Schritt aus innerer Motivation heraus (19). Wenn dabei auch vielfach finanzielle Gründe eine Rolle spielen, löst die Freiwilligkeit, die hinter der Wiederaufnahme ihrer Beschäftigung steht, eine positive Einstellung zur Arbeit aus, die sich auch in einer entsprechenden Arbeitsbereitschaft niederschlägt.

2.3. Lohn- und Gehaltssituation

Die Lohn- und Gehaltssituation der älteren Arbeitnehmerin weist im allgemeinen keine Besonderheiten auf. Als Angestellte ist sie den tariflichen Gehaltsgruppen zugeordnet, die ihrer Tätigkeit entsprechen. Dadurch unterscheidet sie sich weder von ihren jüngeren Kolleginnen noch von den männlichen Angestellten. Es bleibt allenfalls festzustellen, daß die älteren — weiblichen wie männlichen — Angestellten aufgrund ihrer Dienstjahre regelmäßig die höchste Stufe ihrer jeweiligen tariflichen Gehaltsgruppe erreicht haben und danach bezahlt werden. Auch für die ältere Arbeiterin gibt es keine spezifischen Probleme ihrer Entlohnung, abgesehen davon, daß für sie wie für alle Arbeiterinnen das Problem der Lohngleichheit besteht, das im gewerblichen Bereich nach wie vor umstritten ist und den Bundestag wiederholt beschäftigt hat. Die Regelung der Lohngleichheit erfolgt im Rahmen der Tarifautonomie für alle Arbeiterinnen und damit auch für die älteren.

Eine Besonderheit für ältere — weibliche wie männliche — Arbeitnehmer, die sie von den jüngeren unterscheidet, besteht darin, daß ihnen heute meistens tarifvertraglich eine Verdienstsicherung gewährt wird. Danach erhalten ältere Arbeitnehmer von einem bestimmten Alter ab eine gewisse Sicherung ihres letzten Verdienstes in den Fällen, in denen sie aus gesundheitlichen Gründen auf einen geringer bezahlten Arbeitsplatz umgesetzt werden. Diese Regelungen erleichtern dem älteren Arbeitnehmer den Übergang auf einen für ihn geeigneten Arbeitsplatz und verhindern ein allzu starkes Abgleiten seines Verdienstes. Daneben enthalten viele Tarifverträge auch einen erweiterten Kündigungsschutz für ältere Arbeitnehmer, der verschiedentlich so weit geht, daß das Arbeitsverhältnis durch den Arbeitgeber nur aus wichtigem Grunde gekündigt werden kann.

3. Praktische Erfahrungen

3.1. Aus der Sicht der Betriebe

Wie beurteilen nun die Betriebe das Fähigkeitsbild der älteren Arbeitnehmerin? In diesem Zusammenhang sind die Ergebnisse einer Umfrage interessant, die die Bundesvereinigung der Deutschen Arbeitgeberverbände (3) 1973 zur Situation der älteren Arbeitnehmer in den Betrieben bei 172 Unternehmen mit insgesamt ca. 900 000 Beschäftigten durchgeführt hat (s. Tab. 3). Wenn diese Untersuchung von ihrem Umfang her auch nicht als repräsentativ gelten kann, so vermittelt sie doch einen Einblick in die tatsächlichen betrieblichen Verhältnisse, der in dieser Form bisher gefehlt hat. Ziel dieser Befragung war u. a., etwaige Alters- bzw. Leistungsgrenzen bei der Beschäftigung älterer Arbeitnehmer festzustellen.

Die Untersuchung ergab, daß lediglich 28 % der befragten Betriebe sog. generelle Altersgrenzen beobachteten, bei denen bei bestimmten Mitarbeitergruppen allgemein Leistungswandlungen auftreten. 9 % der Betriebe stellten solche generellen Leistungsgrenzen auch bei weiblichen Arbeitnehmern im gewerblichen Bereich fest. Die Mehrzahl der Betriebe hingegen, nämlich 61 %, konstatierte nur im Zusammenhang mit bestimmten Tätigkeiten altersbedingte Leistungsveränderungen. Dabei handelt es sich überwiegend um Arbeiten, die mit hohen physischen und psychischen Anforderungen verbunden sind, wie sie verschiedentlich im Produktionsbereich der Betriebe anfallen. Im Angestelltenbereich hingegen wurden nur bei einer geringen Zahl von Tätigkeiten Leistungsschwierigkeiten im Alter beobachtet, so im Außendienst, in der Datenverarbeitung und bei der Kraftfahrertätigkeit. Wenn man Leistungsschwierigkeiten feststellte, dann überwiegend erst nach dem 55. Lebensjahr. Frühere Leistungsgrenzen wurden in einzelnen Betrieben bei Datentypistinnen registriert, bei Arbeiten, die eine hohe Fingerfertigkeit und Sehschärfe erfordern und nicht zuletzt bei Arbeiten, die unter Zeitdruck zu verrichten sind.

Diese Ergebnisse bestätigen im Grunde die wissenschaftlichen Erkenntnisse über den Leistungswandel und Fähigkeitsausgleich bei älteren Arbeitnehmern und machen erneut deutlich, daß das Altersproblem nicht generell auftritt, sondern lediglich im Zusammenhang mit bestimmten Arbeitsanforderungen. Sie zeigen ferner, daß in der Beurteilung der Leistungsfähigkeit von älteren Arbeitnehmern und Arbeitnehmerinnen durch die Betriebe kaum nennenswerte Unterschiede bestehen.

Als ein weiteres Ergebnis brachte die Umfrage einen Einblick in die Maßnahmen, die die Betriebe zur optimalen Beschäftigung älterer leistungsgewandelter Mitarbeiter ergriffen haben. Hier wurden am häufigsten Umsetzungen auf einen für den Älteren geeigneten Arbeitsplatz genannt. Zu den weiteren Maßnahmen zählten neue, auf den Älteren zugeschnittene Kombinationen von Arbeitsaufgaben, arbeitsgestalterische Maßnahmen und besondere Arbeitszeit- und Pausenregelungen. Kaum angeführt wurden hingegen Maßnahmen zur Weiterbildung älterer Arbeitnehmer. Hier stoßen die Betriebe offenbar — vor allem auch bei Arbeitnehmerinnen — auf eine mangelnde Weiterbildungsbereitschaft, die entsprechende betriebliche Initiativen über kurz oder lang scheitern läßt.

3.2. Aus der Sicht der Arbeitnehmerinnen

Zur Abrundung des Bildes sollten auch die Arbeitnehmerinnen selbst zu Worte kommen. Wie sehen die älteren Frauen selbst ihre Arbeit und ihre Leistung? Fühlen sie sich durch die Arbeitsbedingungen überfordert? Diese Frage richtete der Deutsche Gewerkschaftsbund (8) 1972 an 2286 Arbeiterinnen und Angestellte im Alter von

Tab. 3. Angaben der Betriebe über Altersgrenzen, bei denen Einsatz- und Leistungsschwierigkeiten beobachtet werden, und über Altersgrenzen, die für Neueinstellungen vorgesehen sind (Anzahl der Betriebe, die jeweils Angaben gemacht haben)

	Altersgrenzen, bei denen Einsatz- und Leistungsschwierigkeiten beobachtet werden							Altersgrenzen, die für Neueinstellungen vorgesehen sind						
	insgesamt	in % v. 172*	unter 50	50 bis 54	55 bis 59	ab 60	Spalte 5 u. 6 in % v. 1	insgesamt	in % v. 172*	unter 50	50 bis 54	55 bis 59	ab 60	Spalte 12 u. 13 in % v. 8
	1	2	3	4	5	6	7	8	9	10	11	12	13	14
generelle Altersgrenzen im einzelnen bei: (Mehrfachnennungen möglich)	48	28	–	–	–	–	–	77	45	–	–	–	–	–
a) leitenden Angestellten	11	6	1	—	6	4	91	53	31	23	18	10	2	23
b) Angestellten	9	5	1	1	2	5	78	40	23	15	11	10	4	25
c) Meistern	13	8	1	1	5	6	85	34	20	15	8	7	4	32
d) gewerblichen Arbeitnehmern generell	27	16	2	2	15	8	85	42	24	16	10	13	3	38
e) männlichen gewerblichen Arbeitnehmern	15	9	2	5	4	4	53	10	6	4	3	2	1	30
f) weiblichen gewerblichen Arbeitnehmern	16	9	5	2	4	5	56	11	6	5	4	1	1	18
a) bis f)	91	53	12	11	36	32	75	190	110	78	54	43	15	31
tätigkeitsabhängige Altersgrenzen im einzelnen bei: (Mehrfachnennungen möglich)	105	61	–	–	–	–	–	72	42	–	–	–	–	–
a) Außendienst	20	12	—	4	5	11	80	23	13	14	4	3	2	22
b) Datenverarbeitung	11	6	4	3	3	1	36	19	11	18	1	4	—	—
c) Kraftfahrern	35	20	1	5	10	19	83	29	17	19	3	4	3	24
d) Arbeiten im Akkord	24	14	3	9	9	3	50	10	6	8	—	1	1	20
e) Schichtarbeit	10	6	2	—	6	2	80	6	3	1	1	3	1	67
f) sonstige Tätigkeiten mit hoher physischer oder psychischer Belastung	94	55	14	26	38	16	57	51	30	29	14	6	2	16
a) bis f)	194	113	24	47	71	52	63	138	80	89	23	17	9	19

* Gesamtzahl der beteiligten Firmen
Quelle: Bundesvereinigung der Deutschen Arbeitgeberverbände (Hrsg.): Ältere Mitarbeiter — Praktische Arbeitshilfe für die Betriebe, Köln 1973, S. 47

45 bis 65 Jahren. Sie wurde von 35,5 % der Befragten bejaht, von der Mehrzahl, nämlich 59 %, jedoch verneint. Dabei fühlten sich die Arbeiterinnen mit rd. 44 % am stärksten überfordert, während die Angestellten nur zu 25 % darüber klagten. Als Ursachen für die Überforderung wurden genannt: mit 15 % zu schnelles Arbeitstempo, mit 12 % familiäre Pflichten, mit 12 % körperliches Unwohlsein und mit 11 % Lärm, Licht und Schmutz. Danach machen den älteren Arbeitnehmerinnen vor allem das Arbeitstempo und das Problem der Doppelbelastung zu schaffen. Es ist anzunehmen, daß sich im Zuge der weiteren Humanisierung der Arbeit arbeitsorganisatorische Maßnahmen durchsetzen werden, die eine Erleichterung hinsichtlich des Arbeitstempos im Sinne von Selbstregulierung der Arbeitsgeschwindigkeit bringen. Die Doppelbelastung der Frau ist dagegen ein gesellschaftliches Problem, das durch betriebliche Maßnahmen zwar erleichtert, aber nicht gelöst werden kann. Insgesamt läßt das Befragungsergebnis den Schluß zu, daß die ältere Arbeitnehmerin nicht in dem Maße überfordert ist, wie es vielfach behauptet oder unterstellt wird.

4. Die ältere Frau auf dem Arbeitsmarkt

Das Thema wäre unvollständig behandelt, würde man die Situation der älteren Frau auf dem Arbeitsmarkt unberücksichtigt lassen. Die Arbeitslosenquote der Frauen liegt z. Z. mit 6 % etwa doppelt so hoch wie die der Männer. Besonders betroffen sind vor allem die weiblichen Angestellten. Die hohe Arbeitslosigkeit unter den Frauen ist in erster Linie darauf zurückzuführen, daß im Zuge der wirtschaftlichen Rezession in besonderem Maße solche Bereiche von Beschäftigungseinschränkungen betroffen wurden, in denen überwiegend Frauen tätig sind, wie der Verwaltungs- und Bürosektor und die Dienstleistungsbereiche. Die Situation wird noch dadurch erschwert, daß ein Großteil der arbeitsuchenden Frauen zur Teilzeitarbeit tendiert, die gegenwärtig nur begrenzt angeboten wird.

Die Gruppe der 45 bis 65jährigen unter den Arbeitslosen ist mit 27 % gegenwärtig nicht überrepräsentiert (1). Die Frauen liegen dabei mit 25 % unter dem Durchschnitt, während die Männer einen Anteil der Älteren von 29 % verzeichnen. Für diese Arbeitsmarktsituation der älteren Arbeitnehmer gibt es verschiedene Gründe: Einmal wirken sich hier die tarifvertraglichen Regelungen zu Gunsten der älteren Arbeitnehmer aus, die den Älteren z. T. einen sehr weitgehenden Kündigungsschutz bieten. Sie haben gleichzeitig ein Ansteigen der Arbeitslosigkeit der jugendlichen Arbeitnehmer bewirkt, die in der Gruppe der 20 bis 25jährigen mit 6 % die höchste Arbeitslosenquote aufweisen. Zum anderen zeigen sich hier Auswirkungen der neueren Rentengesetzgebung, die es Arbeitnehmern ermöglicht, schon vor dem 65. Lebensjahr in den Ruhestand zu treten (flexible Altersgrenze). Die älteren Frauen haben hier insofern einen Vorteil, als sie sich bereits früher als die Männer, nämlich schon mit dem 60. Lebensjahr, aus dem Arbeitsleben zurückziehen und Altersruhegeld empfangen können. Läßt man den Einfluß der unterschiedlichen rentenrechtlichen Bestimmungen für Männer und Frauen außer Betracht, so ergibt sich bei einem Vergleich der 45 bis 55jährigen weiblichen und männlichen Arbeitslosen, daß bei Anteilsätzen von 15 bzw. 16 % kein wesentlicher Unterschied in der Arbeitslosigkeit von Frauen und Männern besteht.

Zweifellos unterliegen die höheren Altersgruppen einem besonderen Risiko der Arbeitslosigkeit, das in der hohen Arbeitslosenquote der 55 bis 65jährigen mit etwa 5,5 % zum Ausdruck kommt. Hier wird die Schwierigkeit sichtbar, ältere Arbeitnehmer wieder in den Arbeitsprozeß einzugliedern. Abgesehen von gesundheitlichen Einschränkungen, die die Vermittlung vieler Älterer effektiv erschweren, spielt dabei die Zurückhaltung der Betriebe gegenüber älteren Arbeitslosen eine Rolle. Sie zeigt sich u. a. in den in der Praxis verbreiteten Altersbegrenzungen bei der Einstellung neuer Mitarbeiter (s. Tab. 3). Für solche Altersbegrenzungen sind u. a. folgende Gründe ausschlaggebend: Überall dort, wo nach betrieblichen Erfahrungen bei bestimmten Tätigkeiten mit altersbedingten Leistungsschwierigkeiten zu rechnen ist, haben die Betriebe aus Gründen der Aufrechterhaltung der Produktivität ein Interesse daran, jüngere Mitarbeiter einzustellen. Die tarifvertraglichen Arbeitsschutzbestimmungen zu Gunsten älterer Arbeitnehmer stehen oft der Neueinstellung älterer Arbeitsloser im Wege. Hier bestätigt sich die alte Erfahrung, daß besondere Begünstigungen bestimmter Personengruppen sich in ihr Gegenteil verkehren können. Daß die Einstellungsgrenzen für Frauen häufig geringfügig unter denen für Männer liegen, hängt weitgehend damit zusammen, daß Frauen meistens früher als Männer aus dem Arbeitsleben ausscheiden.

Es ist sicherlich nicht auszuschließen, daß sich hinter den Einstellungsgrenzen häufig auch gewisse Vorurteile der Betriebe gegenüber der Leistungsfähigkeit der älteren Arbeitnehmer verbergen, die unberechtigt sind und sich zum Nachteil aller Beteiligten auswirken können; denn möglicherweise versperrt sich auch der Betrieb damit den Zugang zu Arbeitskräften, die für ihn nützlich wären. Eine flexiblere Handhabung pauschaler Altersgrenzen bei Neueinstellungen wäre daher vorteilhafter.

Andererseits ist zu berücksichtigen, daß die älteren Arbeitnehmer oft auch aufgrund ihrer geringerwertigen Berufsausbildung dem verschärften Wettbewerb auf dem Arbeitsmarkt weniger gewachsen sind als die jüngeren. Das gilt vor allem für viele ältere Frauen und zeigt sich darin, daß weit über die Hälfte der arbeitslosen Frauen keine abgeschlossene Berufsausbildung haben.

Die Situation der älteren Arbeitnehmer auf dem Arbeitsmarkt wird danach von einer ganzen Reihe von Faktoren beeinflußt. Für die ältere Arbeitnehmerin ergeben sich dabei teils negative teils positive Aspekte. Nachteilig wirkt sich zweifellos ihre mangelnde Berufsausbildung aus, die ihre Vermittlungsfähigkeit gegenüber der jüngeren Frau beeinträchtigt. Offenbar hat dieses Handicap jedoch keine größeren nachteiligen Auswirkungen als beim gleichaltrigen Mann.

Der positive Aspekt ist darin zu sehen, daß die ältere Frau im Gegensatz zu ihrer jüngeren Kollegin und ihrem männlichen Kollegen vorzeitig aus dem Arbeitsleben ohne spürbare Rentenschmälerung ausscheiden kann. Die Tatsache, daß sehr viele Frauen von dieser Möglichkeit — auch unabhängig von einem evtl. bestehenden Arbeitsmarktdruck — Gebrauch machen, zeigt, daß diese Regelung den Wünschen der berufstätigen Frauen entgegenkommt. In ihrem frühzeitigen Ausscheiden aus der Berufswelt ein Anzeichen für eine Überforderung der älteren Frauen zu sehen, wie das verschiedentlich gedeutet wird, ist eine Spekulation. Eher wird hier wiederum die familienbezogene Verhaltensweise der Frau deutlich. Bei einer lockeren Bindung an den Beruf möchte sie so bald wie möglich wieder in die Familie zurückkehren, die ihr auch im Alter unbegrenzt Aufgaben stellt. Dadurch vollzieht sich für die berufstätige Frau der Übergang in die dritte Lebensphase viel leichter als für den Mann. Fakten, die der Frau während ihrer Berufstätigkeit vielfach zum Nachteil gereicht haben, erweisen sich damit im Zeitpunkt des Ausscheidens aus dem Arbeitsleben für sie eher als Vorteil.

Literatur

1. Bundesanstalt für Arbeit (Hrsg.), Presseinformation Nr. 50 vom 4. August 1977. — 2. Bundesministerium für Jugend, Familie und Gesundheit (Hrsg.), Erziehungsgeld — Repräsentativ-Erhebung (Bonn - Bad Godesberg 1976). — 3. Bundesvereinigung der Deutschen Arbeitgeberverbände (Hrsg.), Ältere Mitarbeiter — Praktische Arbeitshilfe für die

Betriebe (Köln 1973). — 4. Bundesvereinigung der Deutschen Arbeitgeberverbände (Hrsg.), Die Frau in Wirtschaft und Gesellschaft (Köln 1975). — 5. Bundesvereinigung der Deutschen Arbeitgeberverbände (Hrsg.), Die Mitarbeiterin im Betrieb, Arbeitsberichte des Ausschusses für Soziale Betriebsgestaltung Nr. 39 (Bergisch Gladbach 1977). — 6. *Cauer-Klingel-höffer, L.*, Die Frau als Mitarbeiterin in der chemischen Industrie, Heft 12 der Schriftenreihe „Aus der Praxis betrieblicher Sozialpolitik", hrsg. vom Arbeitsring der Arbeitgeberverbände der Deutschen Chemischen Industrie e. V. (Wiesbaden 1966). — 7. Deutsche Gesellschaft für Personalführung e. V. (Hrsg.), Die Wiederaufnahme der Berufstätigkeit bei Frauen aus der Sicht der Betriebe — Maßnahmen, Erfahrungen, Vorschläge (Düsseldorf 1971). — 8. Deutscher Gewerkschaftsbund (Hrsg.), DGB-Informations-Dienst, ID 4 vom 17. April 1974. — 9. Institut für Arbeitsmarkt- und Berufsforschung der Bundesanstalt für Arbeit, Nürnberg (Hrsg.), „Quintessenzen aus der Arbeitsmarkt- und Berufsforschung" (Nürnberg 1976). — 10. *Kiesau, G.* u. Mitarbeiter, Die Lebenslage älterer Menschen in der Bundesrepublik Deutschland, WSI-Studie zur Wirtschafts- und Sozialforschung Nr. 31, hrsg. vom Wirtschafts- und Sozialwissenschaftlichen Institut des Deutschen Gewerkschaftsbundes GmbH (WSI) (Düsseldorf 1975). — 11. *Kühlewind, G., M. Thon*, Projektion des deutschen Erwerbspotentials für den Zeitraum 1975 bis 1990, in: Mitteilungen aus der Arbeitsmarkt- und Berufsforschung, Heft 2, 156—165 (1976). — 12. *Lehmann, G.*, Das physische Leistungsvermögen des Menschen, in: Handbuch der gesamten Arbeitsmedizin, Band I Arbeitsphysiologie, hrsg. von *G. Lehmann*, 321—362 (Berlin - München - Wien 1961). — 13. *Lehr, U.*, Die Frau im Beruf. Eine psychologische Analyse der weiblichen Berufsrolle (Frankfurt/ Bonn 1969). — 14. *Lehr, U.*, Die Frau im Betrieb, in: Handbuch der Psychologie in 12 Bänden, hrsg. von *A. Mayer*, München, und *B. Herwig*, Braunschweig, Band 9 „Betriebspsychologie", S. 735—777 (Göttingen 1970). — 15. *Lehr, U.*, Das Problem der Sozialisation geschlechtsspezifischer Verhaltensweisen, in: Handbuch der Psychologie in 12 Bänden, hrsg. von *A. Mayer*, München, und *B. Herwig*, Braunschweig, Band 9 „Betriebspsychologie", S. 886—954 (Göttingen 1970). — 16. *Lehr, U.*, Der ältere Mensch im Arbeitsprozeß — Stereotypen und Tatsachen, in: Zeitschrift für Gerontologie, Heft 4, S. 306—314 (Darmstadt 1975). — 17. *Lehr, U.*, Mitarbeiter, ältere, in: Handwörterbuch des Personalwesens, hrsg. von *E. Gaugler*, Sp. 1289—1305 (Stuttgart 1975). — 18. *Lehr, U., G. Dreher, R. Schmitz-Scherzer*, Der ältere Arbeitnehmer im Betrieb, in: *A. Mayer* und *B. Herwig* (Hrsg.), Handbuch der Psychologie, Band 9, Betriebspsychologie, 2. Aufl., S. 778—827 (Göttingen 1970). — 19. *Scheffler, S.*, Wiederaufnahme einer Berufstätigkeit bei Frauen. Ein Beitrag zur Berufstätigkeit der Frau aus psychologischer Sicht. Inaugural-Dissertation zur Erlangung der Doktorwürde der Philosophischen Fakultät der Rheinischen Friedrich-Wilhelms-Universität (Bonn 1971). — 20. *Schmidt, H.*, Der ältere Arbeitnehmer im technischen Wandel als psychologisches Problem. Phil. Diss. (Bonn 1973). — 21. *Thomae, H., U. Lehr*, Berufliche Leistungsfähigkeit im mittleren und höheren Erwachsenenalter (Göttingen 1973). — 22. Statistisches Bundesamt (Hrsg.), Preise, Löhne, Wirtschaftsrechnungen, Reihe 17, Gehalts- und Lohnstrukturerhebungen I — Gewerbliche Wirtschaft und Dienstleistungsbereich, Angestelltenverdienste, 1972, S. 126. — 23. Statistisches Bundesamt (Hrsg.), Preise, Löhne, Wirtschaftsrechnungen, Reihe 17, Gehalts- und Lohnstrukturerhebungen I — Gewerbliche Wirtschaft und Dienstleistungsbereich, Arbeiterverdienste 1972, S. 32. — 24. Statistisches Bundesamt (Hrsg.), Die Frau in Familie, Beruf und Gesellschaft (Stuttgart und Mainz 1975). — 25. Statistisches Bundesamt (Hrsg.), Preise, Löhne, Wirtschaftsrechnungen, Reihe 15, Arbeitnehmerverdienste in Industrie und Handel II — Angestelltenverdienste, April 1976, S. 8 ff. — 26. Statistisches Bundesamt (Hrsg.), Preise, Löhne, Wirtschaftsrechnungen, Reihe 15, Arbeitnehmerverdienste in Industrie und Handel I — Arbeiterverdienste, April 1976, S. 6 ff. — 27. Statistisches Bundesamt (Hrsg.), Unterbrechung und Wiederaufnahme der Erwerbstätigkeit von Frauen, in: Wirtschaft und Statistik, Heft 4, 1976, S. 236—239. — 28. Statistisches Bundesamt (Hrsg.), Statistisches Jahrbuch 1977, (Wiesbaden 1977).

Anschrift des Verfassers:
Dr. *Dorothee Müller-Hagen*, Bundesvereinigung der Deutschen Arbeitgeberverbände
5000 Köln 51, Oberländer Ufer 72

Die ältere Frau in der Politik

Dorothee Wilms, MdB (Bonn)

Mit 1 Abbildung und 5 Tabellen

Situation und Verhalten der älteren Frau in der Politik lassen sich aus einer Reihe von Gegebenheiten und Faktoren erkennen und analysieren. Wahlstatistiken, demoskopische Umfragen und persönliche Erfahrungen und Erkenntnisse sind wohl die wichtigsten Quellen dafür.

1. Wahlverhalten[1])

a) Wahlbeteiligung

Bei der letzten Bundestagswahl am 3. Oktober 1976 waren 42,1 Millionen Bürger wahlberechtigt; davon waren 22,9 Millionen Frauen. Besonders in der Gruppe der über 45jährigen war ein starker Frauenüberschuß zu verzeichnen. Hier standen 8,8 Millionen männlichen Wahlberechtigten 12,6 Millionen weibliche gegenüber.

Der Anteil der Wahlberechtigten, die Unterlagen zur Briefwahl angefordert hatten, stieg von 7,2 % bei der Wahl von 1972 auf 10,7 % bei der letzten Wahl an. Am stärksten waren die über 45 Jahre alten Frauen an der Briefwahl interessiert: 13,3 % gegenüber 10,6 % der gleichaltrigen Männer. Von den über 70 Jahre alten Frauen erhielt sogar mehr als jede fünfte (20,9 %) die Briefwahlunterlagen (Männer der gleichen Altersgruppe: 14,9 %).

Die Wahlbeteiligung hat seit den 50er Jahren insgesamt ständig zugenommen. Sie erreichte 1972 ihren Höhepunkt mit 90,8 % und ging 1976 nur unwesentlich auf 90,4 % zurück (ohne Briefwähler[2])). Dieser Rückgang war bei den Frauen allerdings nur etwa ein Drittel so stark wie bei den Männern.[3])

Wie bei allen bisherigen Bundestagswahlen gingen auch 1976 etwas weniger Frauen zur Wahl als Männer (90,0 % gegenüber 90,8 %). Die geringste Wahlbeteiligung zeigten zwischen 21 und 25 Jahre alte Frauen (82,9 %), die höchste die 45- bis 50jährigen Bürgerinnen (93,3 %). Die relativ niedrige Angabe von 86,0 % Wahlbeteiligung bei über 70 Jahre alten Frauen ist zum Teil dadurch zu erklären, daß die allgemeinen Wahlstatistiken die Briefwähler, deren Zahl ja gerade in dieser Gruppe sehr hoch ist, aus methodischen Gründen nicht berücksichtigen.

---

[1]) Wo nichts anderes angegeben ist, sind den Zahlenangaben im Text die vom Statistischen Bundesamt ermittelten Daten zugrunde gelegt.

[2]) Nach Angaben des Sozialwissenschaftlichen Forschungsinstituts der *Konrad-Adenauer-Stiftung* betrug die Wahlbeteiligung mit Briefwählern 1972 91,1 % und 1976 91,0 % (vgl. D. *Oberndörfer:* Die Bundestagswahl 1976. Nachwahlanalyse, S. 22). — W. *Linke* (Wählerverhalten nach Geschlecht und Alter bei der Bundestagswahl 1976. In: Wirtschaft und Statistik, 1/1977, S. 15) spricht von 90,7 %.

[3]) Vgl. *Linke,* a. a. O., S. 16.

	insgesamt	18—45 Jahre	45—70 Jahre	älter
Männer	90,8	88,3	94,6	91,2
Frauen	90,0	86,8	93,1	86,0

Deutlich stärker als der Bundesdurchschnitt ihrer Altersgenossinnen (93,1 %) beteiligten sich die 45—70jährigen Frauen in Rheinland-Pfalz (93,9 %), Hessen (94,0 %), Niedersachsen (94,0 %) und vor allem im Saarland (95,3 %) an der Wahl. Unterdurchschnittlich, und das erheblich, war nur die Wahlbeteiligung dieser Gruppe in Baden-Württemberg (91,7 %) und Bayern (91,6 %).

b) Verteilung der Zweitstimmen

Seit der Wahl von 1961 hat sich das Votum der Frauen für eine bestimmte Partei zunehmend mehr dem der Männer angeglichen. Bis zur Bundestagswahl von 1972 nahm die Stimmabgabe der Frauen zugunsten der SPD relativ stärker zu als die im ganzen höhere der Männer. Danach hat die SPD insgesamt wieder an Stimmen verloren, und zwar bei den Männern mehr als bei den Frauen. Fast umgekehrt verlief die Entwicklung hinsichtlich der CDU. Abgesehen von einem parallelen Anstieg der CDU-Stimmen bei Männern und Frauen von 1961 bis 1965 und einem leichten,

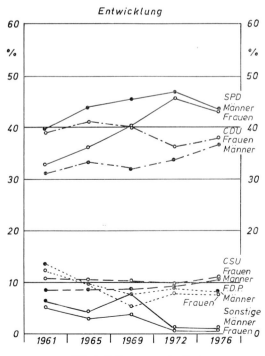

Abb. 1. Erläuterungen im Text

81

ebenfalls bei Männern und Frauen relativ gleichen Rückgang von 1965 bis 1969, nahm der Anteil der CDU-Wählerinnen in der Wahl von 1972 stark ab, derjenige der Männer allerdings deutlich zu. Anders als die SPD konnte die CDU (wie auch die CSU) in der letzten Bundestagswahl wieder mehr Stimmen an sich ziehen, wobei diese Gewinne bei Männern noch stärker gemacht wurden als bei den Frauen. Die Stimmabgabe für die CSU zeigt bis 1972 einen sehr gleichmäßigen Verlauf; Frauen bevorzugten sie etwas mehr als Männer. Seit 1972 wird die CSU von Männern und Frauen nahezu gleich stark gewählt. Bei der F.D.P. ist die Entwicklung der Stimmabgabe seit 1969 der der SPD vergleichbar, was wohl nicht zuletzt auf die Koalitionsaussagen der beiden Parteien vor den Wahlen zurückzuführen ist.

Die Werte der folgenden Tabelle liefern zur gerade skizzierten Entwicklung der Stimmabgabe für die einzelnen Parteien bei Männern und Frauen interessante Zusatzinformationen. Betont werden muß, daß es trotz landläufiger Gegenmeinung gerade die älteren, besonders aber die über 60 Jahre alten Frauen waren, die in der letzten Zeit ihr Wahlverhalten stark verändert haben. In keiner anderen Wählergruppe ist ein derart hoher Zuwachs an SPD-Stimmenanteilen und augenfälliger Verlust an CDU-Prozenten festzustellen. Es waren die Männer, die der CDU in der Wahl von 1976 gegenüber der von 1969 doch noch einen Stimmengewinn sicherten.

Tab. 2. Stimmabgabe der Männer und Frauen nach dem Alter bei der Wahl von 1976 (und 1969)[4] (in %)

	SPD	CDU	CSU	F.D.P.	DKP	NPD
18—45 Jahre						
Männer	44,6	34,7	10,3	9,3	0,4	0,3
	(48,4)	(30,6)	(8,3)	(6,3)	(—)	(5,2)
Frauen	44,3	35,4	10,3	9,4	0,2	0,2
	(43,9)	(37,2)	(9,8)	(5,8)	(—)	(2,8)
45—60 Jahre						
Männer	42,7	38,3	10,1	7,7	0,3	0,7
	(43,8)	(31,5)	(8,3)	(6,2)	(—)	(8,7)
Frauen	42,1	39,0	10,9	7,4	0,2	0,3
	(39,0)	(40,7)	(10,3)	(5,4)	(—)	(3,7)
über 60 Jahre						
Männer	42,0	40,3	10,9	5,7	0,4	0,6
	(41,5)	(35,8)	(9,0)	(5,5)	(—)	(6,3)
Frauen	42,0	41,1	11,4	5,2	0,1	0,2
	(36,5)	(44,5)	(11,1)	(4,4)	(—)	(2,4)
total	43,3	37,4	10,6	7,8	0,3	0,3
	(42,8)	(36,5)	(9,5)	(5,6)	(—)	(4,4)

[4] Die Ergebnisse von 1969 (in Klammern) wurden zum Vergleich herangezogen, weil sich zu diesem Zeitpunkt die Aufwärtsbewegung der weiblichen SPD-Stimmenanteile und die Abwärtsbewegung der weiblichen CDU-Stimmenanteile nahezu in einem Punkt trafen, insgesamt aber noch einen deutlichen Abstand zur entsprechenden Stimmabgabe der Männer zeigten.

Hinzuweisen ist auch darauf, daß Frauen jeder Altersgruppe, vor allem aber wieder die ältere Generation, im Verhältnis zu den Männern viel weniger zu extremen Parteien neigten.

Während der Anteil von Frauen, die 1976 die SPD wählten, in allen Altersgruppen ziemlich gleich groß war (2,3 % Abstand), nahm die Zahl der CDU-Wählerinnen mit steigendem Alter zu (5,7 % Abstand), allerdings nicht mehr so stark wie früher.

Entgegen dem Bundesdurchschnitt, der eine immer noch relativ höhere SPD-Anhängerschaft aller Männer ausweist, wählten 1976 die 45–60 / über 60 Jahre alten Frauen in einigen Bundesländern die SPD stärker als die gleichaltrigen Männer:

Tab. 3. Abweichungen von der durchschnittlichen SPD-Stimmenverteilung bei Männern und Frauen (in %)

		Hessen	Bremen	Hamburg
45–60 Jahre	Männer	43,3	50,3	52,3
	Frauen	45,1	52,5	52,0
über 60 Jahre	Männer	45,4	49,3	53,3
	Frauen	47,0	51,4	56,7

Auffällig ist hier besonders das SPD-Votum der über 60jährigen Hamburgerinnen.[5]) Die wenigsten Stimmen von den älteren Frauen erhielt die SPD in Baden-Württemberg (36,2 % / 34,4 %) und in Bayern (33,3 % / 32,7 %).

Die CDU/CSU verzeichnete die prozentual besten Stimmengewinne bei den 45–60 / über 60 Jahre alten Frauen in Niedersachsen (47,6 % / 50,0 %), im Saarland (48,1 % / 52,7 %), in Rheinland-Pfalz (51,4 % / 55,0 %), Baden-Württemberg (54,9 % / 58,7 %) und Bayern (60,5 % / 62,7 %). Die wenigsten Stimmen erhielt sie von den älteren Frauen in Bremen (33,4 % / 38,3 %) und Hamburg (37,9 % / 37,0 %).

Der F.D.P. gaben die Wählerinnen der ältesten Generation stets weniger Stimmen als die 45–60jährigen. Am besten schnitt die F.D.P. in Bremen (13,1 % / 9,6 %) ab, am schlechtesten im Saarland (5,9 % / 4,8 %) und in Bayern (5,5 % / 4,1 %).

2. Politische Aktivitäten und Mandate

Frauen verhalten sich hinsichtlich eines politischen Engagements immer noch sehr zurückhaltend. Der wichtigste Grund dafür liegt sicherlich im traditionellen Rollenbild, das für die Frau in erster Linie die Betätigung im häuslichen Kreis vorsieht, weniger ihren Einsatz im öffentlichen Leben. Doch werden vermutlich auch finanzielle Gründe (Beitrag) dafür maßgebend sein, daß nur eine Minderheit der Parteimitglieder in der Bundesrepublik Frauen sind:

---

[5]) Inwieweit die signifikante Bevorzugung der SPD durch die über 60jährigen Hamburgerinnen durch die hamburgische Herkunft und entsprechende Popularität des Kanzlers *Helmut Schmidt* bedingt ist, müßte noch durch entsprechende Untersuchungen geklärt werden.

22,0 % in der F.D.P.
21,4 % in der SPD
20,0 % in der CDU
11,9 % in der CSU.[6])

Die geringe Repräsentation der Frauen in den Parteien führt u. a. dazu, daß sie auch geringe Chancen haben, in führende politische Positionen und Mandate aufzurücken. Allzu oft begnügen sich politische Gremien damit, eine sogenannte Alibi-Frau in ihren Reihen zu haben.

So stellten die Frauen in den Länderparlamenten 1976 durchschnittlich nur 7,3 % der Mitglieder. Prozentual am schlechtesten sah es mit 5,5 % in Schleswig-Holstein aus; in Bremen konnten immerhin schon 15 % der Sitze von Frauen eingenommen werden.[7])

Seit der 2. Legislaturperiode, während der noch 10,7 % weibliche Abgeordnete im Bundestag saßen, ist die Zahl der weiblichen Bundestagsabgeordneten ständig zurückgegangen, und zwar auf 5,8 % zu Beginn der 7. Legislaturperiode[8]). Erst die letzten Wahlen haben für die Frauen wieder etwas bessere Ergebnisse gebracht; sie stellen — nachdem neulich für die CDU/CSU eine weitere Frau nachgerückt ist — nun 7,5 % der Abgeordneten. Am besten vertreten sind die Frauen der CDU/CSU mit 20 Abgeordneten; für die SPD sind 15 und für die F.D.P. 4 Frauen in den Bundestag eingezogen.[9])

27 der 39 Frauen im Bundestag sind über 45 Jahre alt; am stärksten sind dabei die Frauen zwischen 50 und 55 Jahren vertreten (12 Abgeordnete)[10]), die auch in den vorangegangenen Wahlperioden schon dreimal die größte Frauengruppe im Bundestag gestellt hatten[11]).

Die Altersgliederung im Bundestag deutet darauf hin, daß Frauen, sofern sie sich politisch engagieren, sich — wegen anfänglicher Anlaufschwierigkeiten oder familiärer Verpflichtungen — erst später als die Männer zu wichtigeren Positionen hocharbeiten können.

3. Ergebnisse der politischen Meinungsforschung

Meinungsumfragen sind ein hilfreiches Instrument, um das politische Bewußtsein der Bevölkerung zu erforschen. Ihre einzelnen Ergebnisse können aber nicht einfach als unumstößliche Tatsachen hingenommen werden, sondern müssen behutsam auf dem Hintergrund der Fragesituation interpretiert werden. Die folgenden Ausführungen dürfen deshalb auch nur als Hinweise auf entsprechende aktuelle Trends aufgefaßt werden.

---

[6]) Laut Auskünften der Parteizentralen im Oktober 1977. — An dieser Stelle sei hingewiesen auf die augenfällige Kluft, die zwischen der relativ hohen Mitgliederzahl von Frauen in der F.D.P. und den verhältnismäßig geringen Stimmenanteilen der F.D.P. bei den Frauen besteht. Es handelt sich hier um eine deutliche Erscheinungsform des sogenannten „cleavage": Einerseits wird die Mitgliedschaft der F.D.P. geprägt durch die Gruppe der neuen Mittelschicht, in der die geschlechtsspezifische Kompetenzaufteilung weitgehend zurückgedrängt ist. Die Wählerschaft der F.D.P. andererseits setzt sich weitgehend zusammen aus Bevölkerungskreisen, für die diese Charakterisierung nicht gilt.

[7]) Vgl. den statistischen Anhang in: Zur Sache, 1/1977: Frau und Gesellschaft, S. 88.

[8]) Vgl. ebd., S. 89.

[9]) Vgl. Handbuch des Deutschen Bundestages.

[10]) Vgl. ebd.

[11]) Vgl. Zur Sache, a. a. O., S. 90 f.

a) Politische Entscheidungsprozesse[12])

Frauen über 45 Jahre gaben 1976 am häufigsten an, vom Bundestagswahlkampf in keiner Weise in ihrer Entscheidung für die eine oder andere Partei beeinflußt worden zu sein: 83,7 % (jüngere Frauen 77,9 % / jüngere Männer 76,9 % / ältere Männer 77,9 %). Gleichzeitig stellten sie den niedrigsten Prozentsatz derjenigen, die während des Wahlkampfes ihre Meinung revidiert haben: 0,4 % (1,2 % / 1,1 % / 1,7 %).

Entsprechend fühlten sich die älteren Frauen durch den Wahlkampf in ihrer politischen Haltung auch weniger verunsichert als die drei anderen Wählergruppen: 1,4 % (2,4 % / 2,5 % / 2,5 %) und brauchten weniger Bestärkung, um die Partei zu wählen, die sie von Anfang an wählen wollten: 9,0 % (12,9 % / 16,2 % / 14,3 %) oder Anstoß, um überhaupt zu einer Wahlentscheidung zu finden: 0,2 % (0,7 % / 1,4 % / 1,1 %).

Bei der Popularität der beiden Kanzlerkandidaten *Helmut Schmidt* und *Helmut Kohl* mag es einigermaßen überraschen, daß gerade die älteren Frauen nach eigenen Angaben weniger Wert auf den Kanzlerkandidaten legten als auf die Partei:

Tab. 4. Wichtigkeit von Kanzlerkandidat bzw. Partei (in %)

	Kanzlerkandidat	Partei
ältere Frauen	44,8	52,1
jüngere Frauen	50,6	47,7
jüngere Männer	48,1	51,0
ältere Männer	49,6	49,9

Die Haltung der älteren Frauen könnte um so mehr zu denken geben, als man gemeinhin annimmt, daß Frauen eher personen- als sachorientiert seien. Vermutlich aber ist sie daher zu erklären, daß Frauen in der Regel länger auf ihren Entscheidungen beharren, also konservativer sind, und deshalb normalerweise die Partei und ihre Vertreter wählen, die sie auch schon früher gewählt haben.[13]) Mit dieser Interpretation würde es auch übereinstimmen, daß Frauen wenig geneigt sind, sich vom Wahlkampf in ihrer politischen Entscheidung beeinflussen zu lassen.

b) Interesse an der Politik[14])

Ein weiterer nicht zu unterschätzender Grund für die im ganzen ziemlich starke Stabilität der Wahlentscheidung bei Frauen liegt in der allgemein niedrigen Informationsaufnahme. Frauen zeigen ein deutlich geringeres Interesse an politischen

---

[12]) Die Daten dieses Kapitels stützen sich auf eine Untersuchung des Sozialwissenschaftlichen Forschungsinstituts der Konrad-Adenauer-Stiftung (Panel 76 13 B2) aus dem Herbst 1976. Es war die einzige auffindbare Untersuchung, deren Daten — unserem Thema gemäß — gleichzeitig nach Geschlecht und Alter ausgewertet waren.

[13]) Einigermaßen bestätigt wird diese Interpretation durch zwei andere Umfragen des Sozialwissenschaftlichen Forschungsinstituts (Panel 72 12 A3 von 1972 und Frühjahrsstudie 76 ∅ 4 X 1 von 1976), auf deren Frage, ob die Befragten im Laufe der Zeit schon einmal einer anderen Partei zugeneigt hätten, weniger Frauen als Männer mit ‚ja' antworteten (leider differenzieren diese Umfragen nicht gleichzeitig nach Geschlecht und Alter).

[14]) Vgl. Panel 76 13 B2.

Fragen als Männer. Dadurch ergeben sich für die politischen Parteien bisher noch weniger Möglichkeiten der Meinungsbeeinflussung.

Während die älteren Männer sich am meisten mit politischen Problemen beschäftigen, kümmern sich ihre weiblichen Altersgenossinnen am wenigsten darum:

Tab. 5. Interesse an der Politik (Information) (in %)

	rengelmäßig/ häufig	gelegentlich	selten/ nie
ältere Frauen	46,7	30,1	22,6
jüngere Frauen	48,2	34,5	16,6
jüngere Männer	73,9	21,1	4,8
ältere Männer	78,7	17,4	3,7

Frauen und Männer unterscheiden sich ziemlich stark darin, was sie als ihre wichtigste Informationsquelle in politischen Dingen angeben. Sie bevorzugen mehr als die Männer Rundfunk und Fernsehen, um sich entsprechende Kenntnisse zu verschaffen. Dafür aber lesen sie weniger Zeitung, sprechen nicht so oft mit Freunden und Bekannten über Politik und so gut wie nie mit Arbeitskollegen, was zurückzuführen ist auf die seltenere Berufstätigkeit und auf geringe gewerkschaftliche Bindungen. Die Bedeutung der Gewerkschaften als „Informationsfärber", also ihr Einfluß auf die Informationsverarbeitung und -bewertung, sowie die Meinungsführerschaft von Gewerkschaftsvertretern geben jedoch den politischen Gesprächen zwischen Arbeitskollegen eine besondere Bedeutung.

Es fällt daher deutlicher ins Gewicht, wenn Frauen Gesprächen mit Familienmitgliedern weit mehr Wert beilegen als die Männer: ältere Frauen nannten zu 17,6 % Unterhaltungen im Familienkreis an erster Stelle, jüngere Frauen zu 13,8 %; Männer dagegen nur zu 2,6 % bzw. in der älteren Generation zu 6,3 %. Daß so viele, und gerade ältere Frauen, Gespräche im Familienkreis hervorheben, läßt sich möglicherweise so interpretieren, daß diese Frauen häufig noch unter der Beeinflussung durch die allgemeine politische Meinung und das Wahlverhalten ihrer Männer stehen. Die allmähliche Veränderung im Rollenbild, das nun dem Mann nicht mehr ohne weiteres die Meinungsführerschaft innerhalb der Familie zugesteht, erklärt dann auch, warum jüngere Frauen zu ihrer politischen Meinungsbildung nicht mehr derart stark auf das Vorbild ihrer Männer angewiesen sind.

c) Bewertung politischer Zielsetzungen und Aufgaben[15])

Fast allen politischen Aufgaben und Zielsetzungen messen die Frauen weniger Bedeutung bei als die Männer. Eine signifikant geringere Wertschätzung ist vor allem bei Fragen der Außen-, Wirtschafts-, Sozial- und Gesellschaftspolitik sowie bei Problemen der innerdeutschen Beziehungen festzustellen. Mit einem Unterschied von 5 bis mehr als 10 Prozentpunkten gegenüber den Interessen der Männer sind

---

[15]) Den Aussagen dieses Kapitels liegt eine Umfrage des Instituts für Demoskopie Allensbach zugrunde (Wählermotivation in Nordrhein-Westfalen. Umfrage nach der Landtagswahl 1975. Sonderauswertung Januar 1976.) Trotz der Beschränkung auf Nordrhein-Westfalen haben die Daten dieser Untersuchung relativ allgemeinen Aussagewert, da NRW in seiner Bevölkerungsstruktur der des Bundesdurchschnitts nahe kommt.

hier herauszuheben: Mitbestimmung, Gewinnbeteiligung, Abwehr des Sozialismus, Aussöhnung mit dem Osten, Interessenvertretung gegenüber dem Osten, Beibehaltung des marktwirtschaftlichen Systems, pluralistisches Informationsangebot, soziale Gerechtigkeit, Bündnispolitik mit dem Westen, Energieversorgung.

Mehr Gewicht als die Männer legten die Frauen nur folgenden Problemen bei: Maßnahmen gegen Preissteigerung, Umweltverschmutzung und Kriminalität, Durchsetzung der Gleichberechtigung der Frau in allen Lebensbereichen. Dieses letzte Ziel zeigt den überhaupt deutlichsten Unterschied in der Favorisierung: sehr wichtig ist es für 31,9 % der Frauen, aber nur für 16,9 % der Männer. Die geringe Zustimmung, die diese politische Zielsetzung während der Allensbacher Umfrage fand, ist allerdings noch kein endgültiger Beweis dafür, daß nur die wenigsten Männer für die Gleichberechtigung der Frauen sind. Dafür war die verwendete Fragestellung nicht präzise und differenziert genug; in ihrem Trend allerdings dürften die Aussagen schon zutreffend sein.

4. Erfahrungen und Schlußfolgerungen

Das Bild über die Rolle und das Verhalten der älteren Frau in der Politik, das sich aus den hier vorgelegten Auswertungen von Wahlanalysen und demoskopischen Umfragen ergibt, soll im folgenden ergänzt werden durch persönliche Erfahrungen der Autorin, die sich weitgehend decken mit den Erfahrungen, die andere im politischen Bereich mit der Situation der älteren Frau im Rahmen der Politik gemacht haben.

Die Mehrzahl der Frauen über 45 sieht die Politik noch als einen Bereich an, der ihnen verschlossen ist, der sich ihnen weder theoretisch noch praktisch öffnet, der ihren Interessen nicht entgegenkommt. Vielleicht hängt dies mit dem traditionellen Rollenverständnis der Frauen zusammen, das gerade in der älteren Generation noch weithin wirksam ist: die Frau hat sich weitgehend der Familie und den häuslichen Obliegenheiten zu widmen; die Politik ist ein spezifisch vom Mann geprägter Bereich und ihm allein zugänglich. In der Praxis bedeutet dies, daß die Frauen sich zwar an den Wahlen stark beteiligen, daß sie aber keine große aktive Rolle in den politischen Parteien spielen. Jeder wird bestätigen können, daß in den privaten Gesprächen gerade älterer Frauen das Thema Politik noch weitgehend tabu ist, wenn man emotionale Äußerungen über Mißstände, etwa über erhöhte Kriminalität, über Terrorismus oder über Preissteigerungen außer acht läßt. Solche spontanen Meinungsäußerungen sind in der Regel nicht reflektiert, sondern spiegeln nur eine allgemeine Lebensunzufriedenheit (oder -zufriedenheit) wider. Selten wird mit diesen Klagen der Wille verbunden, selber etwas zur Änderung einer als unbefriedigend charakterisierten Situation zu unternehmen. Eine solche Möglichkeit liegt für die meisten älteren Frauen überhaupt nicht im Bereich des Denkbaren.

Selbst für die berufstätige unverheiratete oder allein lebende Frau gelten diese Beobachtungen in nahezu gleicher Weise. Diese Frauen mögen beruflich ihre großen Leistungen vollbringen und dort durchaus als emanzipiert gelten oder gelten wollen, trotzdem gelingt ihnen nur selten auch der Schritt in die politische Aktivität. Hierzu trägt zweifellos bei, daß viele Frauen durch ihren Beruf voll ausgelastet sind, in der Regel noch einen eigenen Haushalt, sehr häufig sogar auch noch alte Familienangehörige (Väter, Mütter) mit zu versorgen haben, so daß so gut wie keine Zeit bleibt zu einem politischen Engagement. Auffallend ist allerdings, daß auch in den Gesprächen der berufstätigen Frauen, sei es am Arbeitsplatz oder im privaten Bereich, das

Politische kaum eine größere Rolle spielt als bei den nur in der Familie tätigen Frauen.

Aus all dem mag erklärlich sein, daß das Wahlverhalten der Frauen grundsätzlich noch ziemlich gleichbleibend ist, obwohl in den letzten Jahren die Schwankungen unverkennbar sind. Im großen und ganzen verbleiben ältere Frauen bei einer einmal gefaßten politischen Meinung. Sie wählen das, was sie immer schon gewählt haben. Deshalb lassen sie sich auch kaum beeinflussen von Wahlkämpfen oder von Personen, die von den Parteien jeweils herausgestellt werden.

Nur sehr wenige Frauen wagen in ihrer zweiten oder dritten Lebensphase den Schritt in das politischen Engagement, gehen in eine Partei und werden dort aktiv. Es sind berufstätige Frauen und es sind Ehefrauen und Mütter, die von ihren Männern und von ihren Kindern eine volle Unterstützung für ihre parteipolitische Tätigkeit erfahren. Gegen die Familie kann kaum eine Frau politisch tätig sein.

In jüngster Zeit sind allerdings mehr Frauen politisch wach geworden und haben auch den Willen zum Engagement bekundet; Anstoß dafür waren etwa die Aktualisierung der Bildungspolitik, die Schulsituation ihrer Kinder und deren Ausbildungsnot. Hier möchten zunehmend mehr Frauen eine Änderung mit herbeiführen, damit die Jugend wieder eine Zukunft hat.

Erstaunlich war das große Engagement gerade auch vieler Frauen in mittleren und älteren Jahren während des letzten Wahlkampfes bei der Bundestagswahl 1976, aber auch schon bei den Landtagswahlen 1974/75. Diese Aktivität war bei allen Parteien zu verzeichnen. Viele Frauen fühlten sich im Wahlkampf durchaus ermuntert, Hausbesuche zu machen, für ihre Partei auf der Straße zu werben. Der Wahlkampf auf der Straße war zeitweise beherrscht von den vielen Frauen, die sich für die politische Außenwerbung zur Verfügung stellten.

Leider spiegelt sich diese Mitwirkung der zahlreichen Frauen in den letzten Wahlkämpfen heute nicht in ihrem parteipolitischen Engagement wider. Zwar ist die Zahl der weiblichen Mitglieder bei allen Parteien in den letzten beiden Jahren angewachsen, besonders stark bei der CDU und CSU, aber insgesamt nicht in dem Maße, wie es nach den Aktivitäten während der Wahlkämpfe zu erwarten gewesen wäre. Offensichtlich gelingt den Frauen aus inneren oder äußeren Gründen immer noch nicht der Schritt vom Wahlengagement hinein in die parteipolitische Aktivität über die Wahlkämpfe hinaus. Die Zahl der wirklich politisch aktiven Frauen in den Parteien ist nach wie vor recht gering. Die politisch aktiven Frauen gehören zumeist zu der mittleren und älteren Altersgruppe. Es sind Berufstätige und Hausfrauen; es sind Frauen, die sich durchzusetzen gelernt haben und die einen sehr aktiven und durchsetzungsbewußten Kern in den politischen Parteien bilden. Sie formieren die Frauengruppen innerhalb der Parteien (Frauenvereinigung der CDU, Frauengemeinschaft in der SPD usw.), um die Interessen der Frauen besser durchsetzen zu können. Ganz junge Frauen sind in diesen Vereinigungen relativ wenig zu finden, weil sie entweder durch die junge Ehe und die Mutterschaft voll beansprucht sind oder durch den Aufbau einer beruflichen Karriere oder gar durch beides. Die Frauen in den Parteien und ihren Vereinigungen sind meist dem „Mittelalter" zuzurechnen; sie engagieren sich zu dem Zeitpunkt, wenn Familie oder Beruf wieder mehr Möglichkeiten für zusätzliche Aktivitäten lassen. Aus der Gruppe dieser Frauen rekrutieren sich in der Regel auch die Mandatsträgerinnen auf den verschiedenen Ebenen und die Frauen, die Parteifunktionen innehaben. Sie stellen die berühmten Alibi-Frauen in den Gremien. Meistens versuchen sie, in kleinen Gruppen sich gegenseitig unterstützend, mehr Frauen als bislang üblich in den Parteigremien durchzubringen. Der Erfolg ist bisher allenthalben mehr als zweifelhaft, weil der Wettbewerb in den Parteien um Mandate und Positionen überaus hart ist und die Frauen dann wenig Unterstützung erfahren, wenn das „Soll" mit der sogenannten Alibi-Frau abgedeckt ist.

Insgesamt zeigt sich, daß die Männer, wenn sie Mandate und Funktionen erstreben, diese in jüngeren Jahren erreichen als die Frauen. Der Lebensaltersdurchschnitt der Männer in solchen Positionen ist meist geringer als der der Frauen — aus den oben genannten Gründen.

Nicht zu übersehen ist, daß viele auch der politisch aktiven Frauen den Weg in politische Höhen nicht gehen wollen, weil er häufig, physisch wie psychisch gesehen, ein männer- bzw. frauenmordender Weg ist. Frauen verzichten darauf, um sich ihren privaten Lebensraum nicht restlos zerstören zu lassen oder weil sie wegen ihrer familiären Verpflichtungen diesen Weg nicht gehen können.

Ob es in absehbarer Zukunft zu erreichen sein wird, daß ebenso viele Frauen wie Männer politisch aktiv tätig sein werden, muß bezweifelt werden. Es wird auf lange Sicht nur eine Minderheit von Frauen in mittleren und älteren Lebensjahren sein, die politisch engagiert und aktiv ist, Mandate und Parteifunktionen erstrebt und innehat. Diese Minderheit wird immer mit allen Schwierigkeiten zu kämpfen haben, denen eine Minderheit in einer Großgruppe stets gegenübersteht. Es sind Schwierigkeiten, die sowohl von dieser Minderheit selber ausgehen (die eigenen Geschlechtsgenossinnen bringen ihren Vertreterinnen selber Mißtrauen und Argwohn entgegen!), als auch von der Mehrheit der Großgruppe, die in ihr einen Fremdkörper oder Wettbewerber sieht. Diejenigen Frauen, die sich hocharbeiten, haben bewiesen, daß sie Leistungsfähigkeit, Können, Erfahrung und Durchsetzungsvermögen mitbringen, die sie für die eingenommene Position meist sehr befähigen.

Wünschenswert wäre es, wenn sich mehr Frauen als bisher gerade in den 40er und 50er Lebensjahren zum Weg in die Politik entschließen könnten, um dort ihre Lebenserfahrungen, ihre Denkart, aber auch ihre Gefühlswelt mit einzubringen. Wünschenswert wäre es ebenso, wenn die politische Welt dieses neue Element besser als bislang integrieren würde.

Summary

In the first chapter a summary with statistical dates is given about the engagement and votes of senior women in the election to the Bundestag in 1976 compared with the proceeding elections.

The second chapter describes the political activity of women in parties and parliaments of the Republic and the Federal States in regard to their age.

In the third chapter is shown that — according to opinion polls — senior women often express political opinions different from those of men or of younger women.

In the fourth chapter the author gives her personal experiences: too few women are active in political parties and most of these are either middle-aged or old.

Anschrift des Verfassers:
Dr. *Dorothee Wilms* MdB
Diplom-Volkswirt
Krohstraße 2, 5000 Köln 51 und Bundeshaus 5300 Bonn

Soziologisches Institut der Universität Wien
(Dir.: Prof. Dr. L. R o s e n m a y r)

Die Überlebenden —
Thesen zum Partnerverlust älterer Frauen

E d i t   S c h l a f f e r und *C h e r y l   B e n a r d*

> "Survival
> If ever I am an old lady
> I want to be an elegant old lady ...
> Then they will ask me for my story
> And I shall tell them —
> Tell a phantom story
> Frail as candleberry smoke.
> Truer than history."
>
> Barbara Greenberg
> *Rising Tides* (1).

> "Loss of loved ones, illness ... death, injustice are part of the human condition. But the particular content, the causal sequence that caused the existential depressions from which these woman suffered, is related to the way in which we grow up female in this country in this century ... If we define psychosis as being unaware of what reality is, these women were not psychotic. They knew exactly what reality was. That was why they were depressed."
>
> Pauline Bart
> „Emotional and social status of the older woman" (2).

Die Bedingungen des Alterns können nur im strukturellen Kontext gesellschaftlicher Verhältnisse adäquat erfaßt werden; demzufolge kann die spezielle Situation der älteren Frau nicht bloß durch einen statistisch-additiven Zugang begriffen werden, sondern erfordert auch eine spezielle Orientierung der Fragestellungen und Hypothesen. Demzufolge ist es, schon aus theoretischen Überlegungen, unerläßlich, die speziellen Daseinsbedingungen und Lebenssituation der älteren Frauen als Problemstellung eigener Prägung zu erfassen. Es kann nicht genügen, wie dies oft geschieht, sie als Restkategorie des Altersaufbaues zu behandeln. Ausgehend von *Leopold Rosenmayrs* Feststellung der „kumulativen Benachteiligung", dem „geballten Auftreten von Nachteilen bei einer spezifischen Gruppe alter Menschen, nämlich den alleinstehenden und alleinlebenden Frauen höheren Alters", (3) sollte verstärkt der Versuch unternommen werden, die sozialen und politischen Dimensionen des individuellen Leidensdrucks zu analysieren.

Auf die Benachteiligung der älteren Frau auch in den Sozialwissenschaften ist verschiedentlich hingewiesen worden. *Ursula Lehr* macht darauf aufmerksam, daß die Situation der älteren Frau erst relativ spät überhaupt zum Gegenstand soziologischer Alternsforschung wurde, und führt das auf die traditionelle „Rollenauffassung mancher Alternsforscher — vor allem der Soziologen —" zurück (4). *Pauline Regan* sieht in der Orientierung an den Lebensphasen des Mannes, die primär vom Berufszyklus bestimmt werden, die Ursache für die Vernachlässigung der Veränderungen in den Lebenssituationen von Frauen. "The neglect of the female model of retirement in the research and policy literature is striking" (5). *Tish Sommers* führt die niedrige Priorität der Probleme älterer Frauen darauf zurück, daß sie nicht in der Lage sind, ihre Interessen durch sozialen Druck in politische Forderungen umzusetzen (6).

Alleinstehende Frauen als soziale Kategorie

In der Geschichte ist für viele Gesellschaften die Existenz einer Gruppe von Frauen, die nicht in vorgegebene Organisationsstrukturen (Ehe, Familie, Klan) einordnenbar waren, ein Problem gewesen. Der Frauenüberschuß im Mittelalter (7) ist als besonders deutliches Beispiel zu nennen. Um die potentiell entstabilisierende Wirkung dieser Frauen zu vermeiden, wurde eine Reihe von Versorgungs- und Aufbewahrungseinrichtungen geschaffen, wie z. B. Klöster, Samungen und Beginenhäuser (8).

Zur Bewältigung des „Witwenproblems" bedient man sich in verschiedenen Kulturen und Zeiten unterschiedlicher Maßnahmen, vom Extrem der Witwenverbrennung in manchen Teilen Indiens bis zur institutionalisierten Weiterverheiratung im alten Judentum (levirate marriage) und bei afrikanischen Stämmen wie den Kgatla (9).

Die soziale und politische Bedeutung dieser Phänomene hat in der Literatur bislang ungenügend Beachtung gefunden. Es genügt nicht, auf die religiösen Vorstellungen zu verweisen, mit denen „institutionalisierter Frauenmord" in den jeweiligen Gesellschaften gerechtfertigt wurde, um daraus auf die „Funktionalität" zu schließen, denn die weite Verbreitung dieser Praktiken erfordert eine eingehendere Beschäftigung und nicht zynisch-kurzschlüssige Feststellungen wie die von *Colin Parkes,* der schreibt,

"In the circumstance (abergläubische Angst vor Witwen) it is not surprising that many societies have found it most convenient to send the window into the next world along with her husband. Ritual suicide has been widespread, appearing in Asia, Africa, America and Australia. Cochrane cites traces of it in Europa also" (10).

Institutionalisierter Frauenmord (das Töten neugeborener Töchter und verwitweter Frauen) ist auch nicht allein durch ökonomische Analysen erklärbar, da der bewußte und abgesicherte Ausschluß einer ganzen Bevölkerungsgruppe von der Möglichkeit zur materiellen Unabhängigkeit und der Teilnahme an der gesellschaftlichen Produktion keine bloß objektive Beschränkung, sondern ein politischer und sozialer Entschluß ist. Die mangelnden Möglichkeiten der Gesellschaft, Kinder und alte Menschen zu ernähren, ist keine hinreichende Erklärung dafür, daß es die Frauen sind, die dann getötet werden.

Solche Formen der Verwaltung von oder Gewalt gegen Frauen sind Mittel für soziale Kontrolle und dienen dazu, Frauen in vorhandene Strukturen einzugliedern oder sich ihrer zu entledigen.

Indem es keine Alternativen zu Familie und Ehe gibt, oder diese Alternativen so abschreckend wie möglich erscheinen, stehen Frauen unter massivem Druck, sich einzuordnen und ihre Unterlegenheit innerhalb dieser Strukturen zu akzeptieren.

"Underlying all the criticisms and attacks on woman alone through history has been the uneasy fear that women who seek alternatives to mariage and motherhood might well find them satisfying" (11).

Die Sanktionen, mit denen Frauen zur Integration und Reintegration in Strukturen gebracht wurden, die ihren Entfaltungsmöglichkeiten abträglich waren, nahmen unterschiedliche Formen an. Im europäischen Mittelalter stand die Frau z. B. lebenslänglich unter der munt, der Geschlechtsvormundschaft (12). In vielen mittelalterlichen Städten war es der Witwe nur befristet erlaubt, das Gewerbe nach dem Tod ihres Mannes weiterzuführen; innerhalb eines festgelegten Zeitraumes mußte sie entweder wieder heiraten oder das Gewerbe abgeben (13). Damit sollte verhindert werden, daß Frauen mittels ökonomischer Unabhängigkeit genügend politischen und sozialen Einfluß gewinnen konnten, um die soziale Ordnung in Frage zu stellen.

In den Industrieländern der Gegenwart sind es materielle, soziale und psychische Sanktionen. *Helena Lopata* schreibt,

"The rights a woman receives in marriage and most of her duties in this role in our society cease upon the death of her husband" (14).

Die materielle Lage der Frau ohne Mann, aber besonders der Witwe, ist in allen Industrieländern bedeutend schlechter als die des alleinstehenden oder verwitweten Mannes (15).

Die Identität der Frau leitet sich in starkem Maß von Familien- und Partnerbeziehungen ab. Gesellschaftlicher Status und Lebensgestaltung orientieren sich primär am tatsächlich vorhandenen oder nur figurenhaft in Zukunft oder Vergangenheit existierenden Mann: die Tatsache z. B., daß die Berufs- und Ausbildungsvorstellungen von Frauen bis zum 17. Lebensjahr zunehmend konkreter, danach aber immer diffuser werden, während bei Männern das Gegenteil zutrifft, illustriert die Erkenntnis dieser Frauen, daß sich ihre Lebensplanung nicht primär nach den eigenen Ambitionen und Bedürfnissen richten wird, sondern daß sie sich für die Anpassung an einen noch unbekannten Mann flexibel halten müssen (16). "Marriage provides a woman with a name, status, occupation, territory and identity" (17). Trotz der zunehmenden Integration der Frau in den Arbeitsmarkt bleibt die Bestimmung ihrer Identität auf die Ehe konzentriert. *Jessie Bernard* schreibt,

Women have internalized the norms prescribing marriage so completely that the role of wife seems the only acceptable one. And since marriage is set up as the summum bonum of life for women, they interpret their achievement of marriage as happiness, no matter how unhappy the marriage itself may be" (18).

Im Rahmen unseres zur Zeit laufenden Forschungsprojekts über „Entstehungsbedingungen und Auswirkungen von Gewalt gegen Frauen in der Ehe" stellte sich vordringlich die Frage, warum Frauen sich häufig nicht aus unerträglichen Beziehungen lösen können. Ökonomische und objektive Abhängigkeiten (z. B. Kinder) waren in vielen Fällen keine hinreichende Erklärung; zentrales Erklärungsmuster der Frauen war vielmehr, den Partner zu verlieren und keinen neuen mehr zu finden. Die Häufigkeit dieser extremen Angst vor möglichem Partnerverlust, die meist nicht an die spezifische Person gebunden war, führte zur Frage nach dem Stellenwert ehelicher Beziehungen im Selbstbild und in der Realitätsgestaltung von Frauen. Witwen sind eine spezifische Gruppe, bei der das befürchtete Ereignis des Partnerverlusts eingetroffen ist.

Individuelle und soziale Bedeutung des Partnerverlusts für ältere Frauen

Daten zur Situation älterer Witwen (19) deuten auf einige grundsätzliche Widersprüchlichkeiten hin. Einerseits scheinen Männer größere Schwierigkeiten in der Anpassung an ihre neue Lebenssituation nach dem Tod der Frau zu haben, was sich z. B. in signifikant höheren Selbstmordraten als bei Witwen ausdrückt (20). Studien von *Berardo* (21) und *Streib* (22) kamen zum Ergebnis, daß Frauen durch stärkere verwandtschaftliche Bindungen in einem geringeren Ausmaß von sozialer Isolation und Einsamkeit bedroht sind. "Widows adjust more easily to widowhood and show less social isolation than do widowers" (23). Andere Untersuchungen zeigten jedoch, daß Partnerverlust die Frauen härter trifft: "One way and another woman usually come out of bereavement worse than men" (24).

Verwitwung bedeutet für ältere Frauen oft weit mehr als den Verlust des Partners. Der Tod des Ehemannes fällt häufig mit einer Reihe weiterer Konsequenzen zusammen, die im subjektiven Empfinden der Lebenssituation der Witwe ihren Ausdruck finden und zu einer Divergenz zwischen ihrer objektiven Lage und ihrer Fähigkeit, sie zu bewältigen, führen können. Zu diesen Konsequenzen gehören:

Verunsicherung der Identität: der Status der Witwe. Mit dem Ende der Gebärfähigkeit und der Abnahme gesellschaftlich definierter sexueller Attraktivität — die beiden hauptsächlichsten Kriterien für „Weiblichkeit" — beginnt ein Prozeß der Abwertung und individuellen Verunsicherung für die Frau (25).

In the second half of life, loss of a husband . . . is also a loss of social identity derived from the husband's occupation" (26).

Der Tod des Ehemannes markiert für die Witwe den Verlust oder die Einschränkung ihrer traditionellen Betätigungsbereiche (Haushalt, Unterstützung der Karriere, der Interessen oder des Wohlbefindens des Ehemannes) und ihre Sexualität, ohne daß die für Frauen übliche Zukunftsorientierung diese Krise entschärfen würde. Das Erwartungsmuster und die Bereitschaft, die eigene Erfüllung über die Identifizierung mit einer anderen Person zu finden (*Pauline Bart* spricht in diesem Zusammenhang von "husband-centered women" (27), erreichen mit dem Verlust des Mannes ihre Grenze. Die Wahrscheinlichkeit einer Wiederverheiratung ist aufgrund der längeren Lebenserwartung von Frauen, und der Tatsache, daß Männer in der Regel jüngere Frauen heiraten, gering (28).

Routineverlust und „Störung" des Alltagsablaufs. Das Gefühl der Sicherheit und Fähigkeit in der Realitätsbewältigung hängt von regelmäßig erwartbaren Ereignissen und routinisierbaren Handlungen ab. *Gubrium* formuliert die Konsequenzen einer Unterbrechung dieses Ablaufs:

Becoming widowed in old age means that the everyday routines previously supported by a spouse's actions are disrupted. The widowed person loses a certain sense of validation for these routines" (29).

Eine weitere Konsequenz kann Hilflosigkeit gegenüber der Mechanik des Alltags sein, wo ein Festgefahrensein überlieferter Arbeits- und Rollenteilung Angst vor ungewohnten Aufgaben bewirkt (30).

"Trauma of eventlessness". Robert Seidenberg drückt mit diesem Begriff aus, daß der Mangel an Ereignissen und Erlebnissen ebenso Traumatisierungseffekte zur Folge hat wie negative Erfahrungen und Bedrohungen. Die Aussicht auf die Dauerhaftigkeit eines eintönigen Lebensablaufs kann zu ernsthaften Beeinträchtigungen der physischen und psychischen Gesundheit führen (31). Wo der Kontakt zur Außenwelt hauptsächlich über den Mann, seinen Beruf, seine Freunde und seine

Interessen lief, kann sein Tod auch dann Isolation zur Folge haben, wenn die Frau regelmäßigen und guten Kontakt zu Familie und Verwandtschaft hat.

Individuelle Reaktionsformen verwitweter Frauen

Eine häufige Reaktionsform auf die neue Lebenssituation ist jene, die *Parkes* als „mitigation" beschreibt:

"The commonest means of mitigating the pain of grieving comprises the maintenance of a feeling or impression that the berieved person is nearby although he may not be seen or heard" (32).

Diese Reaktionsform kann anhand einiger Beispiele aus Wiener Fallstudien illustriert werden (33). Die 65jährige Witwe eines Beamten, die Jahre nach seinem Tod noch ein Amulett mit einem Knochen ihres Mannes trug, um das Gefühl für seine unmittelbare Nähe zu gewinnen, zeigt eine besonders extreme Fetischisierung der Vergangenheit. Diese intensive Orientierung an einer vergangenen Beziehung zeigte sich noch deutlicher bei einer 70jährigen Frau, die in den 10 Jahren seit ihrer Verwitwung täglich Tonbänder mit der Stimme ihres Mannes hört und von sich aus keinen Kontakt zu möglichen Gesprächspartnern sucht. Beide Beispiele zeigen die Neigung zu einer gewissen Mythologisierung des Verstorbenen. „Mein Mann war ein guter Ehemann", sagte die 70jährige. „Ich fühlte mich ihm nie so nahe wie jetzt. Früher hatten wir zu wenig Zeit, uns miteinander zu beschäftigen." In weniger extremer Form läßt sich oft feststellen, daß Identität und Status der Frau auch nach Verlust des Partners von ihrer Beziehung zu ihm abgeleitet werden: sein Tod kann dann für sie den Übergang von der Rolle der Ehefrau zu der Rolle der „trauernden Hinterbliebenen" bedeuten.

Der Mann wird dann als zentrale emotionale Bezugsperson angegeben, "either because of the actual closeness of the relation or because of husband idealization, a process which many widows undertake even to the point of sanctification" (34). Ihren äußeren Ausdruck findet diese Haltung in Verhaltensformen, die unter dem Begriff der „symbolischen Trauer" subsumiert werden können: der Verlust wird zum entscheidenden Definitionskriterium für die Frau. *Stanley Cath* beschreibt dieses Phänomen: "Often a prolonged period of mourning follows, but there is occasionally confusion as to who or what was lost. For example, one woman of 74 wore black for eight years and did not leave her house after the death of the husband with whom she had both lived and intimately worked" (35). Dieser Rückzug in einen prolongierten Trauerzustand hat eine doppelte Funktion. Einerseits ermöglicht er es der Frau, Aufmerksamkeit auf sich zu lenken und Ansprüche auf Hilfsleistungen zu stellen. Eine 57jährige Frau besucht noch 3 Jahre nach dem Tod ihres Mannes mehrmals wöchentlich ihre Nachbarn, mit denen sie vorher nur losen Kontakt pflegte, um den Abend nicht allein verbringen zu müssen. „Ich glaube schon, daß ich meine Nachbarn störe", meinte sie, „aber ich halte diese Stille in der Wohnung einfach nicht aus". Andererseits ermöglicht Trauer eine Flucht vor Selbstverantwortung und einer Auseinandersetzung mit der veränderten Realität.

„Eine Flucht in die verklärt erscheinende Vergangenheit ist immer dann gegeben, wenn die gegenwärtige Belastungssituation eine Schwelle überschritten hat, jenseits derer Zukunftshoffnungen und -planungen dem Einzelnen nicht mehr möglich sind" (36).

Die Widersprüchlichkeit in der Situation verwitweter Frauen zeigt sich darin, daß sie zwar die Möglichkeit hätten, ihre Energien nun auf die Realisierung bislang zurückgestellter Ambitionen und „Projekte" zu lenken, aber durch eine lebenslange Familienzentrierung und Verzichtshaltung dazu oft nicht in der Lage sind. Dazu kommt, daß gesellschaftliche Barrieren ihre Chancen der Aktivierung stark einschränken. Die Wiederaufnahme eines abgebrochenen Studiums oder die Rückkehr in einen — oft jahrzehntelang nicht ausgeübten — Beruf, ist überall mit immensen Schwierigkeiten verbunden, so daß in den USA neuerdings dieser Gruppe der "returnees" wissenschaftliche Aufmerksamkeit und amtliche Hilfeleistung zuteil werden (37). Die gesellschaftlich als „weiblich" definierten Eigenschaften: "being more submissive, less independent, less adventurous, more easily influenced, less aggressive, less competitive, more easily hurt, more emotional" (38), sind für die Bewältigung der erwartbaren Schwierigkeiten in diesem Lebensabschnitt eher ein Hindernis und ermutigen nicht zur Eigeninitiative. Die Disparität zwischen den Fähigkeiten und Bedürfnissen einerseits und den fehlenden Betätigungsmöglichkeiten und Durchsetzungskapazitäten andererseits führen zu einer Divergenz zwischen subjektivem Wohlergehen und dem objektiven Zustand. *Rosenmayr* beschreibt diese Wechselwirkung als „gesellschaftsbedingte Selbstversuchung" (39), und führt als Gründe die aufgrund der herrschenden Wertvorstellungen im Sozialisationsprozeß vermittelten geschlechts- und schichtenspezifischen Einstellungen und Haltungen an. Das Fehlen positiver Leitbilder für ältere partnerlose Frauen trägt zu einer resignativen Haltung und Verunsicherung bei. Sowohl für die USA als auch für die BRD wurde nachgewiesen, daß das Bild der älteren Frau in den Medien starken Verzerrungen und Vorurteilen unterliegt (40). Die Verinnerlichung dieser Stereotypen verhindert eine Überwindung traditioneller Eingrenzungen.

Ein wenig berücksichtigtes Paradox ist die Ambivalenz der gesellschaftlichen Einschätzung älterer Frauen. Zwar dominiert das Bild der Hilf- und Wertlosigkeit dieser Gruppe, dem steht jedoch die Tatsache gegenüber, daß ältere Frauen als sehr mächtig perzipiert werden. Die Untersuchung von *Neugarten* und *Gutmann* ermittelte durch Anwendung der Methode des Thematischen Apperzeptionstests, daß

"for both men and women respondents, it is almost always the old woman, not the old man, to whom impulsivity, aggressivity, and hostile dominance are ascribed. This consistency cannot be explained by chance. The assumption seems warranted that there is something common to the actual role behaviors of older women that elicits this consistency in respondents' fantasies ... For older men and women the old woman was in the dominant role, and the old man, no matter what other qualities were ascribed to him, was seen as submissive" (41).

Zu ähnlichen Beobachtungen kann *Stanley Cath,* der die verbreitete Vorstellung von der überlegenen Kraft und Überlebensfähigkeit von alten Frauen anführt (42).

Grundlegende Veränderungen in der Situation älterer Frauen müssen auf beiden Ebenen ansetzen: auf der Ebene sozialer Prozesse und Strukturen (Sozialisation, Wertvorstellungen, Arbeitsorganisation) und auf der individuellen Ebene. Eine Perspektive stellen die Ansätze einer Selbstorganisation der Betroffenen dar, die in Form von Selbsthilfe-Gruppen und sogar politischen pressure groups wie den "grey panthers" in den U. S. A. auftreten (43). Die mangelnde gesellschaftliche Berücksichtigung der Lebenssituation von Frauen wird am Beispiel der Witwen manifest. Anstelle einer gezielten Vorsorge für diese quantitativ bedeutende Bevölkerungsgruppe zielt die Ausbildung und Sozialisation von Frauen kaum auf

Selbständigkeit und die Schaffung eines autonomen Wirkungsbereiches. Die Folge ist die verschärfte Marginalisierung alter Frauen.

„Absolut gab es 1971 in Österreich rund 320 000 alleinwohnende, über 60jährige Frauen; davon hatten 100 000 bereits das 75. Lebensjahr erreicht. Es ist dies ohne Zweifel eine der größten Frauenkategorien, deren gesellschaftliche Integration und Betreuung ein ungelöstes Problem der gegenwärtigen Industriegesellschaft darstellt" (44).

Summary

The article begins by stressing the need for the more systematic development of a theoretical approach adequate to the specific situation of older women as members of 2 socially disadvantaged population groups. Proceeding from the concept of cumulative disadvantage *(L. Rosenmayr)* it undertakes the attempt to categorize some of the social and political dimensions of individual bereavement and the situation of older widows. This requires recognizing their situation as related to the social position of the "woman alone", historically as well as in the present. The article briefly refers to some historical examples to conclude that the management (forced marriage or remarriage) or "institutionalized murder" (infanticide of daughters, killing or ritual suicide of widows, etc.) of women is a political phenomenon which has not received sufficient attention. Referring to the authors' current research project on "Violence against Women in Marriage" it is noted that the dependence of many women on the status of marriage, regardless of the actual quality of the relationship, raises questions on the meaning of mate loss for women in this society. Older widows are cited as the group for whom the feared event of being left without a mate has become a reality. The authors point out that while the economic situation of unmarried or widowed women is in all industrialized countries worse than that of a men, studies on their social and psychological condition show basic contradictions on the one hand widowers seem to be subject to greater social isolation and desolation to the point of suicide, on the other, women's subjective perception of their situation seems to be worse than that of men. The hypothesis is advanced that this might be explained through the identity of widowhood with a number of other social and psychological losses or disadvantages such as the loss of status, the loss of identity, doubts about sexuality and actual sexual deprivation, the "trauma of eventlessness", and others. Finally the ambivalence between the objective potentialities, the individual perception, and the public image of older women is cited as an illustration of the general social neglect and marginalization of the older woman in industrialized countries.

Literatur

1. in *L. Chester, S. Barba* (Hrsginnen), Rising Tides, S. 203 (N. Y. 1973). — 2. *P. Bart,* in No Longer Young, The Older Woman in America, Occasional Papers in Gerontology, 11 (Michigan 1975). — 3. *L. Rosenmayr,* in *Rene König* (Hrsg.), Familie, Alter, Handbuch der Empirischen Sozialforschung, Band 7, S. 312 (Stuttgart 1976). — 4. *U. Lehr,* „Die Situation der älteren Frau — psychologische soziale Aspekte", in Z. Gerontologie 10, 504 (1977). — 5. *P. Ragan,* "Socialization for the Retirement Role", Paper für das Annual Meeting of the American Psychological Association (San Francisko Aug. 1977). — 6. *Sommers,* "The Compounding Impact of Old Age and Sex", in Civil Rights Digest, U. S. Commission on Civil Rights, Herbst 1974. — 7. vgl. *S. Harksen,* Die Frau im Mittelalter (Leipzig 1973). — 8. vgl. *Becker, Bovenschen, Brackert* u. a. (Hrsg.), Aus der Zeit der Verzweiflung (Frankfurt/M. 1977). — 9. vgl. *Colin Parkes,* Bereavement, Penguin 1975, S. 24; *Isaac Schapera,* Married Life in an African Tribe, Penguin 1971 (1940). — 10. *Parkes,* op. cit. S. 23. — 11. *Patricia O'Brien,* The Woman Alone, N. Y. 1976, S. 74. — 12. vgl. *H. Fehr,* Die Rechtsstellung der Frau und der Kinder in den Weistümern, Jena 1912, zum „Schutz- und Gewaltverhältnis" der Geschlechtsvormundschaft, S. 52 ff.; *Mitterauer/Sieder,*

Vom Patriarchat zur Partnerschaft, München 1977; *I. Weber-Kellermann,* Die deutsche Familie (Frankfurt 1977. — 13. *Harksen,* op. cit. S. 24. — 14. *H. Lopata,* Widowhood in an American City, Cambridge 1973. — 15. vgl. z. B. *Virginia Allen,* "Economic and Legal Status of the Older Woman", in No Longer Young, op. cit. S. 23 ff. *K. Schoenholz* und *J. Treas* schreiben, "Poverty is increasingly widespread among aged woman. They constitute the single poorest group in our society." In "Old Age: Public Polica Implications Regarding Woman of 20th Century Demographic, Social and Economic Change", mimeo, University of Southern California, 1976. — 16. *Adeline Levine,* Präsentation ihres Forschungsprojekts am N. Y. City College zu Matina Horners "women's fear of success" Theorie, 4. August 1977, Woman, channel 28. — 17. *Lee Comer,* Wedlocked Woman, S. 55 (Leeds 1974). — 18. *Jessie Bernard,* The Future of Marriage, S. 50 (London 1972). — 19. Ohne die Notwendigkeit zur Differenzierung bei Aussagen über „die ältere Frau" zu übersehen (z. B. in bezug auf Schicht, Generation, Ausbildung, Berufstätigkeit, usw.) versuchen wir, gemeinsame Merkmale in ihrer Lebenssituation herauszuarbeiten. — 20. vgl. *E. W. Bock / I. L. Webber,* "Suicide Among the Elderly: Isolating Widowhood and Mitigating Alternatives", Journal of Marriage and the Family, Feb. 1972, S. 24 ff. — 21. *Felix Berardo,* "Survivorship and Social Isolation: The Case of the Aged Widower", The Family Coordinator, 19, 1970. — 22. *Gordon Streib,* "Mechanisms for Change", in No Longer Young, op. cit. S. 58. — 23. *Berardo,* op. cit. — 24. *Colin Parkes,* op. cit. S. 148. — 25. vgl. z. B. *Margaret Hellie Huyck,* "Sex and the Older Woman", in Looking Ahead, *Lillian Troll / Joan Israel* (Hrsginnen), Englewood Cliffs 1877 und *Susan Sonntag,* "The Double Standard of Aging", ebenda. — 26. *Lilian Troll,* "The Family of Later Life: A Decade Review", JourMarrFam, Mai 1971, S. 275. — 27. *Bart,* op. cit. S. 11. — 28. *Inge Powell Bell,* "The Double Standard", in TransAction, 8, 1970, S. 75 ff. — 29. *Jaber Gubrium,* "Being Single in Old Age", Int.JourAging and Human Development, **6,** 1 (1975). — 30. vgl. *Alexandra Symonds,* "Phobias after Marriage", American Journal of Psychoanalysis **31,** 2 (1971). — 31. *Seidenberg,* "The Trauma of Eventlessness", in *Jean Baker Miller* (Hrsgin), Psychoanalysis and Woman, Penguin 1973, S. 350 ff.; vgl. auch *Wolf Lepenies,* Melancholie und Gesellschaft (Frankfurt 1969). — 32. *Parkes,* op. cit., S. 77. — 33. Grundlage sind 20 Intensivinterviews, die wir mit Frauen zwischen 50 und 75, die innerhalb der letzten 10 Jahre ihren Lebensgefährten verloren, durchführten (Wien 1977). — 34. *H. Lopata,* "Widowhood: Social Norms and Social Integration", paper für Conferénce Mondiale, Vichy 24. April bis 30. April 1977, S. 17. — 35. *S. Cath,* "Some Dynamics of Middle and Later Years: A Study in Depletion and Restitution", in Berezin/ Cath, Geriatric Psychiatry, N. Y. 1965, S. 49. Er bezeichnet solche Beziehungsformen als "symbiotic couples". — 36. *U. Lehr,* Psychologie des Alterns, Heidelberg 1972, S. 295. — 37. vgl. *P. Roby,* "Institutional Barriers", in Rossi/Calderwood (Hrsginnen), Academic Women on the Move, N. Y. 1973. — 38. *Broverman* et al., "Sex Role Stereotypes and Clinical Judgements of Mental Health", JourConsulting and Clinical Psychology 34, 1970. — 39. *Rosenmayr,* op. cit. S. 312. — 40. *U. Lehr,* „Die Situation der älteren Frau", op. cit. S. 504. — 41. *B. Neugarten / D. Gutmann,* "Age-Sex Roles and Personality in Middle Age: A Thematic Apperception Study", in *Neugarten,* Middle Age and Aging, Chikago 1968, S. 69. — 42. *Cath,* op. cit. S. 29. — 43. die grey panther sind ein Zusammenschluß junger und älterer Menschen, die gemeinsam soziale Ungerechtigkeiten auf der community Ebene in Angriff nehmen (Mieterstreiks etc.). — 44. Bericht über die Situation der Frau in Österreich, Frauenbericht **4,** 29 (1975).

Anschrift der Verfasser:

Dr. *Edit Schlaffer,* Institut für Soziologie, Universität Wien, Alserstraße 33, A-1080 Wien
Dr. *Cheryl Benard,* Institut für Politikwissenschaft, Universität Wien, A-1080 Wien

Psychologisches Institut der Universität Bonn

Die Stellung des alten Menschen bei Zigeunern*)

A. Hundsalz und *Reinhard Schmitz-Scherzer*

Schon in den frühen Phasen wissenschaftlicher Alternsforschung wurden kulturelle, gesellschaftliche und soziale Aspekte in ihrer Bedeutsamkeit als Rahmenbedingungen für das individuelle Altern erkannt — letztlich auch durch Hinweise aus der ethnologischen und anthropologischen Forschung (5). Auch neuere Arbeiten wurden nicht müde, die Relevanz dieser Rahmenbedingungen zu betonen. Dennoch vermißt man bei diesen Arbeiten ('Cross-Cultural-Studies') Thematisierungen, Konzepte und Operationalisierungen dessen, was kulturelle, gesellschaftliche und/ oder soziale Variable gerade angesprochen wird. Oft besteht ein Vergleich verschiedener Kulturen gerade nur darin, daß zwei Stichproben mittels desselben Instrumentes im Hinblick auf verschiedene willkürlich herausgesuchte Dimensionen verglichen werden. Aufgefundene Unterschiede werden dann als kulturell, gesellschaftlich, sozial bedingt interpretiert und verstanden. Die Problematik einer solchen Vorgehensweise ist evident.

Gerade auf dem Hintergrund dieser Entwicklung und auch des zunehmenden Interesses an diesbezüglichen Fragestellungen bleibt es verwunderlich, daß Studien der angesprochenen Art eher auf sog. internationale in ihren Ergebnissen oft besonders fragwürdige Vergleiche hinzielen und bei uns anzutreffende Auswirkungen der Zugehörigkeit zu sozialen oder ethnischen Minoritäten auf den Alternsprozeß vernachlässigen. Altern bei Obdachlosen, Altern bei Zigeunern wird — nur zwei Beispiele — kaum untersucht, bzw. ist gar nicht Gegenstand der Forschung. Der folgende Beitrag ist daher als erste Annäherung an die Thematik zu verstehen.

Eine Analyse des Alterns bei Zigeunern stößt auf große Schwierigkeiten: Die vorhandene Literatur ist umfangreich, doch wenig aussagekräftig in bezug auf sozialwissenschaftliche und psychologische Fragestellungen, empirische Studien sind selten und liefern oft verzerrte Bilder, da u. a. weder verschiedene Zigeunergruppen (Stämme) hinreichend unterschieden noch die besondere Schwierigkeit der Datenerhebung bei Zigeunern wegen ihres Mißtrauens, ihrer geringen Kenntnisse in Lesen und Schreiben, berücksichtigt werden — um nur einige Momente herauszugreifen.

Zudem läßt sich beobachten, daß nahezu alle Zigeunergruppen zwar mehr oder weniger Elemente eigener Kultur pflegen, jedoch auch gewisse integrative Annäherungen an die Kultur der jeweiligen Gastbevölkerung vollziehen.

Die meisten Veröffentlichungen, die sich mit der Rolle der alten Zigeuner auseinandersetzen, sprechen diesen generell ein großes Ansehen zu. Daneben sollen sie einen bedeutenden Einfluß auf den Entscheidungsprozeß sowohl innerhalb

---

*) Dank sei für die Hilfe im Rahmen der Durchführung dieser Studie der *Schlegel-*Stiftung Darmstadt (für die Ev. Kirche in Hessen und Nassau) gesagt und dem Testamentsvollstrecker Pfr. Dr. *K. F. Becker*, St. Blasien.

der Familien als auch in weiteren Organisationsstrukturen wie der „familia" (Großfamilie in Romanis der Sprache der Zigeuner), der „vitsa" (einer ausgeweiteten Verwandtschaftsorganisation) oder der „kumpania" (einem Zusammenschluß mehrerer Familien) haben. Was ist aber „alt" bei Zigeunern?

Der Versuch einer Definition des „old age" stößt auf einige Schwierigkeiten, die sich einmal aus der diffusen Zeitbestimmung und aus den verkürzten Lebensstationen dieser Menschen herleiten. So verlegt *Sutherland* (10) den Beginn des „very old age" bei den von ihr beobachteten amerikanischen Rom-Zigeunern auf etwa 50 Jahre und *McCarthy* (6) setzt den Beginn des „old age" bei den irischen Tinkers, eine den Zigeunern verwandte Nomadengruppe, bei den Frauen bereits bei 35 Jahren und bei den Männern bei 50 Jahren an. Diese Einteilung ist willkürlich und u. U. weniger relevant. Dieselben Autoren weisen darauf hin, daß das Leben der Zigeuner eher in Lebensabschnitte einzuteilen sei. Diese lehnen sich zwar ungefähr an ein bestimmtes Alter an, jedoch sind sie eher in Zusammenhang mit bestimmten Lebensereignissen zu sehen. Die Bedeutung und das Ansehen eines Zigeuners wächst linear mit dem Erreichen solcher Lebensabschnitte. *Sobeck* (9) hat darauf in ihrer Arbeit über die deutschen Sinte-Zigeuner hingewiesen.

Der Übergang von einem Lebensabschnitt zu einem anderen wird außer durch konkrete Ereignisse, wie z. B. die Heirat, auch durch die Übernahme von klar umrissenen Aufgaben bestimmt, wie z. B. die Mitarbeit des etwa 12jährigen Jungen bei den Geschäften des Vaters. Nach *McCarthy* hat dies zur Folge, daß eine Adoleszenzkrise in unserem Sinne bei Zigeunern unbekannt sei und erst durch die Konfrontation des in der Zigeunergesellschaft bereits Erwachsenen mit einer Schule entstehe, in der die Jugendlichen in der Regel noch als Kinder behandelt werden (8).

Wesentlicher Zuwachs an Bedeutung und Einflußmöglichkeiten innerhalb der Zigeunergesellschaft ist verbunden mit der Geburt des ersten Kindes bzw. dem Erreichen des Status Vater bzw. Mutter. Eine größere Zahl von Kindern signalisiert ähnlich wie möglichst viele Enkel größeren Reichtum und größeres Ansehen (10).

Die Beobachtungen von *Sutherland* (10) machen deutlich, daß in der Gesellschaft der von ihr untersuchten amerikanischen Macvaya, eines Rom-Stammes, die einflußreichen Alten durch eine Reihe von Symbolen gekennzeichnet waren, die nicht zwangsläufig mit dem höheren Alter eintreten müssen, oft aber mit diesem verbunden waren. Wollte einer der Männer dieser kumpania rom-baro sein, was in etwa einem Anführer oder Sprecher entspricht, so mußte er nach Möglichkeit sehr groß und dick sein. Seine Größe konnte sich auch in einem überdimensionalen Hut oder einem Schnurrbart manifestieren. Hinzu kommt, daß er über eine laute eindrucksvolle Stimme verfügen mußte und eine Frau haben sollte, die sehr einflußreich im Kreise der Frauen war. „Baro" heißt denn auch in der Sprache der Zigeuner groß und wird auch in der uns bekannten Doppelbedeutung verwandt.

Besonders die letzten referierten Ergebnisse lassen bereits erkennen, daß höheres Alter in einer Zigeunergesellschaft nicht zwangsläufig mit größeren Einflußmöglichkeiten verbunden ist, sondern erst mit bestimmten anderen Gegebenheiten wie der hohen Enkelzahl dazu führt.

Bei dem Bemühen um ein Verständnis der Situation der alten Menschen bei den Zigeunern ist es wichtig, den Zusammenhang zwischen traditionellen Kulturelementen einerseits und notwendiger oder erzwungener Anpassungstendenz andererseits in die Betrachtung einzubeziehen. So kann das weitreichende familiäre Versorgungssystem in den meisten Zigeunergesellschaften als eine Anpassung an das ursprünglich gegebene Nomadentum verstanden werden, wo die einzelnen Mitglieder darauf angewiesen waren, daß sie im Falle von Erwerbsunfähigkeit von der übrigen Familie miternährt wurden. Obwohl jedoch die nomadisierenden Lebensformen weitgehend aufgegeben wurden, und Zigeuner Gebrauch von staatlichen Unterstützungen machen, hat sich dieses familiäre Versorgungssystem noch erhalten. Zumindest machen einige größere statistische Erhebungen darauf aufmerksam, daß alte Zigeuner weder in Altenheimen zu finden sind, noch isoliert leben und wohnen, sondern von den Familien bzw. Verwandten aufgenommen werden (7, 8, 6).

Die Integration der Alten in der Zigeunergesellschaft leitet sich natürlich nicht aus ihrer passiven Rolle im Versorgungssystem der Familien her, sondern – wie bereits angedeutet – aus ihrer aktiven Rolle als Wahrer und Vermittler von Traditionen. Diese Aufgabe gewinnt der alte Zigeuner durch die Erfahrungen seines Alters bzw. der verschiedenen Lebensabschnitte. Er hat z. B. erkannt, was das Leben eines echten Rom auszeichnet. Die Weitergabe der Traditionen und die Aufgabe, über ihre Einhaltung zu wachen, ist nach *Sobeck* (9) und anderen Autoren für die Zigeuner von großer Bedeutung. Sie ist gleichzusetzen mit der Erhaltung ihrer Identität. Je eher ein alter Zigeuner bereit ist, diese Funktionen aktiv zu erfüllen, desto mehr fällt ihm die Rolle eines Führers innerhalb seiner Familie oder größerer sozialer Organisationsstrukturen zu. Mit der Verkörperung der Erfahrungen bzw. dem Wissen um die Elemente der Zigeunerkultur wird von den Alten aber auch gleichzeitig erwartet, daß sie diese Erfahrungen selber auch leben. Tabuübertretungen oder Mißachtungen von Traditionen führen automatisch zum Verlust von Autorität und Einfluß (10). Hier wird erneut deutlich, daß der Einfluß der Alten nicht direkt mit dem Alter verbunden, sondern erst sekundär verknüpft ist mit der aktiven Übernahme von ganz bestimmten Aufgaben.

Eine dieser Aufgaben bezieht sich z. B. auf die Überwachung der bei Zigeunern üblichen Trennung der Geschlechter. Verschiedene Aufgaben wie z. B. die Ernährung der Familie oder auch die Vertretung der Gruppe in politischen Belangen werden zwar unterschiedlich den einzelnen Geschlechtern in verschiedenen Gruppen zugeteilt, jedoch in jedem Falle konsequent befolgt und überwacht.

Finden wir den Mann oft im politischen Bereich engagiert, so gewinnt die Frau mit höherem Alter zunehmend Einfluß. Sie darf an den Gesprächsrunden der Männer teilnehmen und dort ihre Meinung äußern – etwas, was der jüngeren Frau im Regelfall strikt verwehrt wird. Die Puri-dai (alte, weise Mutter) hat großen Einfluß und gewinnt oft eine den alten Männern vergleichbare Stellung. Auch bei ihr müssen andere (soziale) Merkmale als nur das Alter zusammenkommen, bis sie diese Stellung erreicht.

Wenn hier versucht worden ist, die Rolle der alten Zigeuner in ihrer Gesellschaft zu skizzieren, so ist auch gleichzeitig der Versuch gemacht worden, Beziehungen zu den Lebensbedingungen der Zigeuner überhaupt aufzuzeigen. In welche Richtung sich diese Lebensbedingungen verändern ist Diskussion vieler Beiträge und läßt sich aus den wenigen systematischen Untersuchungen und Analysen leider nicht ablesen, so daß auch wenig konkrete Aussagen zur Veränderung der Rolle der alten Zigeuner gemacht werden können.

Eine der bedeutendsten Veränderungen wurde durch die Verfolgung des Dritten Reiches bewirkt, in der viele Alte und damit Traditionsvermittler umgekommen sind. Einige Autoren sehen hierin eine der Ursachen für den deutlich sichtbaren Sippenzerfall der Zigeunergesellschaft (4, 3). *Sobeck* berichtet, daß während des Nazi-Regimes von den Lagerleitern systematisch versucht worden ist, den Zusammenhalt der Zigeuner zu zerstören, indem sie die einflußreichen Alten zwangen, tabuübertretende Dinge zu tun und sie damit ihrer Macht und Integrationsfähigkeit ihrer Gruppe beraubten.

Der durch solche Maßnahmen bedingte Zerfall alter Ordnungen kann alten Zigeunern in ihren Familien den Einfluß entziehen und somit zu einer beschleunigten Auflösung der Traditionen führen. Auch diese Deutungen sind jedoch eher Gegenstand vieler Spekulationen. Andere Wissenschaftler meinen, daß die Zigeuner in Jahrhunderten ihre Anpassungsfähigkeit bewiesen hätten, daß ihre Kultur zwar Veränderungen unterliegt, aber nicht einem völligen Anpassungsprozeß unterworfen sei (1). Die Entwicklung der Zigeuner als ethnisches oder soziales Isolat abzuschätzen, erscheint nicht möglich. Systematische Studien, die die hier dargelegten Tendenzen und Hypothesen einer genaueren Prüfung unterziehen könnten, werden allerdings auf die bereits erwähnten Schwierigkeiten stoßen, Schwierigkeiten, wie sie auch aus Analysen anderer Kulturen bereits bekannt sind (2).

Es bliebe allerdings zu wünschen, die hier vorliegende Quelle von Erkenntnissen über das menschliche Altern zu nutzen. Evtl. würde eine diesbezügliche Studie mehr Gewinn bringen als der erneute Nachweis signifikanter aber bereits bekannter Wirkungen sozialer Etikette wie etwa des Familienstandes auf das menschliche Altern in unserer Kultur.

Zusammenfassung

In diesem Beitrag wird die Stellung des alten Menschen bei Zigeunern untersucht. Aus der analysierten sozialwissenschaftlichen Literatur geht hervor, daß das chronologische Alter in diesem Zusammenhang zwar eine Rolle spielt, doch wichtiger als dieses ist die soziale Situation des Individuums wie das Individuum selbst. Nur durch das chronologische Alter kann kein Prestigegewinn erworben werden.

Summary

An overview of the relevant literature shows, that on one side the chronological age is important in the frame of the social position of an old man or woman in a gipsy society, but much more important is the individual itself and its social situation. Only by reaching a very old age no old gipsy can reach an important position in his society.

Literatur

1. *Acton, T.*, Gypsy politics and social change (London, Boston 1974). — 2. *Boesch, E., L. Eckensberger*, Methodische Probleme des interkulturellen Vergleichs. In: *C. F. Graumann* (Hrsg.), Handbuch der Psychologie, Sozialpsychologie, 1. Hbd. (Göttingen 1969). — 3. *Dostal, W.*, Die Zigeuner in Österreich. In: Archiv f. Völkerkunde, **10**, 1—15 (1955). — 4. *Jochimsen, C.*, Zigeuner heute (Stuttgart 1963). — 5. *Kucher, W.*, Wirkung des Lebensalters bei den Naturvölkern. In: *H. Thomae, U. Lehr* (Hrsg.), Altern — Probleme und Tatsachen, 1. Aufl. (Frankfurt 1968). — 6. *McCarthy, P.*, Itinerancy and poverty. Thesis. National University of Ireland (U. C. D.) 1970—71. — 7. Ministry of Housing and Local Government. Welsh Office: Gypsies and other travellers. Her Majesty's Stationary Office (London 1967). — 8. *Reiss, C.*, Education of travelling children (London, Basingstoke 1975). — 9. *Sobeck, S.*, Hilfe — Sie haben sich meiner angenommen. Handreichung zur Tagung „Sozialarbeit mit Zigeunern" (Frankfurt 1976). — 10. *Sutherland, A.*, Gypsies, the hidden Americans (London 1975).

Anschrift der Verfasser:
Dr. *R. Schmitz-Scherzer* und Dipl.-Psych. *A. Hundsalz*, Psychologisches Institut der Universität Bonn
An der Schloßkirche, 5300 Bonn 1

Psychologisches Institut der Universität Bonn

Zur Situation älterer Witwen

Insa Fooken

Mit 1 Abbildung und 10 Tabellen

1. Zur Verwitwetenproblematik

In der Bundesrepublik gibt es über fünf Millionen verwitwete Personen, die in der Mehrheit zu der Bevölkerungsgruppe der älteren Menschen (60 Jahre und älter) gehören. Dieser zahlenmäßigen Größenordnung entspricht allerdings der wissenschaftliche Informationsstand in keiner Weise. Die Situation der Verwitweten hat bisher eine unzureichende Berücksichtigung in der relevanten sozialwissenschaftlichen Fachliteratur erfahren, erste Anzeichen stärkerer Beachtung deuten sich jedoch an (102, 37, 58).

Ziel und Absicht dieses Beitrags ist es, wenigstens einige Aspekte der Verwitwetenproblematik herauszuarbeiten. Zunächst einmal wird — in Anbetracht der erwähnten Altersverteilung — die Zuständigkeit der wissenschaftlichen Alternsforschung belegt. Darüberhinaus werden mögliche Gründe der bisherigen Vernachlässigung dieses Themenkreises zu diskutieren sein. Zudem erfolgt ein kurzer Überblick über den gegenwärtigen Stand der wissenschaftlichen Verwitwungsforschung, im deutschsprachigen wie auch anglo-amerikanischen Raum. Sodann wird auf einige Aspekte der Witwenrolle bzw. des „Ansehens" der Witwen einzugehen sein, zumal Witwen im öffentlichen Bewußtsein einen z. T. traditionell und historisch bestimmten Stellenwert einzunehmen scheinen. Ferner werden eine Auswahl demographischer und sozialstatistischer Daten, wie sie sich anhand der amtlich-offiziellen Statistik errechnen und darstellen lassen, berücksichtigt, um einige Aspekte der konkreten gesellschaftlichen Situation der verwitweten Bevölkerungsgruppe zu verdeutlichen. Schließlich werden anhand eines Vergleichs verwitweter und verheirateter Männer und Frauen einige, innerhalb der Bonner gerontologischen Längsschnittstudie empirisch gewonnene Ergebnisse dargestellt, die die Lebenssituation und die damit verbundenen jeweiligen spezifischen Formen der Auseinandersetzung Verwitweter beschreiben. Anhand dieser ersten Erkenntnisse wird die Notwendigkeit einer differentiellen Betrachtungsweise besonders auch hinsichtlich der Diskussion um die Verwitwungsproblematik deutlich. Eine Alternsforschung, die gruppenspezifische und individuelle Formen der Auseinandersetzung mit dem Älterwerden als wesentlich einbezieht, kann heutzutage an dem Thema Verwitwung nicht mehr vorbeigehen.

2. Verwitwung – ein vernachlässigtes Gebiet der Alternsforschung

Alternsforschung als Teilgebiet der Entwicklungspsychologie wird beschrieben als eigenständige Wissenschaft, die sich mit Situationen und Veränderungen des individuellen Lebenslaufes befaßt, die im (hohen) Erwachsenenalter im Zusammenhang mit bestimmten Orten im zeitlichen Kontinuum stattfinden.

Diese Gegenstandsbestimmung wird verdeutlicht anhand der im Sinne der Gerontological Society „offiziellen" Definition von *Lansing* (60):

„Gerontology is that branch of knowledge which is concerned with situations and changes inherent in increments of time, with particular reference to postmaturational stages.",

sowie in der Definition des – auf alle menschlichen Lebensalter anwendbaren – Entwicklungsbegriffes von *Thomae* (103, S. 4):

„Entwicklung ist ... gleichbedeutend mit einer Reihe von Veränderungen im inneren und äußeren Verhalten des Menschen, die bestimmten Orten im zeitlichen Kontinuum eines individuellen Lebenslaufes zugeordnet werden können."

Bei der Betrachtung thematischer Schwerpunkte in der gerontologischen Forschung stellt *Thomae* (103, S. 6) fest, daß Altern zum einen vorwiegend als eine Funktion sozialer und weniger biologischer, endogen gesteuerter Bedingungen angesehen wird, bezeichnet andererseits aber eine solche Definition als ergänzungsbedürftig. So betonen z. B. auch *Clauss* et al. (24, S. 24) bei der Definition „psychologischer Alternsforschung", daß bei der Erforschung psychischer Altersunterschiede „stets von einem entwicklungspsychologischen Mehrfaktorenmodell auszugehen (ist), das biologischen und sozialen Bedingungen ebenso Rechnung trägt wie der aktiven Auseinandersetzung des älter werdenden Menschen mit ihnen".

Thomae (103) weist ferner darauf hin, daß Alternsforschung auch als „thematische Analyse des Alterns" gesehen werden muß, in der Altern psychologisch erfaßt werden kann in Abhängigkeit von einer „Phänomenologie typischer Erlebniszeiten" (S. 10). Entwicklung und Veränderung der Persönlichkeit im Erwachsenenalter werden somit inhaltlich bestimmt durch die Auseinandersetzung des Individuums mit „Grundsituationen des Lebens" (S. 12).

Eine Analyse der vielfältigen Arten und Formen der Auseinandersetzung mit derartigen „typischen Grundsituationen" oder auch „developmental tasks" (46) würde – im Sinne einer differentiellen Gerontologie – differenzierende Aussagen über sehr unterschiedlich ablaufende Alternsprozesse ermöglichen, würde *inter*individuelle Formen *intra*individueller Entwicklung aufzeigen.

In Anbetracht der Feststellung, daß seit ca. 50 Jahren systematische interdisziplinäre Alternsforschung betrieben wird (61), wird man eine große Fülle und Mannigfaltigkeit empirisch fundierter Erkenntnisse vermuten. Umso mehr erstaunt es zu sehen, wie einseitig und unverbunden die inhaltlichen Schwerpunkte der bisherigen gerontologischen Forschung ausgerichtet sind. *Lehr* machte dies anläßlich des XI. Kongresses der Deutschen Gesellschaft für Gerontologie in Köln deutlich („Psychologische Aspekte der Tendenzen neuerer internationaler gerontologischer Forschung", 1977). Sie verwies darauf, daß die inhaltlichen Veränderungen in der gerontologischen Forschung minimal sind. So werden noch immer – wie übrigens auch in der Entwicklungspsychologie des Kindes- bzw. Schulalters – vorrangig Intelligenzveränderungen behandelt. Dagegen erfahren die qualitativen Aspekte des Sozialkontaktes, die Themen „emotionale Bindungen/Partnerschaft im Alter" weiterhin eine beträchtliche Vernachlässigung. *Vollkommen* unzureichend hingegen ist der wissenschaftliche Informationsstand über die Auswirkung des *Verlustes* des Partners und die Veränderung anderer emotionaler Beziehungen. Zwar wird auf die Bedeutung des Partnerverlustes in der Literatur häufig hingewiesen, ohne daß jedoch — zumindest im deutschsprachigen Raum — auf wesentliches empirisches Material zurückgegriffen werden kann[1]). Diese Bevorzugung der Intelligenz- und Leistungsforschung und die Vernachlässigung der Thematik der Auseinandersetzung mit bestimmten Erlebenssituationen hat sicherlich methodische Gründe — sowohl im Hinblick auf adäquate Untersuchungsverfahren als auch hinsichtlich der Stichprobengewinnung. Dennoch ist es relativ unverständlich, daß das Faktum der Verwitwung weder in der gerontologischen noch in der familiensoziologischen/psychologischen Literatur eingehendere Erwähnung findet: Denn gerade Verwitwung stellt zum einen häufig eine „typische Entwicklungsaufgabe", und damit auch eine zentrale menschliche Grundsituation dar, mit der sich im höheren Lebensalter der jeweils überlebende Partner (meist die Frau) auseinandersetzen muß (29, S. 441); zum anderen bedeutet Verwitwung aber auch immer, d. h. unabhängig vom jeweiligen Lebensalter, einen, im Ausprägungsgrad zwar unterschiedlich erlebten, aber dennoch starken Einschnitt im individuellen Lebenslauf und Familienzyklus.

Eine Objektivierung derart subjektiv erlebter einschneidender Ereignisse versucht die „stressful-life-event"-Forschung, indem sie bestimmten Geschehnissen im menschlichen Lebenslauf „life-change-scores" attribuiert. Verwitwung erhält in diesem Zusammenhang den höchsten Wert, wird demgemäß als hochgradig streßgeladen, den Erlebens- und Verhaltensraum zentral beeinflussend eingestuft (27 und darin: 51). Eine Legitimierung der Beschäftigung mit dem Thema „Verwitwung" ist demnach zweifellos gegeben, doch sollten dabei auch die jeweils intra- und interindividuellen Formen der Auseinandersetzung und Bewältigung mit derartigen Belastungssituationen berücksichtigt werden. Will man dieses Anliegen umfassend durchführen, müssen beeinflussende Momente dieses Auseinandersetzungsprozesses einmal im gesamtgesellschaftlichen und historischen Zusammenhang gesehen werden. Zum anderen muß aber der Vorgang der Bewältigung dieser Belastungssituation in jedem Fall auch auf dem Hintergrund biografischer und situativer Momente, die durch die Zukunftsbezogenheit des Individuums zu ergänzen wären, erfaßt und beschrieben werden.

Ein Überblick über die deutschsprachige Literatur zum Thema „Verwitwung" bestätigt weitestgehend die These vom „vernachlässigten Forschungsobjekt". So mag die von *Thomae* (107) getroffene Aussage, daß sich Untersuchungen über Auswirkungen des Todes des Ehepartners auf das Zurechtkommen des älteren Menschen mit seiner Lebenssituation immer stärker mehren, für den anglo-amerikanischen Raum zutreffen[2]), läßt sich aber für deutschsprachige Verhältnisse im genannten Umfang in keiner Weise bestätigen. Entsprechende deutsche Veröffentlichungen sind eher spärlich verteilt:

---

[1]) Im anglo-amerikanischen Raum wurde die Verwitwungsforschung durch *Lopata* (68) im Bereich der Sozialwissenschaften sehr gefördert, zugleich auch von Medizinern mit stärkerem Interesse betrieben (76) und geriet darüberhinaus im Zuge der Berücksichtigung der Thanatologie mehr ins Blickfeld wissenschaftlichen Interesses (s. z. B. die Veröffentlichungen in „Omega: Journal of Death and Dying" 1975—1977).

[2]) So sind z. B. in den Bereichen Soziologie (Familiensoziologie, industrielle Soziologie), Psychologie (klinische Psychologie, Sozialpsychologie) und begleitende Erwachsenenpädagogik in den Jahren 1972—1977 insgesamt zwölf Dissertationen aus dem Amerikanischen zum Thema Verwitwung in den International Dissertation Abstracts aufgeführt.

So liegt eine Arbeit von *Tausch* et al. (102) vor, die Bezug nimmt auf ältere verwitwete Frauen, sie hinsichtlich eines hohen oder niedrigen Ausprägungsgrades des Lebenszufriedenheitsindexes vergleicht und u. a. nachweist, daß lebenszufriedenere ältere verwitwete Frauen häufiger telefonieren, öfter täglich mit jemandem sprechen und ihren Gesundheitszustand positiver einschätzen als lebensunzufriedenere ältere Witwen. Dies dürfte jedoch nicht unbedingt typisch für die „Witwensituation" sein; denn — wie bei den meisten Studien — fehlt es auch hier an einer nicht-verwitweten Vergleichsgruppe.

Desgleichen beschäftigt sich, allerdings aus der Sicht eines praktizierenden Psychoanalytikers und Gutachters, *Holl* (50) mit Problemen von Witwen und geht dabei, nach eigenen Angaben in Anschluß an *Salber* (87) „von einer morphologischen Psychologie aus, die seelische Zusammenhänge vorstellt und entwickelt, die durch eigene Strukturprinzipien Formen gestaltet und dadurch lebendiges Zusammenwirken aufweist" (S. 6). Die mit Witwen geführten Gespräche sind u. a. auf das Todesereignis und damit einhergehende Umbildungsprozesse hin zentriert und erfassen nicht systematisch und umfassend die (objektive und subjektiv erlebte) Lebenssituation der Betroffenen.

Gehen *Tausch* et al. somit kaum über die Berücksichtigung einzelner Aspekte des Sozialverhaltens hinaus, bleibt *Holl* zu sehr in der Rolle eines um tiefgreifendes (tiefenpsychologisches) Verständnis bemühten Zuhörers, und damit zu allgemein.

Des weiteren liegt ein Thesenpapier zum Partnerverlust älterer Frauen vor von *Schlaffer* und *Benard* (88), welches zwar auf individuelle Reaktionsformen verwitweter Frauen kurz eingeht, das Thema aber zunächst im größeren gesellschaftlichen und historischen Kontext, u. a. auch unter dem Aspekt „Gewalt an Frauen", darstellt.

Erwähnung findet die Situation Verwitweter z. T. auch in generellen Veröffentlichungen über ältere Menschen. So stellt *Gores* (44) eine Reihe von Aussagen zusammen über jeweils geschlechtsspezifisches Verhalten der Verwitweten hinsichtlich des Wohnverhaltens (90, 12), des Freizeitverhaltens (12, 89) und des religiösen Verhaltens (59, 66).

Zimmermann (113) geht zudem auf die Bedeutung des Familienstandes alter Menschen in Landeskrankenhäusern und Alten- und Pflegeheimen ein und verdeutlicht, daß bei Verwitweten gerade in Alten- und Pflegeheimen die Fehlplazierungsrate am höchsten ist.

Auch innerhalb einiger Repräsentativumfragen findet man Informationen über Verwitwete, wobei sie z. T. leider nicht von Geschiedenen, getrennt lebenden und Alleinlebenden unterschieden werden und somit keine prägnanten Aussagen über die Situation Verwitweter möglich sind (26, 31).

Ähnlich berücksichtigt eine Analyse der Mängel und Vorschläge zur Verbesserung der Lebenslage älterer Menschen in der BRD (56) nicht gezielt die Situation verwitweter älterer Menschen.

Auch Berichte einmal über die Lebenssituation alleinstehender berufstätiger Frauen im Alter von 30 bis 59 Jahren (Bm für Arbeit und Sozialordnung, 1970) und zum anderen über die wohnliche Versorgung Alleinstehender unter besonderer Berücksichtigung alleinstehender Frauen (Bm für Wohnungswesen und Städtebau, 1972) berücksichtigen zwar indirekt auch die Situation verwitweter Frauen, ohne aber zwischen den verschiedenen Gruppen Alleinstehender zu differenzieren.

Im Kontext der „Lebenshilfe"-Literatur finden sich dagegen eine Abhandlung über das Schicksal der vom Krieg betroffenen Frauen, vorzugsweise der Kriegerwitwen, die allerdings kaum über eine unsystematische Zusammenstellung von

Fallbeispielen hinausreicht (15), sowie ein Beitrag über die Vereinsamung der Witwe, in welchem einmal ihr vermutetes Abgeschnittensein von der männlichen Welt bedauert wird, zum anderen der Einsatz der Witwe im karitativen Bereich gefordert wird (111) — ein Vorschlag, der im Hinblick auf die Historie der alleinstehenden Frauen sicherlich eine lange Tradition hat (z. B. Beginenklöster im Spätmittelalter, s. 8), dabei zum einen aber sehr schichtspezifisch ausgerichtet ist und zum anderen Frauen weiterhin beschränkte, sogenannte „typisch weibliche" Betätigungsfelder zuweist.

Insgesamt gesehen dürfte anhand der vorliegenden Äußerungen deutlich geworden sein, daß Informationen über Verwitwete nur mühselig zu erhalten sind, oft aus anderen Fragestellungen indirekt erschlossen werden müssen, und sich zudem fast ausschließlich auf die Situation der Frauen beziehen.

3. Gründe für die Vernachlässigung

Neben den bereits erwähnten Methodenproblemen (Untersuchungsverfahren, Vergleichbarkeit der Stichproben, Stichprobengewinnung) dürften weitere Gründe der Vernachlässigung in gesellschaftlichen Faktoren zu sehen sein. Diese beeinflussen zwar auch die Art und Form der individuellen Auseinandersetzung mit der Verwitwungs-Thematik und sind von daher nicht isoliert zu betrachten. Es zeigt sich hier aber, wie die wissenschaftliche Forschung oft der sogenannten „normativen Kraft des Faktischen" unterliegt, indem sie gesellschaftliche Ignorierungs- und Diskriminierungsprozesse widerspiegelt. Ähnlich verweist auch *Lehr* (62 vgl. diesen Band, S. 18) auf die traditionellen Rollenauffassungen einiger Sozialwissenschaftler („die eigentliche Rolle der Frau ist die der Hausfrau und Mutter"), die für das Verständnis der Situation der erwachsenen Frau verhängnisvolle Auswirkungen hatten und beispielsweise eine Pensionierungsproblematik für die aus dem Berufsleben ausscheidende ältere Frau völlig ignorierte.

So scheinen auch die ausdrückliche gesellschaftliche Anerkennung, der Schutz, die Förderung und Regelung der sozialen Institutionen Ehe und Familie (72; Zweiter Familienbericht der Bundesregierung, 1975), da sie sozusagen in einen eigenen ministeriellen Zuständigkeitsbereich fallen, die Inhalte sozialwissenschaftlicher Forschung dahingehend zu bestimmen, sich gleichfalls vorwiegend mit den Ganzheiten Ehe und Familie zu beschäftigen[3]).

Alleinlebende und Alleinstehende erfahren keine öffentliche Wertschätzung und Förderung per se, sondern werden meist als soziale Problemgruppe, als Versorgungsempfänger eingeordnet. Auf den Zusammenhang zwischen gesellschaftlich anerkannten Normen und Werten und entsprechender Vernachlässigung abweichender Phänomene weist auch *Lopata* (70, S. 6) hin, wenn sie feststellt:

„The neglect reflects America's bias in favor of marital and familial life; the nonmarried or the no longer married are generally treated as a social problem."

Es ist zu erwarten, daß eine derartige, Abhängigkeit provozierende Behandlungsweise gerade für bestimmte Gruppen ohnehin passiver, abhängiger Alleinstehender fatale Folgen hinsichtlich des Selbstbildes und des Selbsterlebens der Betroffenen hat (18).

---

[3]) Eine Anfrage bezüglich Informationsmaterials zur „Situation verwitweter Menschen" beim Bundesministerium für Jugend, Familie, Gesundheit erbrachte lediglich die zweizeilige Antwort, daß das gewünschte Informationsmaterial nicht vorliege.

Lopata (67) und ähnlich auch *Ball* (4) haben für den US-amerikanischen Raum Gründe aufgezeigt, die speziell Witwen als eine gesellschaftliche Randgruppe kennzeichnen. Diese verschiedenen Minoritätsaspekte lassen sich teilweise auch für den deutschsprachigen Raum als plausible Gründe für die mangelnde Berücksichtigung der Thematik der Verwitwung benennen. Natürlich treffen derartige Aussagen nicht für alle verwitweten Personen zu, da es sich nicht um eine homogene Gruppe handelt, sie machen aber für bestimmte Gruppen Verwitweter sogenannte „kumulative Benachteiligungen" (85, S. 312) recht deutlich.

Frausein und Altsein: So sind verwitwete Menschen in der überwiegenden Mehrzahl Frauen, gehören in der Regel zu der Bevölkerungsgruppe der älteren Menschen (60 Jahre und älter)[4]) und erfahren in verstärktem Maße Benachteiligungen, die für beide Gruppen — Frauen und ältere Menschen — ohnehin zutreffen.

In einer Darstellung der Situation der älteren Frau betont *Lehr* (62, S. 12), daß das Zusammentreffen von „Frausein und Altsein" in Anbetracht erwähnter traditioneller rollentheoretischer Auffassungen verhängnisvolle Konsequenzen für den Erkenntnisstand über die Altersprobleme der Frau hat.

Ähnlich stellt auch *S. de Beauvoir* (7) in ihrem Buch „Das Alter" eine Fülle von Erkenntnissen — aus Biologie, Ethnologie, Kulturanthropologie und Literatur — über das Alternserlebens des *Mannes* zusammen. Dieses Buch über menschliches Altern erweist sich somit — notgedrungen in Anbetracht der zur Verfügung stehenden Quellen — als eine Darstellung männlichen Alterns. Hingegen scheint es auch für *S. de Beauvoir* schwierig zu sein, spezifische Informationen über ältere Frauen zu erhalten, und das, obwohl Frauen ja zahlenmäßig eindeutig in der Mehrheit sind und sie, infolge der höheren Lebenserwartung, den Alternsprozeß auch länger erleben. Hinzukommt, daß die wenigen Darstellungen der älteren Frau fast immer eindeutig negativ akzentuiert sind — ein Bild, das sicherlich Ausdruck einer jeweils männlich dominierten Gesellschaft ist und heute erst eine allmähliche Revision erfährt.

Auf eine entsprechende Parallele in den soziologischen und psychologischen Wissenschaften, die die Situation der älteren Frau augenscheinlich für wenig beachtenswert hielten, ist schon mehrfach hingewiesen worden. Ähnlich wurde die Verwitwung als ein für *Frauen* normaler, d. h. in vorgegebenen Bahnen ablaufender Prozeß, der keinerlei wissenschaftlicher Aufmerksamkeit bedurfte, angesehen.

Nun ist Verwitwung — zumindest zahlenmäßig — tatsächlich eher ein Frauenproblem (auch in der Bevölkerungsgruppe der 60—90jährigen ist das Verhältnis Witwen zu Witwern ca. 6 : 1). Verwitwung aber als ein „naturgegebenes Frauenschicksal" darzustellen, welches man durch die Übernahme einer vorgegebenen Witwenrolle recht problemlos und unauffällig meistern kann, erscheint fragwürdig. Eine derartige Einstellung übersieht nicht nur, sondern verhindert geradezu die Erforschung dieser Problematik.

Auch die häufig zu findende — rollentheoretisch fundierte — Gleichsetzung von Pensionierung und Witwenschaft als jeweils geschlechtsspezifische Entwicklungsaufgabe im höheren Erwachsenenalter (25, 10, 23, 45) wird zum einen sicherlich beiden Phänomenen nicht gerecht und zementiert zum anderen die Vorurteilsbildung über geschlechtsspezifische Rollenverteilung in unserer Gesellschaft. Deutlich

---

4) Das Verhältnis Witwer zu Witwe beträgt ca. 1 zu 6; 82% der verwitweten Population in der BRD fallen in die Altersgruppe 60—90 Jahre. (Auf die genauen Zahlenangaben wird weiter unten eingegangen.)

wird dies v. a. bei *Cumming* und *Henry* (25), die postulieren, daß letztlich die Pensionierung für den Mann einen weitaus schwieriger zu bewältigenden Prozeß darstelle, als es die Witwenschaft für die Frau sei. Sie zeichnen ein Bild der Witwe als einer von „peers" umgebenen Frau, die ihre Freizeit voll und unbeschwert genießen kann. Obwohl dies unter bestimmten Voraussetzungen für einen kleinen Teil verwitweter Frauen zutreffen *kann* (wie es auch durch Einzelfälle aus der Bonner gerontologischen Längsschnittstudie zu belegen ist), spottet eine derart generalisierende Aussage der realen Situation vieler verwitweter Frauen in unserer Zeit.

Interessant erscheint in diesem Zusammenhang auch die Tatsache, daß im Zuge der Beschäftigung mit zentralen Rollen und Verlust derselben im Erwachsenenalter die (männliche) Pensionierungsproblematik empirisch, z. T. auch kulturvergleichend, untersucht wurde (47, 28), wohingegen bislang nur *eine* ähnlich umfangreiche empirische Studie und Veröffentlichung über die Verwitwungsproblematik in den USA durchgeführt wurde (68), allerdings sind hier nur Frauen erfaßt worden.

Ohne an dieser Stelle auf die Diskussion über die Frage einzugehen, ob Witwer oder Witwen schwerwiegendere Probleme zu bewältigen haben, sollte doch darauf hingewiesen werden, daß Mannsein *und* Altsein *und* Verwitwetsein doch eher eine Ausnahme darstellt. Angesichts der erworbenen Hilflosigkeit in bezug auf z. B. die Haushaltsführung wird jedoch eine noch gravierendere Kumulation von Benachteiligungen erwartet (z. B. 39, 79, 12). Da hier jedoch finanzielle Probleme seltener gegeben sind, scheint diese Gruppe z. Z. noch weniger im Blickfeld wissenschaftlichen (und damit auch öffentlichen?) Interesses zu stehen als die der verwitweten Frauen.

Armut und Bildungs-/Ausbildungsdefizit: Diese von *Lopata* (67) weiterhin genannten Minoritätsaspekte besagen sicherlich für alle Personengruppen, die hier einzuordnen sind, daß sie, weil über wenig soziale und politische Macht verfügend, kaum in Form von „pressure-groups" ihre Anliegen und Ansprüche geltend machen können.

Angewandt auf die Gruppe der Verwitweten bedeutet dies vorrangig eine Spezifikation der Situation der älteren, verwitweten Frau, da beide Kriterien in ihrem Fall häufig (gleichzeitig und sich bedingend) anzutreffen sind (37, 38, 62, 97).

So betonen auch *Rosenmayr* (85, S. 309/10) und *Glatzer* (40, S. 360), daß gerade die älteren, alleinstehenden Frauen, und das sind vorwiegend Witwen, häufig zu den „Armen" in den jeweiligen Gesellschaften (Österreich und BRD) gehören[5]).

Auch *Lopata* (70) macht deutlich, daß gerade die älteren unter den Witwen entscheidend im Hinblick auf das Bedingungsgefüge sozio-ökonomischer Status/formale Bildung benachteiligt sind und auch von daher Schwierigkeiten haben, mit veränderten Situationen, wie sie die Verwitwung darstellt, fertig zu werden. Ähnliches gilt aber auch für die älteren, relativ ungebildeten, in ländlichen Gegenden lebenden Witwer (9).

Um die finanziellen Aspekte der Situation älterer Witwen zu verbessern, sind sicher eine Reihe von Maßnahmen wirtschafts- und sozialpolitischer Art notwendig. Langfristig gesehen steht jedoch außer Frage, daß effektive prophylaktische Maßnahmen zur Verbesserung der Situation der älteren Frau schon in der Kindheit, d. h. bei der Sozialisation der Mädchen, u. a. auch im Hinblick auf eine Berufstätigkeit der Frau, beginnen müssen (62).

Tod und Trauer: Als ein weiterer Minoritätsaspekt wird von *Lopata* (67, 70) die gesellschaftliche Tabuierung der Themen Tod und Trauer angeführt. Gemeint ist

---

[5]) Eine „Armutsgrenze" wird in der BRD amtlicherseits durch die Regelsätze der Sozialhilfe definiert (40).

hiermit, daß nicht nur diese Themenbereiche eine Ignorierung erfahren, sondern daß die hiervon betroffenen Menschen, d. h. die Hinterbliebenen oder Überlebenden, gleichfalls diskriminiert und in gesellschaftliche Randbereiche abgeschoben werden. *Gorer* (43) sieht bei der Behandlung der Themen Tod und Trauer ähnliche Verheimlichungstendenzen wie beim Umgang mit dem Thema Sexualität („nicht vor den Kindern") und spricht in diesem Zusammenhang von einer „pornography of death".

Ob durch die neuerdings zu konstatierende spektakulär aufbereitete Beschäftigung mit dem Leben *nach* dem Tod („Das schöne Sterben", Der Spiegel, Nr. 26, 20. Juni 1977) Todes- und Trauerthemen wieder mehr im öffentlichen Bewußtsein präsent werden, muß abgewartet werden. Findet einerseits der Tod immer häufiger in öffentlichen Institutionen, d. h. vor allem in medizinischen Einrichtungen statt (36, S. 161), so scheint andererseits gerade die „öffentliche" Versorgung eine Verdrängung des Sterbevorganges aus dem individuellen und öffentlichen Bewußtsein zu erleichtern. Bezüglich der Trauer ist ein eher gegenläufiger Prozeß zu beobachten, der aber gleiche Auswirkungen hat: Trauern ist von einem eher öffentlichen zu einem sehr privaten, d. h. privat zu vollziehenden Vorgang geworden (33), mit dem die Öffentlichkeit nicht belästigt werden möchte. So konstatiert auch *Fuchs* (36), an Ausführungen von *Gorer* (42) anschließend, für die deutsche Gesellschaft einen Schwund der Trauersitten und der verbindlichen Trauerrituale.

Trauer eignet sich zudem, abgesehen von gerade noch akzeptierten öffentlichen Traueräußerungen am Tag der Beerdigung, nicht so sehr für sensationelle Darstellungen in den Massenmedien, da sie zwar als intensiver Reifungsprozeß durchaus einen positiven Stellenwert innerhalb der menschlichen Entwicklung besitzt, dennoch aber zumeist ein langwieriger, eher beschwerlicher Vorgang ist, dem nicht die Attraktivität des oben genannten „schönen Sterbens" (einschließlich postmortaler Verheißungen) zukommt (35, 30, 65, 76).

Es wird empirisch nachzuprüfen sein[6]), inwieweit bei welchen Anlässen welche Gruppe von Hinterbliebenen trauern, inwieweit sie sich diskriminiert fühlen, in welcher inter- und intraindividuell unterschiedlichen Art und Form sich der Trauervorgang äußert, inwieweit und in welcher Form sich unter Umständen eine „verminderte Teilhabe an der Gesellschaft der Lebenden" (36, S. 152) zeigt und welche weiteren Gegebenheiten das Verhalten und Erleben der Verwitweten beeinflussen.

So verweisen bisher vorliegende anglo-amerikanische Untersuchungen darauf, daß nur dann generalisierende Feststellungen getroffen werden können, wenn sehr differenziert vorgegangen und ausgewertet wird. Merkmale, die z. B. bisher als bedeutsame Einflußgrößen der Auseinandersetzung mit dem Verlust berücksichtigt wurden, sind biographische und situative Bedingungen. Vor allem scheinen von Einfluß Alter und Geschlecht der Verwitweten, Todesart der(s) Verstorbenen, der Grad der Vorbereitung und Antizipation des Todes, der sozio-ökonomische Status, bisheriger Eheverlauf, andere Belastungssituationen, gesundheitliche Beeinträchtigungen etc. (4, 39, 48, 76, 77, 91).

Um Aussagen über Auswirkungen der Art und Qualität der Ehe auf den Lebensstil der Verwitweten machen zu können, wie es z. B. von *Lopata* (68) und aus eher therapeutischer Sicht von *Pincus* (80) als zum Verständnis für die Situation Verwitweter notwendig gefordert wird, erscheint es zudem äußerst wichtig, empirische

---

⁶) Die empirische Überprüfung der Frage der gesellschaftlichen Tabuierung des Themas Tod wird vielleicht von der sich auch in der BRD konstituierenden Wissenschaft der Thanatologie zu leisten sein (vgl. das „Internationale Symposion für Thanatologie und Thanatagogik", 17.—19. Oktober 1977 in Schwerte).

Untersuchungen längsschnittlich anzulegen, denn gerade im Fall der Verwitwung sind retrospektive Daten hinsichtlich der zumeist stattfindenden kognitiven Umstrukturierungsprozesse zwar sehr interessant, andererseits aber auch sehr ungenau und fehlerhaft und haben *Lopata* (70) z. B. dazu veranlaßt, eine „Verklärungs-Skala" (sanctification-scale) zu konstruieren. Dennoch sollte man — im Hinblick auf die kognitive Theorie des Alterns (3, 105, 75) — den Erlebnisaspekt als verhaltensbeeinflussendes Moment natürlich nicht übersehen.

4. Ansätze zur Erforschung der Verwitwungssituation im anglo-amerikanischen Raum

Es würde den Rahmen der vorliegenden Ausführungen sprengen, die Entwicklung und den Stand der anglo-amerikanischen Verwitwungsforschung, die sich keineswegs nur auf Ältere beschränkt, darzustellen. Auf jeden Fall sei festgestellt, daß hier eine Vielzahl *empirischer* Untersuchungen vorliegt, aus denen hier nur einige Schwerpunkte herausgegriffen werden sollen.

Anhand einer Diskussion über „widowhood" im Journal of Geriatric Psychiatry (55, 93, 11, 69, 64) werden zwei Richtungen dieser Forschungsansätze deutlich. Einmal der eher von Medizinern beeinflußte Ansatz der praktischen, von gleichfalls verwitweten Laienhelfern durchgeführten Witwenhilfe („widow-to-widow"-Programm), wie er von *Silverman* (92) beschrieben wird, zum anderen der eher soziologisch/sozialpsychologisch fundierte Ansatz, wie er von *Lopata* (68) repräsentiert wird. Hier wird versucht, die Verwitwung als Umbruchs- und Übergangsphase zu betrachten, die Prozesse der Identifikationsumbildung mit sich bringt; darüber hinaus werden auch Unterstützungssysteme und -maßnahmen seitens der Umwelt zu erfassen versucht, um insgesamt den Prozeß der sogenannten „griefwork", d. h. der „Trauerarbeit" in soziologischen Kategorien darzustellen.

Beide Schwerpunkte werden auch in größeren empirisch fundierten Studien deutlich. So bezieht der Psychiater *Parkes* (76) in seine Ausführungen über Gramsymptome und Trauerphasen Ergebnisse und Erkenntnisse bezüglich des körperlichen und seelischen Gesundheitszustandes bei Witwen und Witwern aus der sog. Harvard-Studie (68 Bostoner Witwen und Witwer unter 45 Jahre) und aus der eigenen Londoner ärztlichen Praxis (22 Witwen unter 65 Jahre) mit ein, und kommt zu dem Schluß, daß Verwitwete (im Vergleich zu einer Kontrollgruppe) eher durch Störungen des Gefühlslebens gekennzeichnet sind. Dieser Forschungsansatz ist in neuerer Zeit durch thanatologische Aspekte erweitert worden, die sich auf das Todesereignis und vorausgehende, begleitende und nachfolgende Umstände zentrieren und z. T. gerade auch jüngere verwitwete Personen mit berücksichtigen (4, 6, 77, 91, 94).

Der andere, soziologisch ausgerichtete Forschungsschwerpunkt der Witwenforschung ist am umfassendsten durch *Lopata* (68) dokumentiert. Doch daneben gibt es eine Anzahl kleinerer Studien, die sich speziell mit der Situation *älterer* verwitweter Menschen befassen. Die bereits erwähnten Schwierigkeiten werden auch hinsichtlich der in diesen Untersuchungen angewandten Verfahren und der Art der Stichprobengewinnung recht deutlich dokumentiert. Es ist daher sehr fraglich, ob Aussagen über unterschiedliche geschlechtsspezifische Reaktionsformen und Verarbeitungsmöglichkeiten, über die Bedeutung der Antizipation als eine die Anpassung (unterschiedlich) beeinflussende Variable, sowie über Selbstmordraten, Lebenszufriedenheitsindizes, Arztbesuche und Medikamentengebrauch Verwitweter in irgendeiner Weise generalisierbar sind. Denn es handelt sich z. T. um Sekundär-analysen (2, 13), um die Interpretation amtlicher Statistik (13), es ist teilweise eine mangelnde Repräsentativität der Stichproben gegeben (pensionierte Angestellte einer Telephongesellschaft und pensionierte Lehrer (2), ländliche Kleinstadtbevölkerung (79), es fehlen Kontrollgruppen (48, 39), der Zeitpunkt der Verwitwung wird nicht berücksichtigt (13, 2) und es werden teilweise sogar nur postalisch verschickte Frage-bogen herangezogen (2).

Als ein Problem der meisten der erwähnten Untersuchungen stellt sich zudem häufig die mangelnde Vergleichbarkeit dar, die z. T. begründet scheint in der unter-schiedlichen Konzeption des von fast allen Autoren für bedeutsam gehaltenen Kriteriums der Anpassung an das Verwitwet-Sein (siehe auch generell zur An-passungsproblematik im höheren Alter: 107). So beeinflussen die normativen Wert-vorstellungen der Untersucher deutlich die Schlußfolgerungen, die aus den Ergeb-nissen gezogen werden, je nachdem, ob als Maßstab die Häufigkeit von Arzt-besuchen und die Anzahl gesundheitlicher Störungen genommen wird oder die Höhe eines Lebenszufriedenheitsscores und das Ausmaß sozialer Partizipation oder sogar das Faktum der Wiederheirat als letztlich einzig gültiges Kriterium für eine „angemessene" Anpassung, eine Auffassung, die von *Sheskin* und *Wallace* (91) zumindest problematisiert wird.

Der Vollständigkeit halber sollen auch die über die Laienhilfe hinausgehenden Bemühungen, Verwitweten psychotherapeutisch zu helfen, erwähnt werden, seien sie eher psychoanalytisch (80) oder auch verhaltenstherapeutisch (83) orientiert.

5. Die Witwenrolle in historischer Perspektive

Deutschsprachige Veröffentlichungen, die sich mit dem Thema „Witwenschaft" auseinandersetzen, beziehen sich eher auf historische als auf zeitgenössische Aspekte[7]).

Etymologen leiten das Wort Witwe[8]) aus dem Indogermanischen her, wobei die Wortwurzel auf das Verb „trennen" zurückzuführen ist und das Adjektiv „ge-trennt", im Femininum substantiviert, der Bezeichnung „Witwe" entspricht (82). Eine besondere Bezeichnung für den Witwer gibt es nicht, sondern das Wort Witwer ist laut *Engster* (32) eine Sekundärbildung zum Femininum. Nach *Engster* ist es in Anbetracht der damaligen (germanischen) männlich geprägten Gesellschafts-ordnung „nur zu verständlich, daß man den Witwer nicht in dem Maße als den ‚Einsamen, Verlassenen' empfand wie die Witwe" (S. 24) und es von daher auch keine eigenständige Bezeichnung für den Witwer gibt.

Abgesehen von derartigen etymologisch orientierten Überlegungen war es sicher-lich für die Witwen bedeutsamer, welche verbindlichen Verhaltensvorschriften für sie nach dem Tod des Mannes galten. So wird man in der Regel davon ausgehen können, daß die Frauen, denen zumeist neben dem Ehefrauendasein keine alter-nativen Rollen zur Verfügung standen, auch im Witwenstand kaum über einen Verhaltensspielraum verfügen konnten, was v. a. die Vorschriften über den Aspekt

---

[7]) Zur Verdeutlichung dieser Aussage sei erwähnt, daß in Verzeichnissen deutscher Hochschulveröffentlichungen zwei Arbeiten unter dem Stichwort „Witwe" Erwähnung finden: „Das Problem des Witwenselbstmordes bei den Germanen" (32) und „Das Risiko der Witwenschaft in der Geschichte des deutschen Beamtenrechts bis 1933" (54).

[8]) gotisch: widuwo; althochdeutsch: wituwa (32, S. 23).

der Wiederverheiratung betraf. Als einschränkendste und einschneidendste Maßnahmen sind dabei einmal der von der Umwelt mehr oder weniger stark geforderte Selbstmord der Witwe[9]) (= Verunmöglichung der Wiederheirat) anzusehen, sowie das Levirat (= erzwungene Wiederheirat), die sogenannte Schwägerehe, die schon im Alten Testament im Buch Ruth erwähnt wird, aber auch in vielen anderen Kulturen praktiziert wurde (17, 41) und sich auch im heutigen modernen Israel noch in der Praxis des „Halizah" (= Zeremonie des Schuh-Ausziehens) auffinden läßt (6).

Noch einengender als das Levirat ist vielleicht die „inheritance of widows" einzuschätzen, wobei die Witwe selbst als ein Teil der Erbmasse weitervererbt wurde und der nachfolgende Ehemann sämtliche Rechte über sie erlangte (14).

Aber auch in unserem Kulturkreis gab es Normen, die den Lebensraum der Witwe stark reglementierten; so wurde das allgemeine soziale Verhalten — besonders verdeutlicht anhand der Regelungen über die Wiederheirat, die z. T. von der christlichen Kirche sehr ungern gesehen wurde — beträchtlich kontrolliert; auch die äußere Kennzeichnung des Witwenstatus durch entsprechende Kleidungsvorschriften war bis ins zwanzigste Jahrhundert hinein durchaus üblich, wohingegen analoge Erwartungen an Witwer, wenn überhaupt, nur in abgeschwächter Form galten (49, 78).

Es wäre sicherlich interessant, einmal festzustellen, ob und in welchem Umfang heute noch bei welchen Bevölkerungsgruppen entsprechende Erwartungen existieren und in welchem Maße gerade die älteren Witwen sich derartigen indirekten Verhaltensvorschriften verpflichtet fühlen. So wird man davon ausgehen müssen, daß die Lebensstile der Witwen in den letzten Jahrzehnten zumindest in einigen Ländern Europas enormen Wandlungen und Veränderungen unterworfen waren, ähnlich wie es *Lopata* (70) für die USA konstatierte. Ihre Beschreibung der Situation älterer Amerikaner als einer Personengruppe, die sozialisiert wurde in eine Abhängigkeit von zu- und vorgeschriebenen Rollensystemen und damit wenig befähigt wurde, mit Lebenssituationen fertig zu werden, die eigenständige, freiwillige und selbstverantwortliche Entscheidungen erfordern, trifft sicherlich auch unter deutschen Verhältnissen für einen Teil der älteren Witwen zu.

Verwiesen werden soll allerdings noch darauf, daß das Ausmaß des Verhaltensspielraums für Witwen nicht in einem — historisch gesehen — gradlinig sich vergrößernden Prozeß vonstatten ging, sondern daß sich zu bestimmten Zeiten (und in bestimmten Kulturen) Frauen im Witwenstatus größere Chancen boten als sie je als Ehefrauen gehabt hätten; so nimmt man an, daß die ersten weiblichen Zunftmitglieder im 14. Jahrhundert vorwiegend Witwen waren, die in die Zunft des verstorbenen Mannes aufgenommen wurden und somit zu Wegbereiterinnen für die Einbeziehung weiterer weiblicher Zunftmitglieder wurden (8, S. 64).

Intention dieses kurzen Überblicks war es, deutlich zu machen, daß insgesamt die Witwenrolle eine beträchtliche Tradition besitzt, die das Leben von Frauen über Jahrhunderte hinweg entscheidend bestimmte; auch wenn die Spuren dieser Tradition nur noch schwer erkenntlich sind, läßt sich doch denken, daß auch das *heutige* Witwen-Sein in bezug auf bestimmte Erlebens- und Verhaltensaspekte historisch determiniert ist — Einflußgrößen, die zum Verständnis des heutigen Lebensstils der Witwe auch berücksichtigt werden sollten.

---

[9]) Selbstmord der Witwe: Sanskrit „sati" = „treue Frau" (32, S. 4); (englisch: suttee).

6. Die sozial-rechtliche Stellung der Witwe

Die relativ schlechte ökonomische Lage zumindest eines Teils der Witwen hat gleichfalls eine recht lange Tradition. Witwen gehören zwar schon seit langem zu den Gruppen, die als besonders schutz- und hilfsbedürftig angesehen werden [10]), andererseits aber häufig keinen rechtlichen Anspruch auf Versorgung hatten, denn das Erbrecht z. B. benachteiligte sie in der Regel zugunsten ihrer Kinder.

In der heutigen Zeit besteht durch das sozialversicherungsrechtliche System natürlich für die Witwe eine andere, wesentlich verbesserte Situation. Dennoch fällt gerade an der Gruppe der älteren nicht-erwerbstätigen verwitweten Frauen auf, daß deren soziale Sicherung nicht per se gewährleistet ist, sondern daß durch die „Konstruktion der abgeleiteten Sicherung ... dem Ehemann das Recht eingeräumt (ist), die soziale Sicherung der Frau zu bestimmen" (71, S. 53) — eine Regelung, die zwar für alle Ehefrauen gilt, im Falle der oben genannten Gruppe aber besondere Benachteiligungen aufweist: die Ausbildung des Ehemannes, seine Bedürfnisse und Berufsinteressen bestimmen die Einkommenshöhe, somit auch die Höhe der Rente und letztlich den Umfang der Witwenrente. Zwar hat bei uns die Frau, im Falle des Todes des Ehemannes, *immer* einen Anspruch auf Witwenrente (§ 1264 RVO, ebd., S. 46), wohingegen der Witwer nur in bestimmten Fällen eine Witwerrente erhält [11]); dennoch bezieht die Frau nur 60 % des Altersruhegeldes (wenn der verstorbene Mann Rentner war), während der Mann natürlich auf *seine* Rente — unabhängig von seinem Familienstand — vollen Anspruch hat.

Historische und soziologische Ursachen für die unzureichende Sicherung der nicht-erwerbstätigen Witwe werden von *Planken* (81) dargestellt. Entscheidend für die rechtliche Stellung der Frau war das Bürgerliche Gesetzbuch von 1900, in dem durch den propagierten Schutz der Ehe eine „rechtliche Minderstellung der Frau" festgelegt wurde; erschwerend kam zudem hinzu, daß die nicht-erwerbstätige Frau erst nachträglich in die sozialen Sicherungssysteme eingebaut worden ist (ebd., S. 75).

Bezeichnend dabei ist, daß die einzelnen sozialen Gruppen erst schrittweise bei der gesetzlich geregelten Hinterbliebenenversorgung berücksichtigt wurden: zunächst wurden die Beamtenwitwen versorgt, darauffolgend im Jahre 1911 die Witwen der Angestellten (für beide Gruppen war quasi das Ideal der „Nur-Hausfrau" verbindlich), wohingegen die Arbeiterwitwen erst 1957 (!) eine ähnlich umfangreiche Versorgung und Sicherung erhielten. Die Begründung für die Vernachlässigung bestand darin, daß für diese „die Not eine außerhäusliche Erwerbstätigkeit auch der verheirateten Frauen" ohnehin gebot (ebd., S. 74), sie daher keine „Nur-Hausfrauen" sein konnten und sich folglich auch einen eigenen Rentenanspruch erwarben. Wie gering dieser gewesen sein muß, läßt sich, ohne daß konkrete Daten zur Verfügung stehen, anhand *heutiger* Durchschnittsrenten der weiblichen Arbeiterinnen recht gut ersehen [12]).

Insgesamt wird man auch heute davon ausgehen können, daß die Witwen von Arbeitern und kleineren Angestellten völlig unzureichend gesichert sind; in diesem Sinne stellt auch *Geissler* (38, S. 38) fest, daß es in „Anbetracht der unzureichenden

---

[10]) Schon in der Bibel werden die Witwen häufig zusammen mit den Waisen und den Fremdlingen genannt: z. B. Sacharja 7; 10 „und tut nicht Unrecht den Witwen, Waisen, Fremdlingen und Armen, ..."

[11]) und zwar dann, wenn die Frau Beamtin war (s. Bm für Arbeit und Sozialordnung, 1977) oder den Unterhalt ihrer Familie überwiegend bestritten hat (37, S. 36).

[12]) Zahlen hierzu folgen weiter unten.

materiellen Versorgung der Witwen ... kein Zufall (ist), wenn die Frauen unter den Sozialhilfeempfängern stark überrepräsentiert sind".

In diesem Zusammenhang sei darauf verwiesen, daß die gerichtliche Klage einer Witwe über die Unzulänglichkeit der Witwenrente für den Lebensunterhalt am 2. 12. 1975 vom Bundessozialgericht abgewiesen wurde[13]); der Gesetzgeber ist allerdings aufgefordert worden, bis 1984 eine Neuregelung des Hinterbliebenenrechtes zu gewährleisten (57).

7. Demographische und sozialstatistische Daten [14]) zur Situation Verwitweter

Der Anteil der Verwitweten in der Gesamtbevölkerung liegt bei 9 %, wobei das Verhältnis Witwe und Witwer ca. 6 zu 1 beträgt; betrachtet man die Gruppe der Verwitweten für sich, fällt auf, daß der größere Anteil in der Bevölkerungsgruppe der 60—90jährigen zu finden ist; zahlenmäßig am meisten betroffen von der Verwitwung sind somit die älteren Frauen (vgl. Tab. 1).

Die Bevölkerungsgruppe der älteren Menschen unterscheidet sich in bezug auf den Familienstand erheblich von der Gesamtbevölkerung (vgl. Abb. 1). Gleichfalls ist hervorzuheben, daß die geschlechtsspezifischen Unterschiede innerhalb der „älteren" Gruppe hinsichtlich der Familienstandsverhältnisse weitaus ausgeprägter sind.

Tab. 1. Wohnbevölkerung am 31. 12. 1975 nach Geschlecht, Altersgruppe 60—90 Jahre, Verwitwetenstatus

	Gesamtbevölkerung	davon: Bevölkerung 60—90 Jahre	
Gesamt	61 644 624	12 269 829 (20,0 %)	
Männer	29 381 500 (47,7 %)	4 685 830 (38,2 %)	
Frauen	32 263 124 (52,3 %)	7 583 999 (61,8 %)	
davon:			% von Verwitweten
Verwitwete	5 359 616 (9,0 %)	4 393 598 (36,0 %)	(82 %)
Männer	773 412 (14,0 %)	648 791 (15,0 %)	(84 %)
Frauen	4 586 204 (86,0 %)	3 744 807 (85,0 %)	(82 %)

Quelle: Errechnet und dargestellt nach Angaben der Veröffentlichung des Statistischen Bundesamtes zur Wohnbevölkerung am 31. 12. 1975, nach Altersjahren, Geburtsjahren, Familienstand und Geschlecht, 1977.

---

[13]) Mit folgender Begründung wurde die Klage am 28. 11. 1974 vom Landessozialgericht Rheinland-Pfalz abgewiesen, der sich das Bundessozialgericht angeschlossen hat: „Der Mann ... braucht mehr Geld als die Frau, er hat einen höheren Bedarf. ...(weil) mit dem Tod der Ehefrau ihre Haushaltsleistung für den Mann weggefallen ist. Der Ehemann ist in aller Regel weder fähig noch zeitlich in der Lage, die für ihn auch weiterhin notwendige Haushaltsführung mit allen damit verbundenen Arbeiten in gleicher Weise wie eine Frau zu übernehmen. ...(Für die Witwe gilt:) Ein ‚Verbraucher' ist weggefallen ... Im Hinblick auf objektive biologische und funktionale — arbeitsteilige — Unterschiede von Mann und Frau sind nach der Natur des jeweiligen Lebensverhältnisses auch unterschiedliche Regelungen erlaubt oder sogar notwendig." (57, S. 65).

[14]) Die folgenden Prozentangaben sind z. T. auf- bzw. abgerundet; die absoluten Bezugszahlen werden gleichfalls angegeben, um die konkreten Größenordnungen zu verdeutlichen.

Gesamt-
bevölkerung

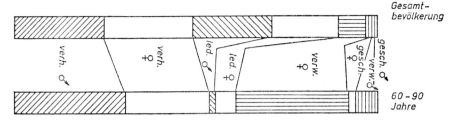

60 - 90
Jahre

Abb. 1. Wohnbevölkerung nach Geschlecht, Familienstand und Altersgruppe 60—90 Jahre.

Quelle: Errechnet und dargestellt nach Angaben der Veröffentlichung des Statistischen Bundesamtes zur Wohnbevölkerung am 31. 12. 1975, nach Altersjahren, Geburtsjahren, Familienstand und Geschlecht, 1977.

So fällt auf, daß die Zahl der alleinstehenden älteren Frauen etwa fünfmal so hoch ist wie die Zahl der älteren alleinstehenden Männer; die alleinstehenden Frauen machen fast zwei Drittel dieser Altersgruppe aus im Gegensatz zu einem Fünftel bei den Männern; davon ist fast jede zweite Frau verwitwet, aber nur jeder siebte Mann Witwer (vgl. Tab. 2).

Tab. 2. Alleinstehende Männer und Frauen in der Altersgruppe 60—90 Jahre

	Männer		Frauen	
Gesamt	4 685 830		7 583 999	
davon: Alleinstehende	944 285 (20 %)		4 765 421 (63 %)	
davon:		% v. Ges.		% v. Ges.
verwitwet	648 791 (69 %)	(14)	3 744 807 (79 %)	(49)
geschieden	100 969 (11 %)	(2)	253 955 (5 %)	(3)
ledig	194 525 (21 %)	(4)	766 659 (16 %)	(10)

Quelle: Errechnet und dargestellt nach Angaben der Veröffentlichung des Statistischen Bundesamtes zur Wohnbevölkerung am 31. 12. 1975, nach Altersjahren, Geburtsjahren, Familienstand und Geschlecht, 1977.

Es wird weiterhin deutlich (vgl. Tab. 3), daß der Familienstand in den einzelnen Altersgruppen extrem geschlechtsspezifische Unterschiede aufweist. So nimmt zwar der Anteil der Verwitweten kontinuierlich mit zunehmendem Alter sowohl bei den Männern als auch bei den Frauen zu, entsprechend geht der Anteil der Verheirateten mehr oder weniger gradlinig zurück, dennoch sind die jeweiligen Ausgangsvoraussetzungen ganz anders. So sind die Männer auch im hohen Alter viel häufiger und viel länger verheiratet, wohingegen Frauen bereits in einem früheren Lebensalter verwitwet sind. Insgesamt wird deutlich, daß sich die Situation der Frauen hinsichtlich der Art ihres Familienstandes grundsätzlich von der der Männer unterscheidet und diese Unterschiede sich mit zunehmendem Lebensalter verstärken.

Denn, betrachtet man die Gruppe des sogenannten „mittleren Erwachsenenalters" (30—60 Jahre) (vgl. Tab. 4), so erweisen sich diese Unterschiede als nicht so

115

Tab. 3. Familienstand in einzelnen Altersgruppen der Männer und Frauen

| | 60—70 Jahre | | 70—80 Jahre | | 80—90 Jahre | |
	Männer	Frauen	Männer	Frauen	Männer	Frauen
verheiratet	2 322 059	1 967 699	1 228 943	763 087	190 543	87 792
	(87 %)	(49 %)	(75 %)	(28 %)	(52 %)	(10 %)
ledig	109 441	353 655	69 720	308 967	15 364	104 037
	(4 %)	(17 %)	(4 %)	(11 %)	(4 %)	(12 %)
verwitwet	178 608	1 520 316	311 631	1 574 791	158 552	649 700
	(7 %)	(38 %)	(19 %)	(58 %)	(43 %)	(76 %)
geschieden	68 594	161 802	29 077	78 448	3 298	13 705
	(3 %)	(4 %)	(2 %)	(3 %)	(1 %)	(2 %)

Quelle: Errechnet und dargestellt nach Angaben der Veröffentlichung des Statistischen Bundesamtes zur Wohnbevölkerung am 31. 12. 1975, nach Altersjahren, Geburtsjahren, Familienstand und Geschlecht, 1977.

Tab. 4. Bevölkerungsgruppe 30—60 Jahre nach Familienstand

		Männer	Frauen
Gesamt		11 365 150	11 913 463
davon:	ledig	1 064 568 (9,4 %)	959 901 (8,1 %)
	verheiratet	9 796 843 (86,2 %)	9 628 937 (80,8 %)
	verwitwet	101 029 (0,9 %)	772 933 (6,5 %)
	geschieden	402 710 (3,5 %)	551 692 (4,6 %)

Quelle: Errechnet und dargestellt nach Angaben der Veröffentlichung des Statistischen Bundesamtes zur Wohnbevölkerung am 31. 12. 1975, nach Altersjahren, Geburtsjahren, Familienstand und Geschlecht, 1977.

deutlich. Dennoch zeigen sich gerade bezüglich des Verwitwungsaspektes ähnliche Tendenzen, ist doch die Zahl der verwitweten Frauen ca. siebenmal so hoch wie die der verwitweten Männer (6,5 % zu 0,9 %).

Analysieren wir weiterhin die *Daten zum Lebens- und Familienzyklus* (vgl. Tab. 5), so zeigt sich, daß sich seit 1911 umfassende Veränderungen im Familienzyklus ergeben haben, sowohl im Hinblick auf eine Vorverlegung des Heiratsalters, eine Verlängerung der Ehejahre, vor allem aber auf die Lebenszeit als kinderloses

Tab. 5. Zeitangaben zum Familienzyklus

| Eheschl.-jahr | ∅ Heiratsalter der ledigen Männer/Frauen | | gemeinsame Lebenserw. als Ehepaar oder Familie | darunter: Lebenszeit als „kinderloses" Elternpaar | zusätzliche Lebenserw. der Frau |
	Jahre		Jahre	Jahre	Jahre
1911	27,4	24,8	36,2	8	4,8
1970	25,6	23,0	44,8	19	7,9

Quelle: *Ballerstedt* und *Glatzer* (5).

116

Ehepaar, sowie hinsichtlich einer erhöhten Lebenserwartung der Frau. Es wird hieran ersichtlich, von welcher Wichtigkeit Studien über Partnerschaft *nach* der eher kinderzentrierten familiären Aufbauphase wären, in Anbetracht der Tatsache, daß sich die Zeitspanne der „nachelterlichen Gefährtenschaft" enorm erweitert hat; Kenntnisse hierüber könnten gleichfalls einen Einblick darin geben, welcher Art der Verlust für den jeweils überlebenden Partner ist.

Dabei ist hervorzuheben (vgl. Tab. 6), daß die Frauen, unabhängig vom jeweils erreichten Lebensalter, eine höhere Lebenserwartung besitzen als Männer — obgleich, wenn einmal das sechzigste Lebensjahr erreicht ist, sich die Lebenserwartungen der beiden Geschlechter aneinander annähern.

Allgemeine Analysen zur Frage der Wiederverheiratung liegen aus neuerer Zeit nicht vor. Daten aus den Jahren 1960/62 (vgl. Tab. 7) zeigen jedoch die unterschiedlichen Chancen der Wiederverheiratung von Männern und Frauen sehr deutlich. Wenn eine Frau im Alter von 40 Jahren und älter Witwe wird, muß sie damit rechnen, keinen Ehepartner mehr zu finden. Dem entsprechen auch Angaben neueren Datums: so ist die Zahl der älteren Witwer (60 Jahre und älter), die 1974 geheiratet haben, mehr als dreimal so groß wie die der Witwen; bei den 60—64jährigen Verwitweten war sie doppelt so groß, bei den 70jährigen und älteren war sie sogar siebenmal so hoch (Statistisches Bundesamt, 1977 a).

Die Errechnung des *Altersmedians der Verwitweten* (unter Bezugnahme auf die bereits angeführten Angaben zur Wohnbevölkerung) ergibt folgendes: Der Altersmedian bei den verwitweten Männern liegt bei 73,4 Jahren, der der verwitweten Frauen bei 70,3 Jahren.

Tab. 6. Lebenserwartung in Jahren

vollendetes Alter	Frauen	Männer
0	74,4	67,9
60	19,1	15,3
65	15,2	12,1
70	11,6	9,4
75	8,6	7,2
80	6,2	5,4
85	4,4	3,9
90	3,2	2,8

Quellen: Statistisches Bundesamt (Hg.), 1971; 1976

Tab. 7. Wiederverheiratung Verwitweter nach den Heiratstafeln 1960/62

Alter in Jahren	Wiederverheiratung Verwitweter in %	
	Frauen	Männer
30,5	68,0	97,3
40,5	28,6	95,9
50,5	5,2	63,7
60,5	1,3	25,8
70,5	0,4	2,4

Quelle: *Meyer-Harter* (71)

Unter Berücksichtigung der Kenntnisse über den Lebens- und Familienzyklus kann man folgende Schlußfolgerungen ziehen: Ist der Mann der Überlebende einer ehelichen Partnerschaft, so wird man davon ausgehen müssen, daß er in der Regel seine Frau zu einem Zeitpunkt verliert, zu dem er selbst ein relativ hohes Alter erreicht hat (z. T. in einem Alter welches die durchschnittliche männliche Lebenserwartung weit übertrifft). Anders dagegen verlieren Frauen ihre Männer zumeist in einem relativ jüngeren Alter, welches noch einige Jahre *vor* ihrer eigenen durchschnittlichen Lebenserwartung liegt. Mit anderen Worten, Frauen müssen damit rechnen, schon in jüngeren Jahren Witwen zu werden, während die meisten Männer, wenn überhaupt, häufig erst im hohen Alter verwitwen.

Weiterhin ist die Situation Verwitweter unter *finanziellem Aspekt,* speziell das *Einkommen* zu analysieren. Zunächst sei festgestellt, daß von männlichen Haushaltsvorständen (N = 596 000) 74 % in Ein-Personen-Haushalten lebten, von den weiblichen (N = 3 771 000) 78 % im entsprechenden Haushaltstyp wohnten; die Verwitweten sind somit zum überwiegenden Teil Alleinlebende.

Bezeichnend ist, daß in die Einkommensgruppe DM 800 und darunter über 50 % der Witwen fallen im Gegensatz zu 20 % der Witwer. Es erscheint zudem alarmierend, wenn deutlich wird, daß 30 % der verwitweten Frauen (und das heißt konkret: über eine Million) sogar nur ein monatliches Einkommen von DM 600 und darunter haben (vgl. Tab. 8).

Tab. 8. Verwitwete Haushaltsvorstände im April 1974 nach monatlichem Nettoeinkommen

unter 600 %		600—800 %		800—1000 %		1000—1400 %		1400—1800 %		1800 u. mehr %	
m	w	m	w	m	w	m	w	m	w	m	w
14,9	30,0	15,4	22,8	18,1	14,2	20,3	12,9	10,8	6,9	15,0	8,9

Quelle: Errechnet und dargestellt nach den Angaben des Statistischen Bundesamts (Hg.), 1977b

Angesichts der bereits geschilderten sozial-rechtlichen Situation speziell der nichterwerbstätigen Frau ist es evident, daß die verwitweten Männer generell in den höheren Einkommensgruppen stärker vertreten sind.

Zur weiteren Veranschaulichung gerade auch der Einkommenssituation der älteren Witwe noch einige Zahlen aus dem Jahre 1974 (37).

Von den zahlenmäßig bedeutsamsten Arten der Witwenrenten entfielen 1974 rund 3,3 Millionen auf die gesetzliche Rentenversicherung (67 %), etwa 1,1 Millionen auf die Kriegsopferversorgung (21 %) und ca. 0,6 Millionen auf die Beamtenversorgung (12 %). Betrachtet man zunächst die Verteilung der Witwenrenten in der gesetzlichen Rentenversorgung, so ergibt sich hinsichtlich der durchschnittlichen Rentenhöhe folgendes Bild:

— Arbeiterrentenversicherung   DM 391
— Angestelltenversicherung   DM 566
— Knappschaftliche Rentenversicherung   DM 558.

Da Durchschnittswerte im allgemeinen wenig aussagefähig sind, sei darauf verwiesen, daß ca. 63 % der aus der Arbeiterrentenversicherung und ca. 34 % der aus der Angestelltenversicherung versorgten Witwen nur eine Rente in Höhe bis zu DM 450 erhielten. Dabei ist zu berücksichtigen, daß ca. 70 % der Bezieherinnen von

Arbeiterrenten- und Angestelltenversicherung keine Zweitrente erhielten, sondern ihren Lebensunterhalt aus diesem einen Renteneinkommen bestreiten mußten.

Wie bereits erwähnt, hat ein weiterer Teil der Witwen Anspruch auf die Kriegsopferversorgung, wobei die Grundrente für alle Kriegerwitwen DM 285 betrug; im Falle keiner sonstigen anrechenbaren Leistungen erhält die Kriegerwitwe mit Hilfe der Ausgleichsrente (Höchstbetrag: DM 285) einen Mindesteinkommensbetrag von DM 570. Daneben kann auch noch der Schadensausgleich für die Kriegerwitwe eine Rolle spielen, wobei aber drei Viertel der Witwen nur ein Betrag von unter DM 100 gewährt wurde. Vergleicht man diese Werte mit denen der gesetzlichen Rentenversicherung, so wird deutlich, daß die Kriegerwitwen, wenn auch nicht erheblich, so aber doch geringfügig besser versorgt sind.

Noch etwas günstiger sieht die Situation für die Rentenansprüche aus der Beamtenversorgung aus. Da das Ruhegeld eines Beamten im Durchschnitt über dem Altersruhegeld der Männer in der Arbeiter- und Angestelltenversicherung liegt, ist auch das Witwengeld deutlich höher als die durchschnittliche Witwenrente in der gesetzlichen Rentenversicherung. Beispiele für das Witwengeld (netto) für die letzte Dienstaltersstufe in einigen Besoldungsgruppen verdeutlichen dies: So erhielt die Witwe eines Amtsgehilfen (Besoldungsgruppe A 2) DM 505, eines Inspektors (Besoldungsgruppe A 9) DM 785, eines Regierungsrates (Besoldungsgruppe A 13) DM 1 178 und eines Ministerialrates (Besoldungsgruppe A 16) DM 1 557.

Insgesamt betrachtet, fällt auf, daß eine beträchtliche Zahl von Witwen einen Rentenbetrag erhält, der unter dem Satz des im Rahmen der Sozialhilfe anerkannten lebensnotwendigen Bedarfs liegt. Denn die Berechnung des Sozialhilfesatzes für einen Alleinstehenden über 65 Jahre im Ein-Personen-Haushalt (Rheinland-Pfalz) belief sich laut Regelsatz vom 1. 1. 1974 und den entsprechenden Zuschlägen auf DM 534 (38).

Des weiteren kann eine Darstellung (vgl. Tab. 9) der durchschnittlichen Höhe der Altersruhegelder verdeutlichen, wie ungünstig beispielsweise die Situation der Arbeiterwitwen ist, selbst dann, wenn sie einen eigenen Rentenanspruch besitzen.

Tab. 9. Durchschnittliche Höhe der Altersruhegelder 1974

	Männer ab 65 J.	Frauen ab 60 J.	Frauen ab 65 J.
Arbeiterversicherung	DM 757	DM 401	DM 239
Angestelltenversicherung	DM 1 110	DM 666	DM 450

Quelle: *Geissler* (37).

Diese statistischen und demographischen Daten verdeutlichen die Situation der Verwitweten, besonders die der *älteren* Frauen. Leider muß festgestellt werden, daß das amtlich-offizielle statistische Datenmaterial über Verwitwete gerade hinsichtlich differenzierender, qualitativer Aspekte unzureichend erscheint. So gibt es z. B. keine Angaben über möglicherweise unterschiedliche Lebenserwartungszeiten bei den einzelnen Familienstandsformen; auch Aussagen über das Verhalten im Gesundheitsbereich berücksichtigen nicht den Familienstand; desgleichen ist es bedauerlich, daß der Beruf des Mannes (und bei Rentnern der frühere Beruf) keine Erwähnung findet sowie auch ein möglicher Beruf der Frau — zumal es anzunehmen ist, daß diese Faktoren die Auseinandersetzung und Bewältigung mit dem Verwitwetenstatus erheblich beeinflussen.

Auch finden sich keine Angaben über das durchschnittliche Alter bei der Verwitwung, sondern nur solche über das durchschnittliche Alter bei der Wiederverheiratung verwitweter Personen (interessant erscheint dabei, daß verwitwete Frauen,
wenn sie überhaupt wieder heiraten, etwa zur Hälfte verwitwete Männer heiraten;
s. Statistisches Bundesamt, 1975).

Insgesamt gesehen aber könnte die Forderung erhoben werden, daß in Anbetracht
von mehr als fünf Millionen verwitweten Menschen eine umfassendere Berücksichtigung in der offiziellen Statistik gewährleistet sein sollte.

8. Ein Vergleich verheirateter und verwitweter Probanden
— Daten aus der Bonner gerontologischen Längsschnittstudie

81 Probanden der im Jahre 1965/66 erstmals untersuchten Personengruppe der
Bonner gerontologischen Längsschnittstudie (damals: N = 221)[15]) konnten im Jahre
1976/77 für einen erneuten, mittlerweile sechsten Untersuchungsdurchgang gewonnen werden. Der Untersuchungsablauf wurde analog den ersten Durchgängen
gestaltet (108; darin Stichprobenbeschreibung und Untersuchungsverfahren:
Rudinger und *Schmitz-Scherzer*).

Die Stichprobe des sechsten Untersuchungsdurchganges von 1976/77 umfaßte
39 Männer und 47 Frauen (vgl. Tab. 10).

Tab. 10. Anzahl und Verwitwetenstatus der Probanden 1976/77

	jüngere Kohorte (Geb.-Jahrg. ca. 1900—1905)		ältere Kohorte (Geb.-Jahrg. ca. 1890—1895)		Summe	
		davon verw.		davon verw.		davon verw.
Männer	19	(3)	15	(2)	34	(5)
Frauen	28	(15)	19	(11)	47	(26)
Summe	47	(18)	34	(13)	81	(31)

Eine genauere Analyse unter dem Aspekt der Verwitwung als Prozeß der Auseinandersetzung mit der Situation aufgrund der vorliegenden längsschnittlich
gewonnenen Daten befindet sich noch in der Bearbeitung. Sie soll zum einen die
individuellen Auseinandersetzungsformen anhand der Fälle, die im Zeitraum der
Gesamtuntersuchung verwitwet wurden, näher ergründen und Beziehungen zwischen dem Vorher und Nachher herstellen. Dies erscheint besonders wertvoll,
da die Daten zur Situation *vor* der Verwitwung nicht — wie sonst allgemein üblich —
retrospektiver Art sind, sondern die zum damaligen Zeitpunkt vorhandene subjektive Wahrnehmung der Lebenssituation widerspiegeln. Zum anderen sollen die
jeweiligen Lebensstile verschiedener Familienstandsformen verglichen werden, d. h.
ein Vergleich der Verheirateten und Verwitweten, im Falle der älteren Frauen ein
Vergleich Lediger, Verheirateter und Verwitweter, ein Vergleich der kürzlich und
schon seit langem Verwitweten, sowie der Verwitweten unter geschlechtsspezifischen
Aspekten.

---

[15]) eine Reihe wichtiger, bisher erschienener Publikationen werden zusammenfassend
aufgeführt und dargestellt in *Thomae* (108).

Die folgenden Ausführungen beruhen weitgehend auf signifikanten Ergebnissen eines Mittelwertvergleichs (t-Test für unabhängige Stichproben) zwischen den Verheirateten und Verwitweten der 1976/77er Stichprobe, sowie — hinsichtlich einiger qualitativ-inhaltlicher Aspekte — auf der zusätzlichen Berücksichtigung der jeweiligen Häufigkeitsverteilungen. Des weiteren wird zur Konkretisierung einiger Aussagen ein entsprechender Vergleich zwischen den Geschlechtern herangezogen. Die Darstellung dieser Ergebnisse dient zunächst eher deskriptiven Zwecken und soll als Grundlage zur Hypothesenbildung für weiterführende multivariate Ansätze verstanden werden. Obwohl Beschreibungen solcher Art noch relativ grober Natur sind, machen sie doch deutlich, daß in bezug auf einige Aspekte tatsächlich eher generalisierende verwitwungsspezifische Aussagen möglich erscheinen, veranschaulichen hinsichtlich anderer Bereiche aber wiederum, daß nicht von *den* Verwitweten allgemein gesprochen werden kann, sondern sehr differenzierende, nur bestimmte Gruppen von Verwitweten (z. B. nur verwitwete Frauen) kennzeichnende Feststellungen getroffen werden müssen.

Stichprobenvergleich der Gruppe der Verwitweten mit den Verheirateten

Die hier untersuchte Stichprobe bestand aus 70 Versuchspersonen, von denen 39 verheiratet (5 davon zum zweiten Mal) und 31 verwitwet waren. Bei 13 Personen erfolgte die Verwitwung innerhalb der vergangenen zehn Jahre, bei 18 Personen lag sie über zehn Jahre zurück.

Die *Altersverteilung* reichte von 69—85 Jahre, war aber in beiden Gruppen fast identisch; die Verwitweten und Verheirateten dieser Stichprobe unterscheiden sich somit nicht hinsichtlich ihres Alters.

Anders sieht es — erwartungsgemäß — bezüglich der *geschlechtsspezifischen Verteilung* aus: Die hier untersuchten älteren Männer und Frauen unterscheiden sich eindeutig hinsichtlich ihres Familienstandes. Unter den Verheirateten finden sich erheblich mehr Männer (N = 29; 74 %)[16] als Frauen (N = 10; 26 %), unter den Verwitweten eindeutig mehr Frauen (N = 26; 84 %) als Männer (N = 5; 16 %). Insofern wird deutlich, daß ein derartiger Vergleich beider Familienstände nur begrenzt aussagefähig ist, da einige Ergebnisse mit Sicherheit auch durch den unterschiedlich ausgeprägten geschlechtsspezifischen Anteil zu erklären sind. Andererseits muß natürlich berücksichtigt werden, daß bei einem Vergleich der Geschlechter es sich bei den Männern zu 85 % und bei den Frauen dagegen nur zu 21 % um Verheiratete handelt. Die Frauen dieser Stichprobe sind somit zum überwiegenden Teil alleinstehend (79 %), wobei die Verwitweten wiederum 70 % der alleinstehenden Frauen ausmachen. (Bei den Männern dieser Stichprobe sind dagegen alle Alleinstehenden verwitwet.) So kann man vermuten, daß ein Teil der im folgenden gemachten Aussagen (dann, wenn sie sich im Geschlechtsvergleich als nicht signifikant erwiesen haben) eher verwitwungsspezifisch, unabhängig vom jeweiligen Geschlecht, sind. Bei anderen Aussagen dagegen, sind vorhandene Unterschiede höchstwahrscheinlich bestimmt durch die Tatsache, daß es sich um *verheiratete* Männer (und nicht generell um Männer) oder um *alleinstehende,* speziell verwitwete Frauen (und nicht um Frauen allgemein) handelt. Unter Berücksichtigung dieser Überlegungen werden die folgenden Ergebnisse sprachlich entsprechend gekennzeichnet.

---

[16] Zur Veranschaulichung einiger Ergebnisse werden trotz der an sich quantitativ unzureichenden Bezugszahlen Prozentangaben benutzt, um einen vergleichbaren Maßstab zu gewährleisten.

Hinsichtlich des *sozio-ökonomischen Status'* unterscheiden sich die Verheirateten und Verwitweten dieser Stichprobe nicht[17]).

Wie zu erwarten, ist die *Haushaltsgröße* bei beiden Gruppen unterschiedlich (p < 0,001): nur 16% der Verwitweten wohnt in Zwei- und Mehr-Personen-haushalten, aber 97% der Verheirateten. Dem entspricht auch die unterschiedliche Wohnungsgröße (p < 0,05): ca. ein Viertel der Verwitweten, und keiner der Verheirateten, wohnt in einer Ein-Zimmer-Wohnung; etwa die Hälfte der Verwitweten wohnt in Zwei- bis Drei-Zimmer-Wohnungen, wohingegen zwei Drittel der Verheirateten in Drei- bis Vier-Zimmer-Wohnungen leben. Auch hinsichtlich der *Ausstattung* gibt es Unterschiede: so hat 13% der Verwitweten keine eigene Küche. Die meisten der Probanden verfügen über ein eigenes Bad, allerdings ist der Anteil derjenigen ohne Bad unter den Verwitweten etwas höher (23% zu 8%). Bemerkenswert erscheint die Tatsache, daß Verheiratete eher ein Telefon besitzen (82%) als die Verwitweten (58%), wobei 10% der Verwitweten selbst in der unmittelbaren Nachbarschaft über kein Telefon verfügen können.

Die *Formen der Auseinandersetzung* mit der Situation im Wohnungsbereich sind bei den Verheirateten und Verwitweten hinsichtlich des Ausmaßes sogenannter sachlicher Leistungen unterschiedlich (p < 0,01): v. a. verheiratete Männer sind aktiver und leisten einen höheren Beitrag zur Verbesserung ihrer wohnlichen Verhältnisse.

Verheiratete und Verwitwete unterscheiden sich hinsichtlich ihres *monatlichen Einkommens* (p < 0,001), wobei natürlich berücksichtigt werden muß, daß von durchschnittlich DM 2 137 zwei Personen leben, während die Verwitweten den (Durchschnitt-)Betrag von DM 1 236 in der Regel für sich allein verwenden können. Andererseits muß gesehen werden, daß immerhin 23% der Verwitweten, und dabei handelt es sich nur um Frauen, DM 800 und weniger zur Verfügung steht.

Veranschaulicht werden die unterschiedlichen finanziellen Möglichkeiten auch daran, daß, obwohl fast alle Probanden eine *Tageszeitung* lesen, es sich v. a. die verwitweten Frauen nicht leisten können, eine Zeitung durch Abonnement zu beziehen (26% zu 3%).

Insgesamt gesehen fühlen sich besonders die verwitweten Frauen seit einem längeren Zeitraum stärker als die Verheirateten *wirtschaftlich-finanziell belastet* (p < 0,05); dementsprechend ist auch der Anteil derjenigen, die äußern, auf wirtschaftlich-finanziellem Gebiet alles erreicht zu haben, was sie sich einmal vorgestellt hatten (= hohe *Kongruenz zwischen erstrebten und erreichten Zielen*) besonders unter den verheirateten Männern eindeutig größer, wohingegen für ca. zwei Drittel der verwitweten Frauen in dieser Hinsicht doch Wünsche offen blieben (p < 0,001).

In Anlehnung an die kognitive Theorie der Persönlichkeit (104, 105) ist nun weniger die objektive Situation, sondern die subjektive Sichtweise derselben von entscheidender Bedeutung; gerade die subjektive Sichtweise einer schwierigen Situation bestimme wesentlich die Art und Weise der Reaktionen darauf. *Thomae* (104) nennt diese Reaktionsformen auf Belastungssituationen „Daseinstechniken" und meint damit „Formen, sich das Leben äußerlich und innerlich erträglich zu machen" (1974, S. 651). Gleichzeitig verweist er auf die „große Variationsbreite (interindividuell wie intraindividuell) der Angepaßtheit älterer Menschen an ihre Lebenssituation" (ebd.). Bezüglich der vorliegenden Stichprobe ist festzustellen, daß

---

[17]) Die Einstufung erfolgt anhand von Angaben der Probanden hinsichtlich üblicherweise berücksichtigter Merkmale (74, S. 64—65).

die stärker empfundene Belastung bei den Verwitweten eine stärkere *Auseinandersetzung mit der wirtschaftlich-finanziellen Situation* hervorruft, wobei die jeweiligen Reaktionsformen unterschiedlich und vielfältig ausfallen. Hinzuzufügen wäre noch, daß die Formen der Auseinandersetzung nicht nur momentane Reaktionen betreffen, sondern zumeist schon seit ca. fünf Jahren in gleicher Weise bestehen.

Vergleicht man Verwitwete und Verheiratete, so sind Verwitwete stärker gekennzeichnet durch sachliche Beiträge zur Verbesserung der wirtschaftlich-finanziellen Situation ($p < 0,01$), d. h. sie sparen z. B. systematischer auf ein bestimmtes Ziel hin. Bei einem kleinen Teil der Verwitweten findet sich allerdings auch die Technik des „aktiven Widerstandes gegen die als bedrohlich empfundene Situation" ($p < 0,05$), hier wird z. B. ein Prozeß geführt wegen erwarteter finanzieller Einbußen bei einem städtischen Räumungsbescheid. Ein Teil der Verwitweten versuchte dagegen auch die als belastend erlebte Situation zu „akzeptieren", im Sinne eines Sich-Abfindens ($p < 0,05$), so wird z. B. eine niedrige Witwenrente als gegeben hingenommen; eine weitere Anzahl Verwitweter äußerte und äußert immer noch die Hoffnung auf eine Wendung der finanziellen Situation (von außen) ($p < 0,05$), während wiederum andere Verwitwete mit Depressionen und Resignation reagieren.

Weitere vergleichende Analysen wurden bezüglich des *Erlebens des Alltags* vorgenommen. Vorrangig sei festgestellt, daß es hinsichtlich der *Verrichtungen im Haushalt* eine Reihe von Unterschieden zwischen Verwitweten und Verheirateten gibt, die aber zunächst geschlechtsspezifisch bestimmt sind. Ein interessantes anderes Ergebnis zeigt sich hinsichtlich eher außerhäuslicher Aktivität: so machen v. a. verwitwete Frauen eindeutig mehr einmal wöchentlich und häufiger *Besuche* als Verheiratete ($p < 0,05$). Ähnlich läßt sich auch der Grad der empfundenen bzw. berichteten *Gleichförmigkeit bzw. Abwechslung im Alltag* sehen: 65 % gerade der verwitweten Frauen schildern den Tages- bzw. Wochenablauf als abwechslungsreich (von „einmal wöchentlich" bis „jeden Tag etwas Besonderes"), hingegen nur 38 % der Verheirateten, dabei v. a. der Männer, von denen 36 % den Alltagsablauf als sehr gleichförmig darstellen, wobei die Gleichförmigkeit z. T. bewußt wird ($p < 0,05$). Analysiert man die vorliegenden Daten weiter, so erkennt man, daß dennoch bei den Verheirateten eine relativ hohe geäußerte Zufriedenheit mit dem — eher gleichförmigen — alltäglichen Tagesablauf zu bestehen scheint, denn realer und vorgestellter *„idealer Tag"* decken sich eher und häufiger; dagegen stellen sich 29 % der Verwitweten einen „idealen" recht anders als den realen Tag vor ($p < 0,06$).

Bezüglich des *gesundheitlichen Bereiches* zeigen sich — zumindest anhand der vorliegenden Vergleichsstichproben — keine signifikanten Unterschiede bei der „psychologischen" Erhebung des gesundheitlichen Bereichs (z. B. subjektives gesundheitliches Wohlbefinden; Belastung und Auseinandersetzung im gesundheitlichen Bereich), d. h. Verwitwete fühlen sich nicht kränker als Verheiratete.

Hinsichtlich des *familiären Bereichs* unterscheiden sich Verheiratete und Verwitwete naturgemäß, ergibt sich doch für die Verheirateten, und das heißt v. a. für die Männer der Stichprobe, in Anbetracht des Vorhandenseins der *Ehepartnerrolle,* einschließlich der damit verbundenen Belastung, Zufriedenheit und Anteilnahme, eine ganz andere Situation.

Für die erlebte Veränderung in bezug auf die *Verwandtenrolle* gilt: während 41 % der Verheirateten (16 % der Verwitweten) eher eine Abnahme registrierte, erlebte 13 % der Verwitweten eher eine Zunahme ($p < 0,05$). Dabei stellt sich die Verwandtschaftssituation, zumindest bezogen auf die *Zahl der Geschwister* (eigener und des Partners) eher ungünstiger für die Verwitweten dar: so hatten 45 % der Verwitweten im Gegensatz zu 13 % der Verheirateten keine eigenen Geschwister mehr; bei 57 % der Verwitweten leben auch keine Geschwister des (verstorbenen) Partners mehr, wohingegen dies nur für 22 % der Verheirateten zutrifft.

So fühlt sich der größere Teil der Verheirateten auch eher in *familiärer Hinsicht gebraucht,* wohingegen sich 68 % der Verwitweten in diesem Bereich nicht oder nur in unwesentlichen Dingen gebraucht erleben (p < 0,05). Entsprechend erbringt die Frage nach der *Kongruenz der erstrebten und dann auch tatsächlich erreichten Ziele* ein ähnliches Ergebnis: bei den Verwitweten ist — im Gegensatz zu den Verheirateten — der Prozentsatz derjenigen relativ groß (42 %), die viele ehemalige Zielvorstellungen im familiären Bereich unerfüllt sehen (p < 0,01).

Hinsichtlich der *Reaktionsweisen und Auseinandersetzungsformen* bezüglich der familiären Situation unterscheiden sich Verwitwete und Verheiratete nur in zwei Aspekten: gerade die verwitweten Frauen nehmen eher eine Korrektur ihrer Erwartungen im familiären Bereich vor (p < 0,06); 23 % neigt auch zur positiven Umdeutung der als schwierig erlebten Situation (p < 0,05). Die in der Regel als irreversibel einzuschätzenden Belastungen (z. B. Tod des Partners) werden somit z. T. durch kognitive Umstrukturierungsprozesse bewältigt (z. B. „mehr Zeit für sich haben"), entsprechend den Postulaten 2 und 3 der Theorie des Alterns und kognitiven Theorie der Persönlichkeit von *Thomae* (106):

Postulat 2: „Die Art, in der situative Veränderungen erlebt werden, ist von dominanten Bedürfnissen und Erwartungen des Individuums oder der Gruppe abhängig" (S. 11).

Postulat 3: „Die Anpassung an das Altern ist eine Funktion des Gleichgewichts zwischen den kognitiven und motivationalen Systemen des Individuums" (S. 13).

Ähnlich dem familiären Bereich finden sich auch hinsichtlich der Ausübung *außer-familiärer sozialer Rollen* Unterschiede zwischen Verheirateten und Verwitweten, wobei generell die höhere Aktivität der Verwitweten v. a. durch die verwitweten Frauen gegeben zu sein scheint.

Ein Unterschied findet sich bezüglich der berichteten Aktivität in der *Rolle als Freund* (Freundschaft wurde, anders als bei der Bekanntenrolle, als engere Beziehung definiert und kann sowohl gleichgeschlechtlicher wie auch andersgeschlechtlicher Art sein). So fällt zunächst einmal auf, daß 41 % der Verheirateten, und das heißt v. a. der verheirateten Männer, überhaupt keinen „Freund" mehr benennen können (die Verwitweten zu 23 %). Im Falle einer dennoch vorhandenen Freundschaft aber ist die Kontakthäufigkeit bei den Verheirateten eindeutig geringer, hier haben nur 14 % häufigen Kontakt, während 47 % der Verwitweten, und das sind v. a. die Frauen, häufigen bis sehr häufigen Kontakt haben (p < 0,05). Die verwitweten Frauen sind darüber hinaus mit der erlebten Situation in der „Freundrolle" auch zufriedener als die Verheirateten (p < 0,05) und zeichnen sich auch durch einen eindeutig höheren Grad an innerer Anteilnahme am Freund aus (p < 0,05). Es stellt sich hier die Frage, inwieweit v. a. bei den verwitweten Frauen die Beziehung zu Freunden/Freundinnen eine kompensatorische Funktion für den Verlust des Ehepartners hat.

In bezug auf die Rollenaktivität als *Vereinsmitglied* haben 45 % der Verheirateten eher eine Abnahme erlebt, während besonders von den verwitweten Frauen generell eher ein Gleichbleiben oder bei einigen sogar eine Zunahme berichtet wurde (p < 0,05).

Auch hinsichtlich der *Daseinstechniken im sozialen Bereich* unterscheiden sich Verheiratete und Verwitwete, wobei die höhere Aktivität hinsichtlich der Auseinandersetzung v. a. von den verwitweten Frauen geleistet wird: so ist die „Anpassung an die Eigenheiten und Gewohnheiten anderer" (z. B. der Freunde, Bekannte und Nachbarn) bei den Verwitweten als Reaktionsweise eindeutig stärker ausgeprägt (p < 0,05). Auch bewältigen Verwitwete die Situation eher, indem sie beiläufig sich bietende Chancen aufgreifen (p < 0,05) als Verheiratete, z. B. das Angebot von Ferienfreizeiten. Gleichzeitig findet sich aber auch bei einem Teil der Verwitweten (31 %) das Zurückstellen der eigenen Bedürfnisse zugunsten anderer (p < 0,06), z. B. statt Wandern dem Wunsch der Freundin nach einem Schaufensterbummel entsprechen; ebenso korrigierte eine kleine Anzahl von Verwitweten (16 %) die bestehenden Erwartungen (p < 0,05) („Theaterbesuche sind ungünstig für ältere Leute, Fernsehen ist vorteilhafter").

Hinsichtlich einer erfaßten „*Globalbeurteilung*" *der gegenwärtigen Lebenssituation und der Vergangenheit* ergaben sich eine Reihe von Unterschieden: Bei der *Beurteilung des jetzigen Lebensalters* sehen Verheiratete stärker ausschließlich oder überwiegend positive Aspekte (p < 0,05).

Bei einer Bestimmung des bisher „*unangenehmsten Lebensalters*" geben 40 % der Verwitweten, besonders dabei die verwitweten Frauen, den Altersbereich 61 Jahre und älter an, sie sehen es somit mehr in der Nähe ihres eigenen realen Alters, wohingegen die Verheirateten, und d. h. die Männer, es eher auf die jüngeren Jahre datieren. Hinsichtlich der Begründung für die unterschiedliche Datierung werden die Verwitweten eindeutig häufiger durch persönliche Lebensumstände bestimmt (90 %) (z. B. Todesfälle), für die Verheirateten dagegen sind eher (94 %) die Zeitumstände (z. B. Krieg, Inflation) entscheidend.

Eine Art *Gesamtbilanzierung aller einmal erstrebten und dann tatsächlich auch erreichen bzw. eingetroffenen Ziele* fällt bei Verwitweten und Verheirateten unterschiedlich aus: für ca. 80 % der Verheirateten hat sich alles oder zumindest das meiste im Leben erfüllt, dagegen nur für 46 % der Verwitweten; 39 % der letzteren sagen, daß sich vieles oder sogar sehr vieles nicht erfüllt hat (p < 0,05).

Wünsche und positive Erwartungen bezüglich der *Zukunft* werden von den Verwitweten in weitaus geringerem Umfang geäußert; so nennen sie vielfach nur eine einzige positive Zukunftserwartung (zumeist die Erhaltung der eigenen Gesundheit), wohingegen die Verheirateten mehr Zweitwünsche erwähnen, die sich z. T. auf die Gesundheit des Partners, aber auch auf eine Reihe anderer Bereiche beziehen (p < 0,001). Hinsichtlich der *Zukunftsbefürchtungen* ergeben sich keine eindeutigen Unterschiede, wobei das *zeitliche Ausmaß des Zukunftsbezuges* (Wünsche und Befürchtungen) bei den Verwitweten weiter zu reichen scheint (p < 0,07).

Obwohl sich Verwitwete und Verheiratete bezüglich der Einstellung zum *Altenklub* und der eigenen Besuchsaktivität nicht unterscheiden, wird doch der Aspekt der *Weiterbildung* von den Verwitweten als akzeptable Begründung eindeutig höher bewertet (p < 0,01). Dementsprechend hat der Aspekt „*kulturelle Vorträge hören*" einen deutlich höheren Stellenwert generell für die verwitweten Frauen als für besonders die verheirateten Männer bei der Bewertung möglicher Aktivitäten im Altenklub (p < 0,001).

Hinsichtlich sogenannter *Daseinsthemen*, d. h. der *Formen der Auseinandersetzung mit sogenannten Grundsituationen des Daseins* (104, 110) ergaben sich zumeist nur andeutungsweise Unterschiede, wobei v. a. die verwitweten Frauen sich generell etwas stärker mit derartigen Grundsituationen auseinandersetzen: so z. B. findet sich das „Bestimmtsein von Enttäuschungen" bei ihnen etwas häufiger (p < 0,06), das „Bezogensein auf den früher innegehabten familiären Lebenskreis" (p < 0,05), daneben der „Wunsch nach Ausweitung der Interessengebiete" (p < 0,05) sowie das „Bemühen um die Erhaltung des sozialen Lebenskreises" (p < 0,08).

Über Veränderungen hinsichtlich der *Fragebogendaten* von *Riegel und Riegel* (84) zu den Bereichen Rigidität (allgemeine und individuumsspezifische), Intoleranz, Dogmatismus, Einstellung zu Gegenwart und Zukunft hat *Angleitner* (1) im Zusammenhang mit der Bonner Alternsstudie berichtet. Bezüglich der Variable Familienstand läßt sich feststellen, daß Verheiratete einen positiveren Zukunftsbezug haben als Verwitwete (p < 0,05).

Verwitwete und Verheiratete unterscheiden sich hinsichtlich der drei von *Brengelmann und Brengelmann* (16) in Anlehnung an *Eysenck* (34) im deutschsprachigen Raum in Fragebogenform eingeführten *Persönlichkeitsmerkmale:* Verheiratete, und das heißt auch v. a. Männer, haben einen deutlich höheren Extraversionswert (p < 0,01) und Rigiditätswert (p < 0,01), wohingegen Verwitwete, besonders die Frauen, eher durch eine höhere „neurotische Tendenz" gekennzeichnet werden (p < 0,07).

Die von *Wiendieck* (112) im Anschluß an *Neugarten, Havighurst* et al. (73) für deutsche Verhältnisse standardisierte *Lebenszufriedenheits-Skala* erbrachte, daß Verwitwete einen deutlich niedrigeren Wert hinsichtlich der „Lebenszufriedenheit" haben (p < 0,01).

Zusammenfassend wird man hierzu folgendes festhalten können:

Von den 81 im Jahre 1976/77 untersuchten älteren, z. T. hochbetagten Männern und Frauen fielen 70 in zwei unterschiedliche Familienstandsgruppen (verwitwet und verheiratet) — ein Faktum, welches Auswirkungen auf das Erleben und Verhalten der Personen in ihren jeweiligen Lebenssituationen zu haben scheint.

So stellt sich ein Teil der Verwitweten sowohl hinsichtlich der wohnlichen als auch der finanziellen Verhältnisse als eher benachteiligt dar, womit sie sich allerdings nicht in gleicher Weise auseinandersetzen; werden die z. T. „objektiven" schlechteren wohnlichen Möglichkeiten von den Verwitweten nicht unbedingt als starke Belastung erlebt, wird hingegen deutlich, daß sich gerade die verwitweten Frauen finanziell doch stärker belastet erleben; diese ökonomische Erschwernis ruft aber keine einheitlichen Reaktionsweisen hervor, sondern reicht — ähnlich wie auch im familiären und allgemeinen sozialen Bereich — von eher heteroplastischen über autoplastische Anpassungsformen (107, S. 653) bis hin zu resignativen Reaktionsformen.

Generell gesehen wird deutlich, daß gerade die verwitweten Frauen im gesamten sozialen Bereich relativ aktiv sind. Berücksichtigt werden muß hierbei allerdings, daß der überwiegende Teil (18 von insgesamt 26 Witwen) Kriegerwitwen oder schon seit langem verwitwete Frauen sind, die höchstwahrscheinlich andere Verhaltensweisen zeigen als die erst im hohen Alter verwitweten Frauen.

Auffällig ist dennoch, daß Verwitwete im Vergleich zu Verheirateten (und zwar eher unabhängig vom Geschlecht) geringere Werte hinsichtlich der Lebenszufriedenheit aufweisen, sowie eine größere Diskrepanz zwischen einmal vorhandenen Zielvorstellungen und Wünschen und dem realen Ist-Zustand erfahren.

Kurzschlüssig gesehen, scheint sich hier eine Bestätigung der alten, von *Cumming* und *Henry* (25) dargestellten Disengagement-Theorie anzudeuten: vor allem die mehr zurückgezogenen, weniger aktiven verheirateten Männer sind erheblich zufriedener als die aktiveren verwitweten Frauen (wobei das von *Cumming* und *Henry* propagierte Konzept der eher „lustigen Witwen" allerdings nicht bestätigt wäre).

Eine genauere Analyse der vorhandenen Ergebnisse läßt dagegen eine andere Interpretation zu: Die Verwitweten sind mit Sicherheit nicht unzufrieden, *weil* sie kein Disengagement zeigen; dennoch könnte man davon ausgehen, daß sie selbst ihre größere soziale Aktivität als durch den Partnerverlust mehr oder weniger erzwungene Kompensation einschätzen und daß zum anderen derartige soziale Situationen geradezu vermehrte und vielfältige Formen der Auseinandersetzung herausfordern; zudem wird man berücksichtigen müssen, daß es sich, gerade bei den Frauen, um eine Stichprobe handelt, die noch fast ausschließlich auf ihre lebenslange Rolle als Ehefrau hin sozialisiert wurde und sich — trotz abwechslungsreicherem, ausgefülltem Tagesablauf — möglicherweise unausgefüllt, ihrer zentralen Rolle beraubt sieht. In diesem Sinne würden die Frauen eine ihnen zugefallene Freiheit zwar ausnutzen, aber letztlich nicht genießen können — eine „self-fulfilling prophecy", die nicht zuläßt, daß die wider Erwarten auch positiven Aspekte als solche akzeptiert werden (62).

Da die bisherigen Aussagen vorwiegend auf Vergleichen von Mittelwerten Verheirateter und Verwitweter beruhen, wird hierbei sehr deutlich, daß es für weitergehende Interpretationen nötig wäre, speziell die Gruppe der Verwitweten genauer zu betrachten. Denn die unterschiedlichen Daseinstechniken gerade der Verwitweten machen ja deutlich, daß es sich nicht um eine homogene Gruppe handelt.

So wird man sehen müssen, ob u. U. die eher inaktiven Verwitweten nicht eine besonders belastete, d. h. auch unzufriedene Gruppe darstellen; andererseits wird man die Zusammenhänge betrachten müssen, die hinsichtlich der Gruppe der eher zufriedenen Verwitweten bestehen. So wird man vielleicht zu Aussagen kommen, die gerade für die Verwitweten die Bedeutung sozialer Aktivitäten betonen, um einem möglichen Hineingedrängtwerden in größere Einsamkeit und ungewollte Isolation vorzubeugen — wichtige Überlegungen gerade im Hinblick auf eine um praktische Umsetzung und Anwendung bemühte Gerontologie.

Zusammenfassung

Die vorliegende Arbeit weist den Tatbestand der Verwitwung als — vernachlässigten — Gegenstand der wissenschaftlichen Alternsforschung aus. Als Gründe für die Vernachlässigung dieses Themenkreises werden neben methodischen Schwierigkeiten folgende Merkmale, die die verwitweten Personen als benachteiligte Gruppe erscheinen lassen, diskutiert: Frausein und Altsein; Armut und Bildungs-/Ausbildungsdefizit; Tod und Trauer als gesellschaftliche Tabus.

Daran schließt sich an ein Überblick über den gegenwärtigen Stand der Verwitwungsforschung innerhalb der deutschsprachigen und anglo-amerikanischen Literatur unter Einbeziehung einiger historischer und sozial-rechtlicher Aspekte der Witwenschaft.

Zur Kennzeichnung der gesellschaftlichen Situation der Verwitweten wird eine Auswahl demographischer und sozialstatistischer Daten aufgeführt.

Abschließend wird anhand einiger empirischer Ergebnisse der Bonner gerontologischen Längsschnittstudie die unterschiedliche Sichtweise der jeweiligen Lebenssituation veranschaulicht, wie sie sich für verwitwete und verheiratete ältere Menschen darstellt; auf die Notwendigkeit einer differentiellen Alterns-, und damit auch Verwitwungsforschung wird verwiesen.

Summary

This paper considers the process of bereavement and the situation of the widowed as a neglected subject of gerontological research. Reasons of this neglect are discussed. It is assumed that, beside methodical difficulties, the following criteria characterizing widowed persons as a minority group account for the insufficient attention of this topic: Womanhood and old age; poverty and ignorance; death and grief as societal taboos.

Furthermore, a survey is given on the present state of scientific research on widowhood as it is reflected in the German and Anglo-American psychological/sociological literature. Some remarks on the traditional role of widows are added as well as some information on social security aspects concerning widows.

A selection of demographic and socio-economic statistical data illustrates the social situation of the widowed in our society.

Finally, some empirical findings of the Bonn Longitudinal Study on Aging demonstrate the variety of individual perceptions of the specific life-situation as it is experienced by widowed and married old people. The need of a differential gerontology also involving a differential approach to the topic of widowhood is stressed.

Literatur

1. *Angleitner, A.*, Changes in personality observed in questionaire data from the *Riegel* questionnaire on rigidity, dogmatism, and attitude toward life, In: *Thomae, H.* (Hg.) (1976). — 2. *Atchley, R. C.*, Dimensions of widowhood in later life, Gerontologist **1975**, 176—178. — 3. *Baldwin, A. L.*, A cognitive theory of socialization, In: Goslin (1969). — 4. *Ball, J. F.*, Widow's grief: The impact of age and mode of the death, Omega **7** (4), **77**, 307—333 (1976). — 5. *Ballerstedt, E., W. Glatzer*, Soziologischer Almanach (Frankfurt 1975). — 6. *Barinbaum, L.*, Death of young sons and husbands, Omega, 7 (2), 171—175 (1976). — 7. *Beauvoir, S. de*, Das Alter (Hamburg 1972). — 8. *Becker, G., S. Bovenschen, H. Brackert, S. Brauner, I. Brenner, G. Morgenthal, K. Schneller, A. Tummler*, Aus der Zeit der Verzweiflung, Zur Genese und Aktualität des Hexenbildes (Frankfurt 1977). — 9. *Berardo, F.*, Survivorship and social isolation: The case of the aged widowers, Family Coordinator 1, 11—25 (zit. nach 70). — 10. *Birren, J. E.*, The psychology of aging (Englewood Cliffs, N. J. 1964). — 11. *Blau, D.*, On widowhood: Discussion, J. Geront. Psychiatry, 8 (1), 29—40 (1975). — 12. *Blume, O.*, Möglichkeiten und Grenzen der Altenhilfe (Tübingen, 1968) (zit. nach *Gores*, 44) — 13. *Bock, E. W., I. L. Webber*, Suicide among the elderly: Isolating widowhood and mitigating alternatives, J. Marr. Family **1972**, 24—31. — 14. *Bohannan, P.*, Social anthropology (New York 1963). — 15. *Bohne, R.*, Das Geschick der zwei Millionen — Die alleinlebenden Frauen in unserer Gesellschaft (Düsseldorf 1960).— 16. *Brengelmann, J. C., L. Brengelmann*, Deutsche Validierung von Fragebögen der Extraversion, neurotischen Tendenz und Rigidität, Z. exp. angew. Psychol. 7, 291—331 (1960). — 17. *Brown, I. C.*, Verstehen fremder Kulturen — ein Beitrag zur Völkerkunde (Frankfurt 1968). — 18. *Brubaker, T. H., E. A. Powers*, The stereotype of „old" — A review and alternative approach J. Geront., **31**, 441—447 (1976). — 19. Bundesminister für Jugend, Familie, Gesundheit (Hg.): Zweiter Familienbericht (Bonn 1975).— 20. Bundesministerium für Arbeit und Sozialordnung (Hg.): Zur Lebenssituation alleinstehender Frauen — Eine Untersuchung des Instituts für Demoskopie Allensbach (Hackenburg 1970). — 21. Bundesminister für Arbeit und Sozialordnung (Hg.): Übersicht über die Soziale Sicherung (Bonn 1977). — 22. Bundesministerium für Wohnungswesen und Städtebau (Hg.): Bericht des Arbeitskreises „Belange der Frau im Wohnungs- und Städtebau" — Die wohnliche Versorgung Alleinstehender — Unter besonderer Berücksichtigung alleinstehender Frauen (Hamburg 1972). — 23. *Clark, M., B. G. Anderson*, Culture and aging (Springfield 1967). — 24. *Clauss* (Hg.) et al., Wörterbuch der Psychologie (Leipzig 1976). — 25. *Cumming, E., W. E. Henry*, Growing old — the process of disengagement (New York 1961). — 26. *Divo*, Institut für Wirtschaftsforschung und angewandte Mathematik: Zur Situation alter Menschen im Landkreis Düsseldorf-Mettman (Frankfurt 1963). — 27. *Dohrenwend, B. S., B. P. Dohrenwend* (Hg.), Stressful life events: Their nature and effects (New York 1974). — 28. *Dreher, G.*, Die Anpassung an die Pensionierung als psychologisches Problem — Eine Untersuchung bei Arbeitern und Angestellten der Stahlindustrie, Phil. Diss. (Universität Bonn 1970). — 29. *Duvall. E. M.*, Family development (Philadelphia und New York 1962). — 30. *Eliot, Th. D.*, The bereaved family, An. Amer. Academy Political Social Sci., March **1932**, S. 4 (zit. nach 29, S. 459). — 31. Emnid-Institut, Lebensbedingungen alter Menschen (Bielefeld 1972). — 32. *Engster, H.*, Das Problem des Witwenselbstmor-

des bei den Germanen, Phil. Diss. (Universität Göttingen 1970). — 33. *Erich, O. A., R. Beitli* (Hg.), Wörterbuch der deutschen Volkskunde (Stuttgart 1974). — 34. *Eysenck, H. J.,* Der Maudsley Personality Inventory als Bestimmer der neurotischen Tendenz und Extraversion, Z. exp. angew. Psychol. 6, 167—190 (1959). — 35. *Freud, S.,* Trauer und Melancholie, Ges. Werke X (Berlin 1916). — 36. *Fuchs, W.,* Todesbilder in der modernen Gesellschaft, suhrkamp taschenbuch (Frankfurt 1973). — 37. *Geissler, H.* (Hg.), Daten und Fakten zur Situation der älteren Frau in der Bundesrepublik Deutschland, Arbeitspapier der Redaktion: Planungsgruppe für Gesellschaftspolitik, Sozialministerium Rheinland-Pfalz, 26. 11. 1974. ders., Die Rentenstruktur in der Bundesrepublik Deutschland, Arbeitspapier der Redaktion: Planungsgruppe für Gesellschaftspolitik, Sozialministerium Rheinland-Pfalz 9. 12. 1976. — 39. *Gerber, I., R. Rusalem, N. Hannon, D. Battin, A. Arkin,* Anticipatory grief and aged widows and widowers, J. Geront. 225—229 (1975). — 40. *Glatzer, W.,* Einkommenspolitische Zielsetzungen und Einkommenverteilung, In: *Zapf, W.* (Hg.): Lebensbedingungen in der Bundesrepublik — Sozialer Wandel und Wohlfahrtsentwicklung (Frankfurt / New York 1977). — 41. *Goode, W. J.,* World revolution and family patterns (London 1963). — 42. *Gorer, G.,* Death, grief, and moerning in contemporary Britain (London 1965) (zit. nach 36). — 43. ders., The pronography of death, In: *Shneidman, E. S.* (Hg.), Death: Current perspectives (Palo Alto 1976). — 44. *Gores, P.,* Die sozialen Verhaltensweisen alter Menschen, wirt. soz. Diss. (Universität Köln 1971). — 45. *Goslin, D. A.,* Handbook of socialization — Theory and Research (Chicago 1969). — 46. *Havighurst, R. J.,* Human development and education (New York 1953) (zit. nach 29). — 47. *Havighurst, R. J., J. M. A. Munnichs, B. Neugarten, H. Thomae* (Hg.), Adjustment to retirement (Assen 1969). — 48. *Heyman, D. K., D. T. Gianturco,* Long-term adaptation by the elderly to bereavement, J. Geront. 359—362 (1973). — 49. *Hoffmann-Krayer, E., H. Bächthold-Stäubli* (Hg.), Handwörterbuch des deutschen Aberglaubens, Bd. IX (Berlin 1938/1941). — 50. *Holl, F. H.,* Witwen und ihre Probleme, Verlag Gesellschaft für Literatur und Bildung mbH (Köln 1975). — 51. *Holmes, Th. H., M. Masuda,* Life change and illness susceptibility, In: *Dohrenwend* und *Dohrenwend* (Hg.), 1974. — 52. International Dissertation Abstracts (1972—1977). — 53. Internationales Symposion für Thanatologie und Thanatagogik, Leiter: *F. Rest,* Schwerte 17.—19. 10. 1977. — 54. *Jacob, P.,* Das Risiko der Witwenschaft in der Geschichte des deutschen Beamtenrechts bis 1933 (Köln 1971). — 55. *Kahana, R. J.,* On widowhood: Introduction, J. Geront. Psychiatry 8, 5—8 (1975). — 56. *Kiesau, G.* (Hg.), Die Lebenslage älterer Menschen in der Bundesrepublik Deutschland (Köln 1976). — 57. *Klee, E.,* Eine Witwe, die für Witwen kämpft, Die ZEIT Nr. 12, 11. 3. 1977. — 58. *König, R.* (Hg.), Handbuch der empirischen Sozialforschung, Band 7 (Stuttgart 1976). — 59. *Köster, R.,* Die Kirchentreuen (Stuttgart 1959) (zit. nach 44). — 60. *Lansing, A. J.,* General biology of senscence, In: *Birren, J. E.* (Hg.): Handbook of aging and the individual (Chicago 1959) (zit. nach 61). — 61. *Lehr, U.,* Psychologie des Alterns (Heidelberg 1972). — 62. dies., Die Situation der älteren Frau — psychologische und soziale Aspekte, Z. Gerontol. 11, 504—524 (1977). — 63. dies., Tendenzen neuerer internationaler gerontologischer Forschung — psychologische Aspekte, Kongreßvortrag anläßlich des XI. Kongreß' der Deutschen Gesellschaft für Gerontologie, Köln 1. 10. 1977. — 64. *Levin, S.,* On widowhood: Discussion, J. Geront. Psychiatry 8 (1), 57—59 (1975). — 65. *Lindemann, E.,* Symptomatology and management of acute grief, Amer. J. Psychiatry, 101, 141—148 (1944), In: *Fulton, R. (Hg.):* Death and identity (New York 1965). — 66. *Lohse, J.-M.,* Beziehungsstrukturen der Kirchengemeinde, 1966 (zit. nach 44). — 67. *Lopata, H. Z.,* Widows as a minority group, Gerontologist 11, 67—77 (1971). — 68. dies., Self-identity in marriage and widowhood, Sociol. Quarterly, 14, 407—418 (1973). — 69. dies., On widowhood: Grief work and identity reconstruction, J. Geront. Psychiatry, 8 (1), 41—55 (1975). — 70. dies., The widowed family member, Manuskript (Vichy, 1977). — 71. *Meyer-Harter, R.,* Die Stellung der Frau in der Sozialversicherung (Berlin 1974). — 72. *Neidhardt, F.,* Die Familie in Deutschland, Leske (Opladen 1975). — 73. *Neugarten, B. L., R. J. Havighurst, S. S. Tobin,* The measurement of life satisfaction, J. Gerontol., 16, 134—143 (1961). — 74. *Olbrich, E.,* Der ältere Mensch in der Inter-

129

aktion mit seiner sozialen Umwelt: Inter- und intraindividuelle Unterschiede, Phil. Diss. (Universität Bonn, 1976). — 75. *Olbrich, E., H. Thomae,* Empirical findings to a cognitive theory of aging, Intern. J. Behav. Developm. 1, 67—82 (1978). — 76. *Parkes, C. M.,* Vereinsamung — Die Lebenskrise bei Partnerverlust (Hamburg 1974). — 77. ders., Determinants of outcome following bereavement, Omega, **6** (4), 303—323 (1975). — 78. *Pressler, W. (Hg.),* Handbuch der deutschen Volkskunde (Potsdam 1937). — 79. *Pihlblad, C. T., D. L. Adams,* Widowhood: Social participation and life satisfaction, Aging and Human Developm. 323—330 (1972). — 80. *Pincus, L.,* Bis daß der Tod uns scheidet (Stuttgart 1977). — 81. *Planken, H.,* Die soziale Sicherung der nicht-erwerbstätigen Frau (Berlin 1961). — 82. *Pokorny, J.,* Indogermanisches etymologisches Wörterbuch Bd. I—II (München 1959/69) (zit. nach 32). — 83. *Ramsay, R. W., J. A. Happée,* The stress of bereavement: Components and treatment, In: *Spielberger, C. D.* und *J. G. Sarason* (Hg.): Stress and anxiety, Volume 4 (London 1977). — 84. *Riegel, K. F., R. M. Riegel,* A study on changes of attitudes and interests during later years of life, Vita hum. 3, 177—201 (1960) (zit. nach 1). — 85. *Rosenmayr, L.,* Schwerpunkte der Soziologie des Alters, In: *König, R.* (Hg.): Handbuch der empirischen Sozialforschung, Band 7 (Stuttgart 1976). — 86. *Rudinger, G., R. Schmitz-Scherzer,* Sample and methods, In: *Thomae, H.* (Hg.) (1976). — 87. *Salber, W.,* Morphologie (Ratingen 1965) (zit. nach 50). — 88. *Schlaffer, E., Ch. Benard,* Die Überlebenden — Thesen zum Partnerverlust älterer Frauen, Z. f. Gerontologie, **10,** (1978). — 89. *Schmitz-Scherzer, R.,* Freizeit und Alter, Phil. Diss., (Universität Bonn 1969). — 90. *Shanas, E., P. Townsend, D. Wedderburn, H. Friis, P. Milhoy, J. Stehouwer* (Hg.), Old people in three industrial societies (New York—London 1968) (zit. nach 44). — 91. *Sheskin, A., S. E. Wallace,* Differing bereavements: Suicide, natural and accidental death, Omega, **7** (3), 229—242 (1976). — 92. *Silverman, Ph.,* The widow-to-widow program: An experiment in preventive intervention, In *Shneidman, E. S.* (Hg.): Death: Current perspectives (Palo Alto 1976). — 93. *Silverman, Ph., A. Copperband,* On widowhood: Mental help and the elderly widow, J. Geront. Psychiatry, **8** (1), 9—27 (1975). — 94. *Silverman, Ph., S. Englander,* The widow's view of her dependant children, Omega, **6** (1), 3—20 (1975). — 95. Der SPIEGEL, „Das schöne Sterben", Nr. 26, 20. Juni 1977. — 96. Statistisches Bundesamt (Hg.), Die älteren Mitbürger und ihre Lebensverhältnisse (Stuttgart und Mainz 1971). — 97. Statistisches Bundesamt (Hg.), Die Frau in Familie, Beruf und Gesellschaft (Stuttgart und Mainz 1975). — 98. Statistisches Bundesamt (Hg.), Statistisches Jahrbuch 1976 (Stuttgart und Mainz 1976). — 99. Statistisches Bundesamt (Hg.), Die Lebensverhältnisse älterer Menschen (Stuttgart und Mainz 1977). — 100. Statistisches Bundesamt (Hg.), Haushalte und Familien (Stuttgart und Mainz 1977). — 101. Statistisches Bundesamt (Hg.), Wohnbevölkerung am 31. 12. 1975 nach Altersjahren, Geburtsjahren, Familienstand und Geschlecht (Wiesbaden 1977). — 102. *Tausch, A.-M., I. Langer, B. Rönnecke, G. Jürgens, I. Steinbach,* Lebenszufriedenheit und erlebter Sozialkontakt älterer verwitweter Frauen, Z. Entwicklungspsychol. Päd. Psychol. 1973, 200 bis 214. — 103. *Thomae, H.,* Zur Entwicklungs- und Sozialpsychologie des alternden Menschen, In: *Thomae, H.* und *U. Lehr* (Hg.): Altern, Probleme und Tatsachen (Frankfurt 1968). — 104. ders., Das Individuum und seine Welt (Göttingen 1968). — 105. ders., Theory of aging and cognitive theory of personality, Human Developm., **13,** 1—16 (1970). — 106. ders., Die Bedeutung einer kognitiven Persönlichkeitstheorie für die Theorie des Alterns, Z. Gerontol., **4,** 8—18 (1971). — 107. ders., Anpassungsprobleme im höheren Alter — aus psychologischer Sicht, actuelle gerontol., **4,** 647—656 (1974). — 108. ders., Background and aims of the Bonn longitudinal study of aging, In: *Thomae, H.* (Hg.) (1976). — 109. ders. (Hg.), Patterns of aging (Basel 1976). — 110. *Tismer, K. G.,* Untersuchungen zur Lebensthematik älterer Menschen, Phil. Diss. (Universität Bonn 1969). — 111. *Wagner-Simon, Th.,* Vereinsamung der Witwe, In: *Bitter, W.* (Hg.): Einsamkeit, Gott und Psyche, Nr. 2055/56 (München o. J.). — 112. *Wiendieck, G.,* Entwicklung einer Skala zur Messung der Lebenszufriedenheit im höheren Lebensalter, Z. Gerontol., **3,** 215—224 (1970). — 113. *Zimmermann, R. E.,* Alter und Hilfsbedürftigkeit (Stuttgart 1977).

Anschrift des Verfassers:

Dipl.-Psych. *Insa Fooken,* Psychologisches Institut der Universität Bonn, A. d. Schloßkirche, 5300 Bonn

Psychologisches Institut der Universität Bonn

Präventive Intervention bei alleinlebenden älteren Menschen: Bedingungen und Möglichkeiten

E. Olbrich

Die Aufgabe, bei alleinlebenden alten Menschen zu intervenieren stellt für den Gerontologen auf den ersten Blick eine Herausforderung dar. Zu intervenieren, das heißt doch, sich auf der Grundlage gerontologischer Kenntnisse und mit Hilfe wissenschaftlicher Methoden um Modifikationen des Alternsprozesses zu bemühen, die im Sinne des alternden Individuums liegen, in der Regel also solche Hilfe-stellungen zu geben, die zu einem „successful aging", einem Altern bei psychischem und physischem Wohlbefinden beitragen (10). Wo kann eine solche Intervention bei alten Menschen ansetzen und wie kann sie aussehen bei einer Person, die allein lebt, also weder von einer Institution betreut wird, noch viele Sozialkontakte und Zugangsmöglichkeiten für derartige „programmatische Bemühungen um Veränderung" (1, S. 4) ihres Alterns hat?

Erfahrungen aus der aktivierenden Arbeit mit alten Menschen in Institutionen und in der offenen Altenhilfe (vgl. 7, 11) und Ergebnisse der Forschungen zum Thema soziale Interaktionen im Alter verbieten es von vornherein, darauf hin-zuarbeiten, Interventionsmaßnahmen bei alleinlebenden alten Menschen in eine feste Organisation oder gar daran zu binden, daß sich der Betagte in eine Institution begibt. Vielmehr können Bemühungen um präventive Intervention bei alleinlebenden alten Menschen davon ausgehen, daß diese — da sie allein leben — psychisch, sozial und gesundheitlich noch recht kompetent sind. In erster Linie sollten sich helfende Aktionen und Interaktionen mit den Betagten darauf er-strecken, einen Kontaktverlust zur sozialen und dinglichen Umwelt zu verhindern sowie die Kompetenz des alten Menschen zu erhalten und zu stärken.

Derartige Maßnahmen auf die Entwicklung des alternden Individuums ab-zustimmen, scheint überdies ratsam. Nur so können jene Regulations- und An-passungsprozesse berücksichtigt werden, die der alte Mensch ohnehin leistet. Ins-gesamt scheint es notwendig, einem Konzept zu folgen, das Intervention erst im Anschluß an und in Abstimmung mit Beschreibungen und möglichst auch Er-klärungen des normalen Alternsprozesses einführt (2, S. 4 f.).

Einer derartigen Konzeption folgend soll zunächst kurz beschrieben werden, in welcher Situation der alleinlebende und auch der vereinsamende alte Mensch steht, wie sich diese Situation auf sein Verhalten und Erleben auswirkt und wie er sich mit ihr auseinandersetzt. Selbstverständlich erhebt diese Beschreibung keinen Anspruch auf Repräsentativität. Es werden vielmehr nur wenige Ergebnisse aus-gewählt, die geeignet erscheinen, einige Bedingungen der Intervention im Alter zu verdeutlichen, die in der gerontologischen Literatur früherer Jahre vernachlässigt wurden. Es sind dies Ergebnisse, die den aktiven Part der alternden Person bei der Anpassung an ihre Situation betonen (17). Es soll versucht werden, solche Ergebnisse auf dem Hintergrund der Fragestellung dieses Beitrages zu interpretieren, nämlich wie Interventionen optimal ansetzen, worin sie bestehen und was sie bewirken können.

1. Prozesse der Anpassung des normal alternden Individuums an den sozialen Rollenverlust und an den Verlust von Bezugspersonen

1.1 Schon 1961 haben *Cumming* und *Henry* das Problem des sozialen Rollenverlustes unter dem Stichwort des „Disengagement" behandelt. In ihrem sehr einflußreichen Werk erklären sie das Herausgleiten des alternden Individuums aus seinen sozialen Bezügen durch zwei aufeinander bezogene Prozesse: Das *gesellschaftliche* Disengagement erstreckt sich darauf, daß sich die Gesellschaft mehr und mehr vom alternden Menschen zurückzieht, ihm Positionen die er in jüngeren Jahren innehatte, nicht mehr zuweist, um die Ausübung der entsprechenden Rollen sicherer durch jüngere Personen zu gewährleisten. Der Prozeß des *persönlichen* Disengagement scheint gut auf die gesellschaftlichen Notwendigkeiten abgestimmt: *Cumming* und *Henry* beschreiben, daß sich das Individuum im Alter in die drastische Reduktion seiner sozialen Rollen schickt, daß es den Rückgang seiner Sozialkontakte nicht nur als erträglich, sondern sogar als befriedigend erlebt.

Kritiken an dieser Theorie und Modifikationen ihrer Aussagen (18) haben dazu geführt, daß wir heute mehr über jene Prozesse wissen, die sich in der Person abspielen, die sich mit Rollen- und Kontaktverlusten auseinanderzusetzen hat. Ganz eindeutig überwiegen in den theoretischen Aussagen über Modifikationsmöglichkeiten des Disengagement Bezüge auf personspezifische Prozesse vor solchen auf gesellschaftliche Veränderungen.

1.2 Welcher Art die Auseinandersetzung mit den Rollenverlusten ist, die mit der Pensionierung verbunden sind, haben *Lehr* und *Dreher* (9) beschrieben. Die Autoren führten Untersuchungen an drei Gruppen alter Männer durch: eine stand etwa 10 Jahre vor der Pensionierung, die zweite war etwa 65 Jahre alt und damit den um die Pensionierung auftretenden Rollenverlusten ausgesetzt und die dritte hatte dies seit etwa 10 Jahren hinter sich. Bei diesen drei Gruppen fanden *Lehr* und *Dreher* eine Sequenz von Engagement (um 55 Jahre) — Disengagement (um die Pensionierungszeit) — sowie Re-Engagement (um 75 Jahre). Obwohl querschnittlich analysiert wurde, kann eine solche Sequenz als Indikator persönlicher Anpassungsprozesse verstanden werden, die sich nach der Pensionierung abspielen: nach einem engagierten Arbeitsleben fordert die Zeit des Überganges zum Pensionärsdasein Umstellungen und Anpassungen, die weit über das Maß hinausgehen, das die Person zuvor erbrachte. Sie disengagiert sich, zieht sich um das Alter von 65 aus äußeren Rollenverpflichtungen zurück; dabei konzentriert sich das Individuum jedoch auf eine innere Bewältigung der veränderten sozialen Situation. Es arbeitet an einer Umstellung der eigenen Verhaltensprogramme, die auf ein Fertigwerden mit neuartigen Anforderungen zielen. Dieser Prozeß scheint bei 75jährigen abgeschlossen, ein engagiertes Verhalten ist erneut möglich und wird aktiv verwirklicht.

1.3 Derartige Aussagen beinhalten natürlich noch Interpretationen hinsichtlich des Verlaufes und der Art der direkt nicht erfaßten Prozesse. Diese Interpretationen wurden jedoch in Längsschnittuntersuchungen des sozialen Verhaltens der Betagten der Bonner gerontologischen Längsschnittstudie gestützt (16). In Analysen, die über sieben Jahre hinweg reichten, wurde deutlich, daß in peripheren Bereichen des sozialen Lebensraumes (etwa in der Rolle als Staatsbürger oder als Vereinsmitglied) ein Rückgang von Rollenaktivitäten zu verzeichnen war. Allerdings waren dies Bereiche, die schon zu Beginn der Untersuchungen wenig Aktivitäten auf sich gezogen hatten. Sie waren deutlich von zentraleren Bereichen des sozialen Lebensraumes abzuheben, die Interaktionen mit nahestehenden Menschen betrafen (etwa in der Eltern-, der Großeltern- oder der Ehepartnerrolle). Hier wurden über den Untersuchungszeitraum hinweg nahezu unveränderte und zugleich sehr hohe Aktivitäten registriert.

Auch aus solchen Beschreibungen des manifest werdenden Sozialverhaltens läßt sich noch kein Schluß auf interne Prozesse ziehen, durch die das Individuum eine Entwicklung seiner sozialen Interaktionen mitbeeinflußt. Dieser Schluß wurde jedoch aufgrund weiterer Ergebnisse möglich. Es stellte sich heraus, daß die Zufriedenheit mit der Rollenausübung über die Zeit hin immer deutlicher mit dem äußeren Rollenverhalten abgestimmt wurde. Mit anderen Worten: das soziale Rollenverhalten unserer betagten Probanden entwickelte sich in die Richtung einer Erhöhung der Kongruenz zwischen äußerem Verhalten und innerem Erleben. Dabei wurden in wesentlichen und zentralen Bereichen der sozialen Interaktion relativ hohe Werte von Aktivitäten und Zufriedenheit mit diesen Aktivitäten erkennbar, während die entsprechenden Werte in den Bereichen peripherer sozialer Interaktion, die ohnehin niedriger lagen, noch weiter abfielen.

In weiteren Analysen zeigte sich schließlich, daß derartige Veränderungen Beziehung zur sozialen Situation des Individuums und vor allem auch zu persönlichen Merkmalen der betagten Person aufwiesen. Um diese Aussage kurz zu verdeutlichen: die allgemeine (positive − negative) Einstellung zu Anderen, die zu Beginn des Sieben-Jahres-Zeitraumes erfaßt worden war, stand in einer deutlichen Beziehung zu Veränderungen in der Freundes- oder der Bekanntenrolle. Auch Variablen wie die Einstellung zur Zukunft, das Gefühl gebraucht zu werden, das Bestimmtsein von Bemühungen um Erhaltung des sozialen Lebenskreises und andere trugen so, wie sie zu Beginn der Bonner Längsschnittstudie gemessen worden waren, zu einer Erklärung späterer Veränderungen der Rollenparameter bei. Kurz: diese Untersuchungen zur Veränderung sozialer Interaktionen lassen bei normal alternden Menschen eine deutliche Tendenz erkennbar werden, kongruente Relationen herzustellen zwischen sich ändernder sozialer Situation, eigenem (manifestierten) Verhalten in dieser Situation und innerer (kognitiver und affektiver) Repräsentation von Situation und Verhalten.

Solche Aussagen gelten für ein Sample hochbetagter Personen aus der sozialen Mittelschicht, die „normal" altern. Die Frage muß gestellt werden, ob ähnliche Prozesse auch für jene Betagten gelten, die mehr als den normalen Rollenverlust hinzunehmen haben.

1.4 Die Ergebnisse von *Fooken* (vgl. S. 110 ff.) machen klar, daß die verwitweten Probanden der Bonner gerontologischen Längsschnittstudie (überwiegend schon längere Jahre alleinstehende Frauen) ganz offensichtlich eine beachtliche innere Leistung vollbringen mußten: sie hatten eine objektiv erschwerte Situation zu bewältigen, die für sie auch subjektiv stark durch das Erleben von Belastung gekennzeichnet war. Diese Bewältigung gelang in der Mehrzahl der Fälle gut. Dabei wurde eine Vielfalt von Techniken und Bewältigungsprozessen deutlicher als bei der Vergleichsgruppe erkennbar. Es kann angenommen werden, daß diese Prozesse dem aktiven Bemühen der alleinlebenden Betagten um das Meistern ihrer Situation zugeschrieben werden können.

2. Bedingungen der Intervention bei alleinlebenden alten Menschen

Aus derartigen Ergebnissen läßt sich eine Sichtweise von Intervention gewinnen, die – bewußt akzentuierend – so formuliert sei: das normal alternde Individuum ist eine relativ kompetente Person, ein Individuum, das verhaltens- und erlebnismäßig auf seine Weise mit Rollenverlusten fertig werden kann, die es im Alter treffen, ein Individuum auch, das emotional mit dem Verlust eines geliebten Menschen fertigwerden kann. Allerdings kosten diese Bewältigungen von Verlust psychische Arbeit. Prinzipiell verfügt jedoch das alternde Individuum über Möglichkeiten, diese psychische Arbeit zu leisten.

Eine solche Sichtweise kann nun keinesfalls dazu führen, daß der Gerontologe die Intervention bei alleinlebenden alten Menschen diesen recht kompetent erscheinenden alten Menschen selbst überläßt. Vielmehr scheint die Kapazität des alternden Individuums, sich mit Belastungen und überhaupt mit Anpassungszwängen auseinanderzusetzen, begrenzter zu sein als bei Erwachsenen im mittleren Lebensalter (5). Es kann jedoch vertreten werden, daß die jeweiligen Adaptationsmöglichkeiten der alternden Person genutzt werden sollten, und zwar jeweils in dem Maße und in der Art, in der sie vorhanden sind.

Bei einer derartigen Konzeption zielen Interventionsmaßnahmen von vornherein weniger auf ein helfendes Eingreifen in den Alternsprozeß, sondern stärker auf Erhaltung und Stützung der Anpassungspotentiale des Individuums. Präventiv erfolgt diese Stützung, um das Individuum zu befähigen, mit einer kritischen, überraschend auftretenden Situation fertigzuwerden. Eine so verstandene präventive Intervention bezieht sich darauf, den alternden Menschen so lange wie möglich so kompetent wie möglich zu erhalten. Unten Kompetenz sei dabei die Fähigkeit verstanden, alle für eine angepaßte Handlung bedeutsamen Faktoren – seien sie nun in der eigenen Person oder in der Situation gelegen – realistisch wahrzunehmen und sie zur Planung sowie zur Realisierung eigener Handlungen einzusetzen.

In der Literatur (26) finden sich Aussagen über Faktoren, die zur Erhaltung und Stützung einer so verstandenen persönlichen Kompetenz notwendig sind. Einige dieser Faktoren seien nachfolgend benannt; zugleich soll verdeutlicht werden, durch welche Maßnahmen der präventiven Intervention dafür Sorge getragen werden kann, daß diese Faktoren wirksam bleiben.

2.1 Informationsfluß

Aus der Allgemeinen Psychologie ist seit Beginn dieses Jahrhunderts (*Yerkes-Dodson*) bekannt, daß sowohl eine Überflutung mit Informationen als auch eine Verarmung der Informationszufuhr zur Reduktion adaptiver und kognitiver Verarbeitungsprozesse führen. Dies geht zugleich mit einer geringer werdenden Verhaltenseffektivität einher (vgl. etwa die Arbeiten der *McGill* Gruppe um *D. O. Hebb;* 25). Wünschenswert ist eine Optimierung des Informationszuflusses, sowohl nach Qualität (Neuheit, Komplexität, zeitliche Variation, Überraschungsgrad, Kongruenz-Inkongruenz mit bekannten Informationen, etc.) als auch nach Quantität. Dies hat *Wohlwill* (24) deutlich herausgearbeitet. Auch *Lawton* und *Nahemow* (5) legen in ihrer ökologischen Theorie des adaptativen Verhaltens im Alter das Optimierungsprinzip zugrunde; sie beziehen sich jedoch nicht allein auf eine optimale Informationszufuhr, sondern weiter gehend auf eine Optimierung der Anforderungen, welche die Umwelt an das alternde Individuum stellt. Bei diesen Autoren wird besonders deutlich, daß effektives Verhalten eine Abstimmung von Informationszufluß/Anforderung aus der Umgebung und Kompetenzniveau des Individuums voraussetzt.

Optimierung des Informationsflusses bei der präventiven Intervention kann am besten mit einem reichen Angebot von Informationen für die alternde Person erreicht werden, dabei sollte sich dieses Angebot auf alle Sinneskanäle (das Fühlen, Sehen, Hören, Schmecken, etc.) aber auch auf die „Emotionskanäle" beziehen (etwa auf das Zeigen von Wertschätzung, von Enttäuschung und weiteren Emotionen). Mit dieser vielleicht überspitzt erscheinenden Zweiteilung soll darauf aufmerksam gemacht werden, daß nicht allein kognitiv zu verarbeitende Information für die alternde Person bedeutsam ist, sondern auch solche Information, die sich auf emotionale und zum Teil auf motivationale Prozesse bezieht.

Optimierung des Informationszuflusses fordert ein Angebot, das abgestimmt sein sollte auf das Niveau der Informationsverarbeitung, über das der Betagte verfügt. Zu Recht weisen *Lawton* und *Nahemow* (5) darauf hin, daß dieses Niveau zu unterschiedlichen Zeiten und in unterschiedlichen Situationen für das einzelne Individuum variiert. Dies gilt es zu berücksichtigen. Wenn hier bereits eine allgemeine Konzeption von Intervention vorgetragen wurde, die sich nach der individuellen Kompetenz richtet und diese als Ausgangspunkt für alle Maßnahmen nimmt, so zieht sich diese Konzeption auch in den spezifischen Bereich der Optimierung des Informationsflusses hinein. – Die Berücksichtigung der individuellen Ausgangsniveaus dürfte wohl auch die kritischen Bemerkungen von *Looft* (13) respektieren, der starke Bedenken gegen eine Stimulation und Aktivation „um jeden Preis" äußerte.

2.2 Assimilierbarkeit der Informationen

Eine Forderung nach Assimilierbarkeit von Informationen bezieht sich auf Erkenntnisse der Psychologie, wonach Erfahrung der Umwelt immer mitbestimmt ist von bereits verfügbaren kognitiven Schemata und anderen „Programmen" des Individuums für die Verarbeitung der neu aufgenommenen Informationen. In der Entwicklungspsychologie hat schon *Piaget* (20) auf diesen Faktor aufmerksam gemacht. Ebenfalls in sehr allgemeiner Weise haben *Miller, Galanter* und *Pribram* (14) darauf hingewiesen, daß Informationen nur zum Teil „partizipatorisch" von der Person übernommen werden. Weichen neue Informationen zu weit von Erfahrungen und Schemata der aufnehmenden Person ab, werden eher „präparatorische Prozesse" beobachtet, die sowohl auf eine Veränderung der Informationen als auf Veränderungen der inneren Erfahrungen und Schemata des Individuums hinauslaufen können.

Forschungen im Bereich des Lernens im Alter haben darauf aufmerksam gemacht, wie wesentlich Vertrautheit mit dem Umfeld und mit den Lerninhalten ist, die bearbeitet werden sollen (8, 12). Noch weiter gehen solche Überlegungen, die berücksichtigen, daß ein Individuum mit „alten Verhaltensprogrammen" in einer veränderten, „jüngere Verhaltensprogramme" fordernden Welt leben muß. Dies erschwert natürlich schon jegliche Aufnahme von Informationen. Gerade die Verfügbarkeit bewährter Verhaltensprogramme steht alten Menschen im Wege, wenn Informationen aus einem andersartig strukturierten, mit inzwischen veränderten Regeln versehenen Verhaltensbereich aufgenommen werden sollen. Man denke nur an die oft beklagten Verständnisschwierigkeiten alter Menschen für den sozialen Wandel, für andere Kommunikationsformen in jüngeren Generationen oder auch für veränderte Formen der betrieblichen Fertigung. Diese Schwierigkeiten bei der

Informationsaufnahme ergeben sich auch aus der Diskrepanz zwischen bewährten Schemata für Informationsaufnahme und -verarbeitung beim alten Menschen und veränderten Schemata in der objektiven Struktur der Umwelt (19).

Interventionsmaßnahmen, die auf Erhaltung und Stärkung der sozialen und ökologischen Kompetenz zielen, sollten systematisch auf Assimilierbarkeit von Informationen aus der Umgebung achten und diese fördern. Konkret heißt dies, neue Informationen sollten auf das Verständnis des Sachverhaltes hin abgestimmt werden, das der alternde Mensch mitbringt. Eine solche Abstimmung kann ermöglicht werden, wenn eine Vielfalt von Informationsangeboten besteht, aus der das Individuum auswählen kann. Hier ist an die Presse, an das Fernsehen, aber auch an kleine Gesprächsgruppen und andere Formen der Interaktion zu denken, die dem alten Menschen Informationen vermitteln, die er aufnehmen, assimilieren kann. In wenigen Fällen, die ein intensiveres Arbeiten mit Einzelpersonen verlangt, ist der klient-zentrierte Ansatz bei Beratung und Therapie angebracht (21, 22).

2.3 Vorhersehbarkeit

Plötzlich auf das Individuum treffende Anforderungen, die zudem noch neuartige Reaktionen verlangen, haben eine geringe Wahrscheinlichkeit, realistisch aufgenommen und verarbeitet zu werden. Geht man davon aus, daß Altern über weite Strecken ein vorhersehbarer Prozeß ist, dann verdient eine realistische Vorbereitung auf das Alter eine hohe Bedeutung als präventive Interventionsmaßnahme (6). Ergebnisse von *Sheskin* und *Wallace* (23) bestätigen, daß selbst eine Belastung wie der Tod des Ehepartners leichter verwunden werden konnte, wenn er antizierbar war.

Die Lösung von stereotypen Vorstellungen über das Alter und die generelle Vorbereitung auf diesen Entwicklungsabschnitt, der seine eigenen Bürden und Leiden, aber auch seine eigenen Chancen und Glückspotentiale mit sich bringt, scheinen effektive Interventionsmaßnahmen zu sein, die zur Wahrung der Kompetenz auch in belastenden Situationen beitragen.

Konkret wird eine solche Intervention von Vorbereitungskursen auf das Alter geleistet, die von Betrieben oder öffentlichen Bildungseinrichtungen durchgeführt werden. Auch der Wert von Büchern, Fernsehsendungen und selbst von alltäglichen Erfahrungen mit Belastungen im Alter kann hier erwähnt werden. Allerdings wirken diese nicht direkt, sondern erst, wenn sie vom Individuum in die eigenen Verhaltensprogramme aufgenommen worden sind.

2.4 Verhaltensalternativen verdeutlichen

Dieser Punkt knüpft an die vorangegangenen Ausführungen an. Er bezieht sich jedoch weniger auf die Aufnahme und die kognitive Repräsentation von vorhersehbaren Informationen über das Alter, sondern stärker auf die Ausarbeitung von Verhaltensplänen und Verhaltensprogrammen. Hier geht es um die Stützung der Bereitschaft und der Fähigkeit des alternden Individuums, sein Leben nach eigenen, selbst als optimal erkannten Möglichkeiten zu gestalten. Gerade hier wird die Abwendung von institutionalisierten, fest organisierten Formen der Hilfestellung für alte Menschen verlangt. An ihre Stelle muß die Möglichkeit zur Erarbeitung von Alternativen treten, die vielleicht in einer der prägnantesten Formen von der Bewegung der „grey panthers" angestrebt wird.

2.5 Coping

Coping-Prozesse zu stärken, das heißt jene Formen der Auseinandersetzung zu stärken, die *Neugarten* (15) meint, wenn sie beim alten Menschen die Fähigkeit herausstellt, eigene Erfahrungen zu reorganisieren, Zielvorstellungen zu modifizieren und ein Handeln zu verwirklichen, das mit solchen veränderten Zielvorstellungen in Einklang steht. Auch *Lazarus* gebraucht den Begriff des Coping im Alter (4). Er sieht generell beim alternden Individuum die Fähigkeit zur „cognitive appraisal" gegeben, zur kognitiv-affektiven Bewertung sowohl von belastenden Situationen als auch zur Bewertung der eigenen Handlungspotentiale. Diese Bewertungsprozesse laufen aufeinander bezogen ab. Aus ihren Ergebnissen und aus dem Vergleich von belastenden Momenten und eigenen Potentialen zu ihrer Bewältigung resultiert nach *Lazarus* die gewählte Aktion. Dabei können Bewältigungen von Belastungen sowohl auf äußerer Ebene (etwa Erbringen von darauf bezogenen Leistungen) erfolgen als auch auf innerer Ebene. Diesen letztgenannten Formen der Bewältigung hat sich *Lazarus* in einem umfassenden Forschungsprogramm zugewandt. Er konnte beispielsweise zeigen, daß psychische Prozesse wie der der Intellektualisierung oder auch der Verdrängung eine erlebte Bedrohung „kurzschließen" können, d. h. ihre Effekte überhaupt nicht in voller Stärke innerhalb des Individuums zur Wirkung gelangen lassen (3).

Wenn auch nicht sicher ist, ob man solche Coping-Prozesse lernen kann, so ist doch sicher, daß man die Orientierung des alternden Individuums auf die Nutzung solcher Prozesse verstärken kann. Solche Verstärkungen sind nicht etwa allein lerntheoretisch oder verhaltenstherapeutisch zu erzielen, sie können auch durch Akzeptieren von Coping beim alternden Individuum durch seine Umwelt verfestigt werden.

Selbstverständlich ist Coping nur in einem begrenzten Maße hilfreich, nämlich nur solange der Belastungsdruck nicht übermäßig wird. Hier besteht ohne Zweifel eine Notwendigkeit bei der präventiven Intervention, die Kluft zwischen objektiven Belastungsfaktoren und inneren Prozessen der kognitive und affektiven Repräsentation dieser Belastungsfaktoren sowie ihrer Bearbeitung nicht zu groß werden zu lassen.

Allerdings mindern solche Einschränkungen nicht die grundsätzliche Aussage, die dieser Beitrag im Rahmen einer Interventionsgerontologie machen möchte: Es wird vertreten, daß Intervention im Sinne eines Eingreifens in die Auseinandersetzung mit belastenden Situationen des Alterns beim alleinlebenden Individuum möglichst alle vorhandenen Möglichkeiten des Individuums zur Adaption aufgreifen und nutzen solle. Präventive Intervention sollte darauf zielen, die Kompetenz des Individuums so lange wie möglich zu erhalten. Die rehabilitative oder korrektive Intervention sollte nur praktiziert werden, wo die adaptiven Prozesse des Individuums nicht mehr greifen.

Zusammenfassung

Eine Analyse der Anpassung an den Rollenverlust im Alter sowie an den Verlust von Bezugspersonen läßt erkennen, daß normal alternde Individuen aktiv zur Bewältigung ihrer veränderten Situation beitragen. Präventive Intervention bei dieser Gruppe sollte zunächst die individuellen Adaptationsmöglichkeiten der Person nutzen und auf Erhaltung und Stützung ihrer psychischen und sozialen Kompetenz zielen. Dies setzt die Berücksichtigung folgender Faktoren voraus: optimalen Informationszufluß, leichte Assimilierbarkeit der neuen Informationen, möglichst weitgehende Vorhersehbarkeit von Veränderungen, Verdeutlichung von Verhaltensalternativen und Aktivierung der Coping-Potentiale der Person. Diese Bedingungen werden beschrieben; Möglichkeiten ihrer Erfüllung in der Praxis werden erwähnt.

Summary

Analyses of adaptations to role-loss and to privation of relevant or beloved persons in old age allow to infer active processes of coping in normally aging individuals. It is argued that measures of preventive intervention for this group should benefit from such personal adaptation potentials. The goal of intervention should be to maintain individual competence as long as possible and to support it. Relevant factors in this endeavour are: input optimization, supporting assimilation of new information, facilitating anticipation of change, working out alternatives of action, and activating coping-skills. Each of these conditions is briefly described, and possibilities to meet them in practical work are mentioned.

Literatur

1. *Baltes, P. B.*, Strategies for psychological intervention in old age. Gerontologist **13**, 4—38 (1973). — 2. *Baltes, P. B., H. W. Reese, J. R. Nesselroade*, Life-span developmental psychology: Introduction to research methods (Monterey: Brooks/Cole, 1977). — 3. *Lazarus, R. S.*, Cognitive and personality factors underlying threat and coping. In: *M. H. Appley* und *R. Trumbull* (eds.): Psychological stress: Issues in research. 151—181 (New York: Appleton-Century-Crofts, 1967). — 4. *Lazarus, R. S., J. B. Cohen*, Theory and method in the study of stress and coping in aging individuals. Vortrag bei der W. H. O. Konferenz über Society, Stress and Disease: Aging and Old Age, Stockholm, Juni 1976. — 5. *Lawton, M. P., L. Nahemow*, Ecology and the aging process. In: *C. Eisdorfer* und *M. P. Lawton* (eds.): The psychology of adult development and aging. 619—674 (Washington: APA 1973). — 6. *Lehr, U.*, Grundlagen, Aufgaben und Methoden der Vorbereitung auf die Pensionierung. In: *R. Schubert* (ed.): Bericht über das 3. Symposium der Dt. Ges. Gerontol., München 94—102 (1973). — 7. *Lehr, U.*, Psychologische Voraussetzungen und Hindernisse bei der Aktivierung älterer Menschen. Altenheim **5**, 95—100 (1973). — 8. *Lehr, U.*, Psychologie des Alterns (Heidelberg 1977). — 9. *Lehr, U., G. Dreher*, Determinants of attitudes toward retirement. In: *R. J. Havighurst* et al. (eds.): Adjustment to retirement: A cross-national study. 116—137 (Assen: Van Gorcum 1969). — 10. *Lehr, U.*, Alter und Rehabilitation — psychologische Aspekte. In: *V. Böhlau* (ed.): Alter und Persönlichkeit 86—99 (Stuttgart 1974). — 11. *Loew, C. A., B. M. Silverstone*, A program of intensified stimulation and response facilitation for the senile aged. Gerontologist **11**, 341—347 (1971). — 12. *Löwe, H.*, Einführung in die Psychologie des Erwachsenenalters. (Berlin 1970). — 13. *Looft, W. R.*, Reflections on Intervention in old age: Motives, goals, and assumptions. Gerontologist **13**, 6—10 (1973). — 14. *Miller, G. A., E. Galanter, K. H. Pribram*, Strategien des Handelns (Stuttgart 1973). — 15. *Neugarten, B.*, Personality change in later life: A developmental perspective. In: *C. Eisdorfer* und *M. P. Lawton* (eds.): The psychology of adult development and aging. 311—335 (Washington: APA, 1973). — 16. *Olbrich, E.*, Der ältere Mensch in der Interaktion mit seiner sozialen Umwelt. Phil. Diss. Bonn, 1976. — 17. *Olbrich, E., H. Thomae*, Empirical findings to a cognitive theory of aging. Internat. J. Behav. Development, **1**, 67—82 (1978). — 18. *Olbrich, E., U. Lehr*, Social roles and contacts in old age. Consistency and patterns of change. In: *H. Thomae* (ed.): Patterns of aging 113—126 (Basel 1976). — 19. *Oerter, R., E. Dreher, M. Dreher*, Kognitive Sozialisation und subjektive Struktur (München, Oldenburg 1977). — 20. *Piaget, J.*, Das Erwachen der Intelligenz bei Kindern (Original 1959) (Stuttgart 1975). — 21. *Rogers, C. R.*, Die klient-bezogene Gesprächstherapie (München 1973). — 22. *Rönnecke, R., M. Becker, G. Bergeest, C. Freytag, G. Jürgens, I. Steinbach, A. Tausch*, Gespräche über Telephon zwischen alten Menschen und gesprächspsychotherapeutisch vorgebildeten Psychologen und Laienhelfern. Z. Gerontol. **9**, 455—462 (1976). — 23. *Sheskin, A., S. E. Wallace*,

Differing bereavements: Suicide, natural and accidental death. Omega **7**, 229—242 (1976). —
24. *Wohlwill, J. F.*, The physical environment: A problem for a psychology of stimulation.
J. Social Issues **22**, 29—38 (1966). — 25. *Zubeck, J.*, Sensory deprivation: Fifteen years of
research (New York 1969). — 26. *Lantermann, E.-D.*, Eine Theorie der Umwelt-Kompetenz:
Architektonische und soziale Implikationen für eine Altenheim-Planung. Z. Gerontol. **9**,
433—443 (1976).

Anschrift des Verfassers:

E. Olbrich, Psychologisches Institut der Universität Bonn, An der Schloßkirche 1, 5300 Bonn 1

Sachregister

PRAXIS DER SOZIALPSYCHOLOGIE

Herausgegeben von Prof. Dr. *Georg Rudinger*, Bonn

Die Reihe wird fortgesetzt.

DR. DIETRICH STEINKOPFF VERLAG · DARMSTADT

Zeitschrift für Gerontologie

Europäische Zeitschrift für Altersmedizin
und interdisziplinäre Alternsforschung

In Gemeinschaft mit

F. Anschütz, G. Berg, W. Bircks, M. Blohmke, O. Blume, M. Cesa-Bianchi, H. W.
Delank, A. Diatlowicki-Tobi, W. Ferguson Anderson, H. Franke, H. Gillmann,
D. A. Hall, W. H. Hauss, J. A. Huet, H. H. Jansen, H. Kewitz, S. Koller,
L. Linder, F. Loogen, H. Mathies, B. Mikat, J. M. A. Munnichs, V. R. Ott,
H. A. Paul, A. Ruiz-Torres, H. Schaefer, E.-G. Schenck, H.-G. Schiemer, D.
Schlettwein-Gsell, K. Spang, A. Sturm jun., H. Thomae, D. F. Tschebotarew,
W. Vahlensieck, K. O. Vorlaender und R. J. van Zonneveld

herausgegeben von

Prof. Dr. *Ingeborg Falck* (Berlin) und Prof. Dr. *Ursula Lehr* (Bonn)

Erscheinungsweise: zweimonatlich. 6 Hefte bilden einen Band (Jahrgang). 1978
erscheint Band 11.

Jahresbezugspreis 1978: DM 155,– plus Porto.

Die einzelnen Hefte der Zeitschrift stehen jeweils unter einem bestimmten Schwer-
punktthema. Nachstehend eine Übersicht über die Themen 1977/1978:

1977

Heft 1: *Religiosität im Alter*
Heft 2: *Gefäße im Alter*
Heft 3: *Begutachtung älterer Menschen*
Heft 4: *Aktuelle Probleme der Geriatrie*
Heft 5: *Freizeit und Sozialverhalten im Alter*
Heft 6: *Respiration im Alter*

1978

Heft 1: *Die Frau im Alter*
Heft 2: *Hals-, Nasen- und Ohrenkrankheiten im Alter*
Heft 3: *Einrichtungen für alte Menschen*
Heft 4: *Sport im Alter*
Heft 5: *Herz im Alter*
Heft 6: *Der Tod in Dichtung, Philosophie und Kunst*

Einzelheftpreis: DM 32,– plus Porto.

DR. DIETRICH STEINKOPFF VERLAG · DARMSTADT